처음 배우는
# 스프링 부트 2

# 처음 배우는 스프링 부트 2

커뮤니티 게시판을 구현하며 배우는 입문부터 보안까지

**초판 1쇄 발행** 2018년 10월 1일
**초판 2쇄 발행** 2019년 12월 10일

**지은이** 김영재 / **펴낸이** 김태헌
**펴낸곳** 한빛미디어(주) / **주소** 서울시 서대문구 연희로2길 62 한빛미디어(주) IT출판부
**전화** 02-325-5544 / **팩스** 02-336-7124
**등록** 1999년 6월 24일 제25100-2017-000058호 / **ISBN** 979-11-6224-126-4    93000

**총괄** 전정아 / **책임편집** 이상복 / **기획** 최현우 / **교정·조판** 김철수
**디자인** 표지 신종식 내지 김연정
**영업** 김형진, 김진불, 조유미 / **마케팅** 박상용, 송경석, 조수현, 이행은, 홍혜은 / **제작** 박성우, 김정우

이 책에 대한 의견이나 오탈자 및 잘못된 내용에 대한 수정 정보는 한빛미디어(주)의 홈페이지나 아래 이메일로
알려주십시오. 잘못된 책은 구입하신 서점에서 교환해드립니다. 책값은 뒤표지에 표시되어 있습니다.
한빛미디어 홈페이지 www.hanbit.co.kr / 이메일 ask@hanbit.co.kr

지금 하지 않으면 할 수 없는 일이 있습니다.
책으로 펴내고 싶은 아이디어나 원고를 메일(writer@hanbit.co.kr)로 보내주세요.
한빛미디어(주)는 여러분의 소중한 경험과 지식을 기다리고 있습니다.

커뮤니티 게시판을 구현하며 배우는
입문부터 보안까지

김영재 지음

처음 배우는

스프링 부트

2

한빛미디어
Hanbit Media, Inc.

스프링 부트를 활용해 처음 개발을 시작하였을 때 이전보다 빠른 설정을 할 수 있어서 굉장히 만족했던 기억이 납니다. 그러나 간단히 사용할 수 있다 하여 스프링을 이해하지 않고 적용할 수 있는 것은 아니었습니다. 특수 상황에서는 스프링 부트의 자동 설정 효과를 보지 못할 수도 있습니다. 그러나 스프링 부트가 왜 등장하였고 어떻게 개발되었는지 이해하면 대부분의 경우 장점이 많다는 것을 알게 됩니다. 아직 시작하지 않은 분이 있다면 이 책을 통해 스프링 부트 2를 접해보시길 추천해드립니다.

**_장소현 카카오페이 서버 개발자**

스프링 3를 주로 사용하다가 요즘엔 스프링 부트를 사용하고 있습니다. 스프링 부트 덕분에 많이 편리해진 개발 환경에 놀라고 있습니다. 이 책은 스프링 부트의 최신 버전을 다루고 있으며, 꼭 필요한 필수적인 스프링 프로젝트(Web, Security, Batch)를 튜토리얼 형식으로 소개하고 있기 때문에 처음 접하는 분뿐만 아니라 기존 사용자에게도 좋은 책입니다. 모두 즐거운 개발 되세요!

**_한상곤 Favorie 서버 개발자**

기존 스프링 환경을 사용하시는 분들께서 스프링 부트로 넘어가지 않는 이유로 2가지를 얘기합니다. 하나는 대규모 트래픽에서 버틸 수 있는가 하는 것이고, 다른 하나는 내가 모르는 설정이 되어 있는 것 아닌지 불안하다는 겁니다.

저자는 하루 2천만 이상의 PV가 발생하는 서비스에서 스프링 부트로 개발/운영한 경험을 갖고 있습니다. 그 경험과 노하우가 이 책에 담겨 있다고 생각합니다. 그간 여러 가지 오해로 스프링 부트로 넘어가지 못하셨던 분들에게 이 책은 좋은 길잡이가 되리라 생각합니다.

**_ 이동욱 우아한형제들 서버 개발자**

2005년에 IT 서적을 2권 집필했고 최근에 다시 집필의 꿈을 꾸고 있습니다. 그런데 우연히 이 책의 베타 리딩 기회를 얻게 되어 즐거웠고 새로운 의욕을 얻는 시간이었습니다.

지금은 모바일 SDK 개발 직무를 맡고 있지만 스프링 프레임워크 3.x ~ 4.x 시절에 느꼈던 스프링 프레임워크의 경험은 '스프링은 설정이 반이다.'였습니다. 스프링 부트는 설정을 줄이고 컨테이너를 내장하여 최근 트랜드로 부상하고 있습니다. 이 책으로 스프링 프레임워크에서 스프링 부트로 넘어가는 발판을 마련해보시기 바랍니다.

**_김형구** 데브시스터즈 시니어 개발자


스프링 프레임워크를 처음 시작하시는 분들은 개발 환경 설정에서 많이 힘들어합니다. 스프링 부트는 개발 환경을 자동으로 구성해주고 개발을 빠르게 시작할 수 있게 도와줍니다. 요즘은 마이크로서비스 아키텍처로 빠른 개발을 하는 데 스프링 부트만한 것이 없다고 생각합니다. 이 책은 스프링 부트 2 최신 버전을 소개하고 있는데, 실무에 적합한 예제로 구성되어 있고, 메서드, 코드, 플로 설명이 쉽게 되어 있어 입문자도 부담 없이 쉽게 스프링을 접할 수 있을 겁니다. 스프링 부트를 처음 시작하시는 분들께 꼭 한번 읽어보시길 추천합니다.

**_이석곤** 엔컴 서버 개발자

## 지은이의 말

스타트업에서는 높은 생산성을 위해 백엔드와 프론트엔드 개발 언어를 통일하거나 쾌속 개발에 적합한 언어(Node.js, Ruby on Rails 등)와 프레임워크를 선택합니다. 하지만 프로젝트 성공 이후에는 안정성을 확보하고자 스프링 프레임워크로 전환하는 사례가 적지 않습니다. 그런 의미에서 스프링 부트는 앞으로 최고의 선택이 아닐까 생각해봅니다. 스프링 부트는 설정 비용을 줄이며 내장형 톰캣으로 더 빠르게 애플리케이션을 구성하고 관련된 의존성을 효과적으로 연결할 수 있기 때문입니다.

2017년 4월 어느 날 『토비의 스프링』의 저자 토비님을 만나 저녁 식사를 하며 이런저런 이야기를 나눴습니다. 그날 '저도 책을 써보고 싶은데 어떻게 하면 되나요?'라는 질문을 했습니다. 그때부터 책을 쓰고 싶다는 마음이 날마다 커졌습니다. 그로부터 몇 달 뒤 블로그에 올린 스프링 부트 글을 본 한빛미디어 최현우 차장님이 스프링 부트에 관한 책을 써보자고 제안을 했습니다.

개발자라면 누구나 그렇겠지만 저에게 책 쓰기는 정말 엄청난 도전이었습니다. 내가 아는 것을 독자가 쉽게 이해할 수 있도록 쓰는 것은 말처럼 쉽지 않았습니다. 단순한 사용법을 알려주기는 싫었습니다. 스프링 부트는 단순한 사용법을 안다고 현업에 제대로 사용할 수 있는 그런 도구가 아닙니다. 워낙 서버 쪽에는 다양한 그리고 시도 때도 없이 문제가 터져 나오고 도전 과제가 출현하니까요. 그래서 스프링 부트의 원리를 이해하고 스스로 스프링 부트의 기술을 찾아보고 익히는 습관을 들일 수 있도록 이 책을 써 내려갔습니다.

독자분마다 스프링 부트를 공부하고자 하는 이유가 다를 겁니다. 회사에서 스프링 부트로 새로운 프로젝트를 시작하거나, 기존 프로젝트를 스프링 부트로 개선하거나, 학생으로서 서버 개발자를 꿈꾸며 입문할 수도 있습니다. 그 이유가 무엇이든 이 책이 스프링 부트 입문이라는 도전에 도움이 되었으면 좋겠습니다.

스프링 개발자 로드 존슨과 그 팀원들은 J2EE를 '겨울'이라고 생각했습니다. 그래서 새로 만들게 된 프레임워크를 새로운 시작을 알린다는 의미로 봄(스프링)이라고 불렀는데요, 그리하여 오늘날 스프링 프레임워크라는 이름이 지어진 겁니다. 여러분의 도전에 봄이 함께 하길 빕니다.

마지막으로 이 책이 나오기까지 편집하느라 고생하신 최현우 차장님, 저의 멘토이자 항상 영감을 불어넣어 주는 동욱 형님, 같이 공부하고 더 나은 개발자가 되기 위해 노력하는 줌인터넷 동료 개발자들, 포기하고 싶고 힘들 때 항상 옆에서 응원해준 소현이, 열심히 리뷰해주신 베타 리더 분들, 그리고 가족과 친구 모두에게 고마운 마음을 전합니다.

**김영재** young891221@gmail.com

줌인터넷에서 스프링 부트로 개발/운영하며 쌓은 노하우를 통해 스프링 부트 관련 내용을 공유하고 책을 쓰게 되었습니다. 현재는 라인플러스에서 빌링 시스템을 개발하고 있습니다.

**블로그** http://haviyj.tistory.com/

## 이 책에 대하여

### 대상 독자

이 책은 스프링 부트 입문자의 눈높이에 맞춰 스프링 부트 환경 설정에서 커뮤니티 게시판 구현까지를 다룹니다. 스프링 부트의 기본 개념과 다양한 스프링 부트 스타터를 이용해 커뮤니티 게시판 구축 프로젝트를 구현합니다. 스프링에 대한 기본적인 이해가 있으면 이 책을 학습하는 데 도움이 되지만 없어도 공부할 수 있도록 가능한 한 쉽게 설명했고 따라하며 공부할 수 있도록 예제 코드와 그림을 제시했습니다. 물론 자바를 사용할 줄은 알아야 합니다.

### 개발 환경

이 책은 다음과 같은 환경을 기반으로 설명했으며, 모든 소스의 구동을 확인했습니다.

| 도구 | 버전 |
|------|------|
| 운영체제 | 윈도우 10(64비트), 맥OS |
| 개발 툴 | 인텔리제이 |
| JDK | JDK8 |

### 예제 소스

이 책의 예제 소스는 저자의 깃허브에서 다운로드할 수 있습니다.

- https://github.com/young891221/Spring-Boot-Test
- https://github.com/young891221/Spring-Boot-Community-Web
- https://github.com/young891221/Spring-Boot-Community-Rest
- https://github.com/young891221/Spring-Boot-Community-Batch

## 이 책의 구성

이 책은 1장과 2장에서 스프링 부트를 알아보고 개발 환경을 설치합니다. 3장부터 7장까지는 커뮤니티 사이트를 만듭니다. 이 과정에서 스프링 부트에서 제공하는 스타터를 사용하여 구현합니다. 해당 프로젝트를 어떠한 구조로 설계할지 어떠한 코드를 쓰는지 예제를 통해 알게 될 겁니다.

### 1장_ 스프링 부트 입문하기

스프링 부트의 다양한 스타터를 살펴보며 각 의존성과 부가 정보를 어떻게 확인하는지 알아봅니다. 이를 위해 스프링 부트 프로젝트의 특징을 이해하고 스프링 부트를 이용해서 어떻게 프로젝트를 구성하고 개발하는지 살펴봅니다.

### 2장_ 스프링 부트 환경 설정

스프링 부트 개발 환경을 구축합니다. JDK를 설치하고 인텔리제이 IDEA를 살펴봅니다. 아울러 그레이들$^{Gradle}$로 빌드하고 멀티 프로젝트를 구성하여 공통 사용되는 코드를 재활용합니다. 이어서 1장에서 살펴보았던 분산된 의존성이 어떻게 하나로 모아져 자동 설정되는지도 알아보겠습니다.

### 3장_ 스프링 부트 테스트

기본적인 테스트 스타터를 알아봅니다. 스타터는 크게 두 가지 모듈로 구성됩니다. 하나는 spring-boot-test이고 다른 하나는 spring-boot-test-autoconfigure이며 테스트 관련 자동 설정 기능을 제공합니다. 보통은 spring-boot-starter-test로 두 모듈을 함께 사용합니다. 자주 사용하는 어노테이션도 살펴봅니다.

### 4장_ 스프링 부트 웹

스프링 부트 웹을 이용하여 커뮤니티 게시판을 만듭니다. 스프링 부트 웹은 주로 뷰 페이지나 API 용도로 사용합니다. 이 장에서는 커뮤니티 게시판의 뷰 페이지를 만드는 방법을 다루고 API는 7장에서 스프링 부트 데이터 레스트를 사용하여 다룹니다.

### 5장_ 스프링 부트 시큐리티 + OAuth2

스프링 부트 1.5 버전에서 지원하는 스프링 시큐리티와 OAuth2 API를 빠르고 쉽게 적용해봅니다. 2.0 버전부터는 스프링 시큐리티 내부에 OAuth2 API가 포함되었습니다. 두 가지 버전 모두 알아봅니다.

### 6장_ 스프링 부트 데이터 레스트

REST는 웹의 장점을 극대화하는 통신 네트워크 아키텍처입니다. REST API 개발을 기존의 MVC 패턴으로도 해보고, 스프링 부트 데이터 레스트를 사용하여 개발하며 어떻게 다른지 장단점을 비교합니다. 그 결과 제대로 REST API를 만드는 방법을 익히게 됩니다.

### 7장_ 스프링 부트 배치

스프링 부트 배치는 백엔드의 배치 처리 기능을 구현하는 데 사용하는 프레임워크입니다. 스프링 부트 배치를 간단히 소개하고, 스프링 부트 배치를 써야 하는 이유와 스프링 부트 배치 2.0에 강화된 기능에 대해 알아봅니다. 끝으로 휴면회원 전환 기능을 직접 개발해봅니다.

### 부록

스프링 부트로 개발하는 데 부가적으로 필요한 '코드 다이어트를 위한 롬복 프로젝트', '자동으로 LiveReload하는 devtools', '스프링 부트 빌드와 배포', '커스텀 배너 설정하기', '페이스북, 구글, 카카오 개발자센터 연동'을 다룹니다.

# CONTENTS

# CONTENTS

## CHAPTER 5 스프링 부트 시큐리티 + OAuth2

# CONTENTS

CHAPTER 6 스프링 부트 데이터 레스트

# CONTENTS

# CHAPTER 1

# 스프링 부트 입문하기

스프링 부트 세계에 오신 여러분을 환영합니다.

이 장에서는 스프링 부트의 다양한 스타터<sup>starter</sup>를 살펴봅니다. 스타터는 애플리케이션에 포함되는 편리한 의존성 집합체입니다. 스타터를 사용하면 의존성을 일일이 찾지 않고도 모든 필요한 스프링 관련 기술을 한번에 도입할 수 있습니다. 다양한 스타터를 살펴본 다음 각각의 의존성과 필요한 정보를 어떻게 확인하는지 알아봅니다. 이를 위해 스프링 부트 프로젝트의 특징을 이해하고 스프링 부트를 이용해서 어떻게 프로젝트를 구성하고 개발하는지 살펴봅니다.

**이 장의 내용**

- 스프링 부트 소개
- 커뮤니티 게시판 기능 고안하기
- 스프링 부트로 커뮤니티 게시판 설계하기
- 스프링 부트 스타터 들여다보기

## 1.1 스프링 부트 소개

J2EE[1]를 사용하여 개발 프로젝트를 수행해보셨나요? 웹 개발을 하려면 톰캣<sup>Tomcat</sup>, 제티<sup>Jetty</sup>, 언더토우<sup>Undertow</sup> 같은 서블릿 컨테이너를 설치하고, 프로젝트 내에 필요한 환경을 구성해야 합니다.

---

**1** Java Platform, Enterprise Edition

대표적인 자바 애플리케이션 프레임워크인 스프링 역시 개발 환경 설정이 만만치 않습니다. 그럼에도 불구하고 스프링은 자바 대표 프레임워크로 자리 잡았습니다. 안정성, 성능, DI(의존성 주입) 등 매우 강력한 장점을 지니고 있기 때문입니다.

스프링팀 Pivotal Software 은 이 같은 스프링의 단점을 보완하고자 단비 같은 프로젝트를 만들었습니다. 바로 '스프링 부트'입니다.

스프링 부트는 필요한 환경 설정을 최소화하고 개발자가 비즈니스 로직에 집중할 수 있도록 도와줘 생산성을 크게 향상시킵니다. 현재 스프링팀에서 진행하는 중요한 프로젝트는 모두 스프링 부트 기반이라고 해도 과언이 아닙니다.

먼저 스프링 부트의 동작 방식을 이해하고 스프링 부트가 제공하는 다양한 프로젝트를 어디에 어떻게 적용하는지 함께 알아봅시다.


## 1.1.1 스프링 부트 특징

스프링 부트 프로젝트 메인 사이트[2]로 들어가면 'Just Run'이라는 문장을 만나게 됩니다. '스프링 부트는 간단한 설정만으로도 빠르게 실행할 수 있다'는 것을 강조하고 있습니다. 스프링 부트의 주요 특징은 다음과 같습니다.

- 임베디드 톰캣(Embed Tomcat), 제티, 언더토우를 사용하여 독립 실행이 가능한 스프링 애플리케이션 개발
- 통합 스타터를 제공하여 메이븐/그레이들 구성 간소화
- 스타터를 통한 자동화된 스프링 설정 제공
- 번거로운 XML 설정을 요구하지 않음
- JAR을 사용하여 자바 옵션만으로도 배포 가능
- 애플리케이션의 모니터링과 관리를 위한 스프링 액츄에이터(Spring Actuator) 제공

이 책은 위와 같은 스프링 부트의 특징을 활용하여 자동화하고, 의존성을 확인하고, 최적화하여 다양한 프로젝트를 개발하는 방법을 알아봅니다.

---

2 https://spring.io/projects/spring-boot

## 1.1.2 스프링 부트와 스프링

간혹 스프링 부트를 스프링 프레임워크와 전혀 다른 것으로 오해합니다. 그래서 스프링에 대해 잘 몰라도 스프링 부트를 할 수 있다고 생각합니다.

결론적으로 말씀드리자면 스프링 부트는 스프링 프레임워크라는 큰 틀에 속하는 도구일 뿐입니다. 단지 'Just Run'에 가까워지도록 많은 설정을 간소화하기 위해 노력한 도구입니다. 따라서 스프링 부트를 자유자재로 사용할 수 있다면 오히려 스프링 프레임워크의 장점까지 더해 더 빠르게 서비스를 개발할 수 있습니다.

그림 1-1 스프링 부트와 스프링의 관계

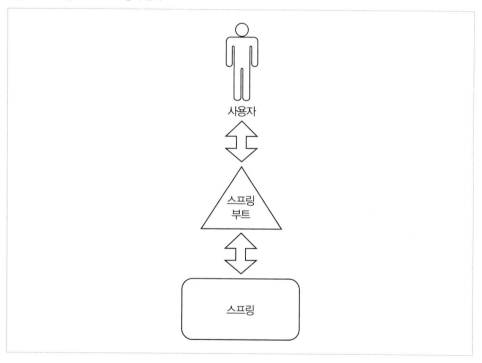

## 1.2 커뮤니티 게시판 기능 고안하기

실무에서 사용하는 스프링 부트 프로젝트는 어떻게 구성될까요? 만약 여러분이 네이버 카페와 비슷한 커뮤니티 서비스를 만든다고 하면 어떠한 프로젝트들이 필요할까요? 또 어떻게 설계할 수 있을까요?

보이는 뷰 페이지와 이를 보여줄 웹 서비스가 필요할 겁니다. 게시판이니 회원 기능도 있어야 겠죠? 패스워드와 아이디를 사용한 로그인 인증 혹은 OAuth2[3]를 사용하여 소셜 인증을 통해 회원 관리를 하는 기능도 필요할 겁니다. 이런 모든 동작에는 DB를 사용하여 데이터를 저장하는 REST API 서버도 필요합니다.

그뿐만 아니라 백엔드<sup>back end</sup>에서 주기적으로 어떤 동작의 로직을 구현할 수도 있습니다. 예를 들어 활동을 멈춘 지 1년이 지난 회원은 휴면회원으로 전환시킬 수도 있습니다.

서비스 하나를 만드는 데 할 일이 엄청 많군요. 이 많은 내용을 각기 다른 프레임워크나 언어로 개발한다면 아마 혼자서 개발하는 것은 불가능할지도 모릅니다. 그렇다고 너무 슬퍼하지 마세요. 스프링 부트가 위에서 언급한 기능을 모두 제공해주니까요!

## 1.3 스프링 부트로 커뮤니티 게시판 설계하기

다음 그림은 앞서 언급한 게시판을 스트링 부트로 구현한 겁니다. 물론 더 좋은 아키텍처와 다양한 방식이 있습니다. 하지만 지금은 스프링 부트를 이해하는 것이 목적이므로 온전히 스프링 부트에서 제공하는 기능만 사용합니다. 스프링 부트에 익숙해지기 위한 예제이므로 완벽함보다는 꼭 알아야 하는 핵심적인 내용 위주로 구성했습니다.

---

3 OAuth 발음 기호는 [ouɔ:θ]로 '오오쓰'라고 읽습니다.

**그림 1-2** 앞으로 만들 스프링 부트 커뮤니티 시스템 설계도

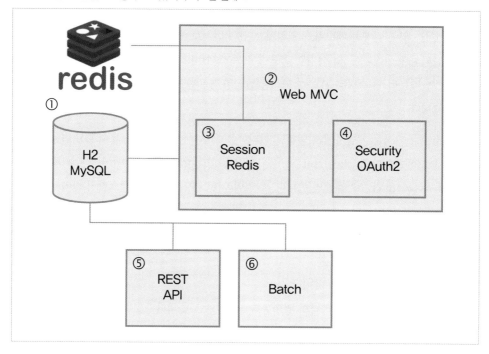

현업에서는 이보다 훨씬 더 복잡할 겁니다. 이해를 돕고자 간단하게 프로젝트 간의 관계만 그린 겁니다. 설계도에서 각각의 프로젝트 역할은 다음과 같습니다.

① **세션 레디스(Session Redis), H2(또는 MySQL)** : 세션을 관리하는 NoSQL(레디스)과 기본 데이터 저장을 위한 RDB(H2, MySQL) 사용

② **스프링 부트 웹 MVC(Spring Boot Web MVC)** : 기본적인 커뮤니티 페이지

③ **스프링 부트 세션 레디스(Spring Boot Session Redis)** : 레디스를 사용한 세션 관리

④ **스프링 부트 시큐리티(Spring Boot Security) / 스프링 부트 OAuth2(Spring Boot OAuth2)** : 커뮤니티의 회원 인증 및 권한 처리

⑤ **스프링 부트 데이터 레스트(Spring Boot Data REST)** : REST API 만들기

⑥ **스프링 부트 배치(Spring Boot Batch)** : 주기적으로 백엔드 작업 처리. 예를 들어 페이스북 API를 사용하여 게시판의 공유 개수를 DB에 저장

## 1.4 스프링 부트 스타터 들여다보기

스프링에서는 의존 관계를 개발자가 일일이 설정해 번거로웠지만 스프링 부트에서는 스타터를 이용해 간편하게 설정할 수 있습니다. 스프링 부트 스타터가 빌드에 필요한 의존성을 자동으로 관리해주기 때문이죠. 스타터를 '특정 목적을 달성하기 위한 의존성 그룹'이라고 생각하면 이해하기 쉽습니다.

스프링 부트 스타터는 개발자에게 엄청난 편리함을 제공해줍니다. 예를 들어 DB 연동에 스프링과 JPA가 필요하다면 pom.xml(메이븐)이나 build.gradle(그레이들)에 spring-boot-starter-data-jpa만 추가해주면 됩니다. 일일이 어떤 라이브러리가 필요한지 찾아볼 필요가 없습니다.

### 1.4.1 스타터의 명명규칙 알아보기

스프링 부트에서 제공하는 스타터의 명명규칙을 살펴보겠습니다. 스타터의 기본 형식은 다음과 같습니다.

```
spring-boot-starter-*
```

*에 해당 스타터명을 명시하면 됩니다.

예를 들어 스프링에서 웹 관련 프로젝트를 진행한다고 했을 때 사용하는 스타터명은 다음과 같습니다.

```
spring-boot-starter-web
```

명명규칙을 알면 원하는 스타터를 쉽게 찾을 수 있습니다!

그럼 스타터를 이용해 원하는 라이브러리를 한번에 불러오겠습니다. IDE에서 메이븐(pom.xml) 혹은 그레이들(build.gradle)과 같은 빌드 도구를 사용한다고 가정하겠습니다.

단축키 Ctrl+Space를 이용하면 spring-boot-starter 메뉴를 불러올 수 있습니다.

**그림 1-3** 단축키를 통해 스타터 메뉴 불러오기

## 1.4.2 스타터 내부의 의존성 확인 방법

스타터 내부의 의존성을 확인하는 이유는 다음과 같습니다.

1 특정 스타터를 사용하려 하는데 의존 관계가 궁금할 때

2 의존 관계를 확인하지 않고 spring-boot-starter를 추가했는데 의존 관계 설정이 궁금할 때

첫 번째 경우에는 Spring Boot Reference Guide[4]를 참고하여 확인할 수 있습니다.

가이드에서 Starters 카테고리로 들어가면 [그림 1-4]처럼 Pom 경로가 제공됩니다.

**그림 1-4** 스프링 부트 기본 애플리케이션 스타터 목록

Table 13.1. Spring Boot application starters

| Name | Description | Pom |
| --- | --- | --- |
| spring-boot-starter | Core starter, including auto-configuration support, logging and YAML | Pom |
| spring-boot-starter-activemq | Starter for JMS messaging using Apache ActiveMQ | Pom |
| spring-boot-starter-amqp | Starter for using Spring AMQP and Rabbit MQ | Pom |
| spring-boot-starter-aop | Starter for aspect-oriented programming with Spring AOP and AspectJ | Pom |
| spring-boot-starter-artemis | Starter for JMS messaging using Apache Artemis | Pom |
| spring-boot-starter-batch | Starter for using Spring Batch | Pom |
| spring-boot-starter-cache | Starter for using Spring Framework's caching support | Pom |
| spring-boot-starter-cloud-connectors | Starter for using Spring Cloud Connectors which simplifies connecting to services in cloud platforms like Cloud Foundry and Heroku | Pom |
| spring-boot-starter-data-cassandra | Starter for using Cassandra distributed database and Spring Data Cassandra | Pom |
| spring-boot-starter-data-cassandra-reactive | Starter for using Cassandra distributed database and Spring Data Cassandra Reactive | Pom |
| spring-boot-starter-data-couchbase | Starter for using Couchbase document-oriented database and Spring Data Couchbase | Pom |

---

4 https://docs.spring.io/spring-boot/docs/current/reference/htmlsingle/#using-boot-starter

예를 들어 [그림 1-4]에서 spring-boot-starter의 의존성이 어떻게 설정되어 있는지 궁금하다면 오른쪽의 Pom을 클릭하여 확인할 수 있습니다.

예제 **1-1** spring-boot-starter에서 제공하는 의존성 설정

```
<dependencies>
    <dependency>
        <groupId>org.springframework.boot</groupId>
        <artifactId>spring-boot</artifactId>    ❶
    </dependency>
    <dependency>
        <groupId>org.springframework.boot</groupId>
        <artifactId>spring-boot-autoconfigure</artifactId>    ❷
    </dependency>
    <dependency>
        <groupId>org.springframework.boot</groupId>
        <artifactId>spring-boot-starter-logging</artifactId>    ❸
    </dependency>
    <dependency>
        <groupId>javax.annotation</groupId>
        <artifactId>javax.annotation-api</artifactId>    ❹
    </dependency>
    <dependency>
        <groupId>org.springframework</groupId>
        <artifactId>spring-core</artifactId>    ❺
    </dependency>
    <dependency>
        <groupId>org.yaml</groupId>
        <artifactId>snakeyaml</artifactId>    ❻
        <scope>runtime</scope>
    </dependency>
</dependencies>
```

spring-boot-starter는 다음 여섯 가지 의존성을 제공합니다.

❶ spring-boot : 스프링 부트에서 기본 제공하는 의존성

❷ spring-boot-autoconfigure : 스프링 부트의 자동 환경 구성에 필요한 의존성

❸ spring-boot-starter-logging : 각종 로그를 사용하는 데 필요한 의존성

❹ javax.annotation-api : 소프트웨어의 결함을 탐지하는 어노테이션을 지원하는 의존성

❺ spring-core : 스프링 코어를 사용하는 데 필요한 의존성

❻ snakeyaml : yaml을 사용하는 데 필요한 의존성

그럼 두 번째 경우에 대해 알아보겠습니다. 이 경우의 확인 방식도 결과는 똑같습니다. 다만 Spring Boot Reference Guide가 아닌 IDE에서 직접 찾을 수 있습니다(IDE 사용법은 2.2절 '인텔리제이 IDEA 사용하기'에서 확인할 수 있습니다). 인텔리제이의 경우 스프링 부트 프로젝트를 임포트하고 왼쪽 하단의 'External Libraries(외부 라이브러리)'를 펼치면 의존된 라이브러리들을 확인할 수 있습니다.

여러 라이브러리 중 [그림 1-5]와 같이 spring-boot-starter-*라는 이름을 가진 라이브러리의 내부를 직접 찾아보며 의존 관계를 살펴볼 수 있습니다.

그림 1-5 인텔리제이 External Library에서 의존성 정보 직접 확인하기

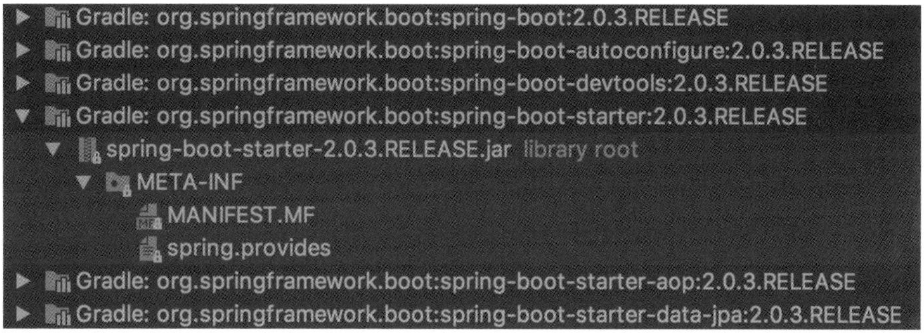

```
▶  Gradle: org.springframework.boot:spring-boot:2.0.3.RELEASE
▶  Gradle: org.springframework.boot:spring-boot-autoconfigure:2.0.3.RELEASE
▶  Gradle: org.springframework.boot:spring-boot-devtools:2.0.3.RELEASE
▼  Gradle: org.springframework.boot:spring-boot-starter:2.0.3.RELEASE
   ▼  spring-boot-starter-2.0.3.RELEASE.jar library root
      ▼  META-INF
         MANIFEST.MF
         spring.provides
▶  Gradle: org.springframework.boot:spring-boot-starter-aop:2.0.3.RELEASE
▶  Gradle: org.springframework.boot:spring-boot-starter-data-jpa:2.0.3.RELEASE
```

### 1.4.3 스타터에 명시된 버전은 어떻게 확인할까

스프링 부트 프로젝트의 의존성을 다룬 문서는 모두 깃허브에 공개되어 있습니다. 따라서 아래 깃허브에서 스타터에 명시된 버전을 확인할 수 있습니다.

```
https://github.com/spring-projects/spring-boot/
```

위 URL로 접속한 후 spring-boot-project → spring-boot-dependencies로 이동하면 pom.xml 파일이 있습니다. pom.xml 파일을 클릭하면 의존성 설정의 기본 버전을 확인할 수 있습니다. 현재 약 170여 가지에 대한 버전이 명시되어 있습니다.

**그림 1-6** spring-boot-dependency의 pom.xml에 설정된 의존성 버전 정보

```xml
11      <artifactId>spring-boot-dependencies</artifactId>
12      <packaging>pom</packaging>
13      <name>Spring Boot Dependencies</name>
14      <description>Spring Boot Dependencies</description>
15      <url>https://projects.spring.io/spring-boot/#</url>
16      <licenses>
17          <license>
18              <name>Apache License, Version 2.0</name>
19              <url>http://www.apache.org/licenses/LICENSE-2.0</url>
20          </license>
21      </licenses>
22      <scm>
23          <url>https://github.com/spring-projects/spring-boot</url>
24      </scm>
25      <developers>
26          <developer>
27              <name>Pivotal</name>
28              <email>info@pivotal.io</email>
29              <organization>Pivotal Software, Inc.</organization>
30              <organizationUrl>http://www.spring.io</organizationUrl>
31          </developer>
32      </developers>
33      <properties>
34          <!-- Dependency versions -->
35          <activemq.version>5.15.3</activemq.version>
36          <antlr2.version>2.7.7</antlr2.version>
37          <appengine-sdk.version>1.9.63</appengine-sdk.version>
38          <artemis.version>2.4.0</artemis.version>
39          <aspectj.version>1.8.13</aspectj.version>
40          <assertj.version>3.9.1</assertj.version>
41          <atomikos.version>4.0.6</atomikos.version>
```

다른 방법으로 docs의 Dependency versions 카테고리를 참고하면 해당 프로젝트의 버전을 확인할 수 있습니다. 아래 URL로 접속한 후 목차에서 'F. Dependency versions'를 클릭하면 됩니다.

https://docs.spring.io/spring-boot/docs/current/reference/html/

의존성 설정의 기본 버전은 스프링 부트의 버전이 올라갈 때마다 매번 적합성 테스트를 거쳐 업데이트됩니다. 즉, starter 의존성을 사용하면 개발자는 일일이 호환 버전을 신경 쓰지 않아도 됩니다. 그렇지만 훌륭한 개발자라면 자신이 사용하는 라이브러리 버전 정도는 확인해두는 것이 좋습니다. 버전에 따라 기존의 API 지원 형식이나 서로 의존되는 정보가 달라지는 경우도 있기 때문입니다.

### 1.4.4 스프링 부트 버전에 따라 무엇이 다른지 어떻게 알 수 있을까

스프링 부트 버전에 따라 달라진 점을 어떻게 확인할 수 있을까요? 직접 코드를 보면서 확인한다면 아마 엄청난 시간이 걸릴 겁니다. 제일 빠르게 살펴볼 수 있는 방법은 스프링 부트 위키 페이지를 이용하는 겁니다. 스프링 부트 깃허브에 접속합니다.

```
https://github.com/spring-projects/spring-boot/
```

그러면 다음과 같은 화면이 나타날 겁니다. Wiki 항목을 클릭해보세요.

그림 1-7 스프링 부트 위키 페이지

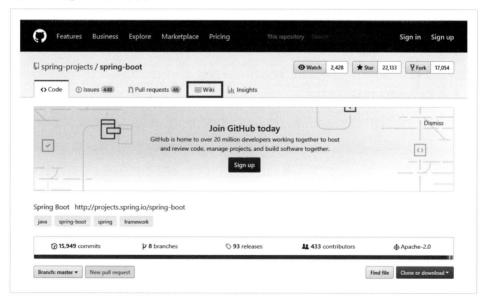

위키 페이지의 'Release Notes' 항목에서 원하는 버전을 클릭하면 해당 버전에서 달라진 점과 새롭게 추가된 점을 확인할 수 있습니다.

그림 1-8 스프링 부트 2.0 버전의 릴리스 노트

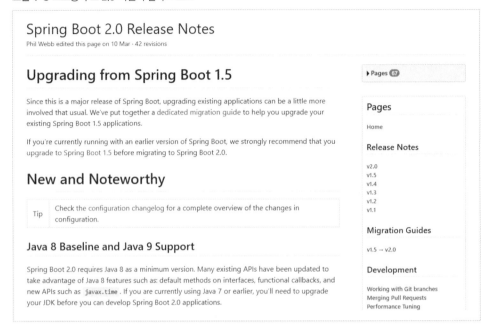

## 1.4.5 이 책에서 다룰 스타터

이 책에서는 기본적인 Web, Security, OAuth2, JPA, REST, Batch 스타터를 다룹니다. 이 정도면 서비스 하나를 구축할 수 있는 핵심 스타터라 할 수 있습니다. 여기서는 각 스타터가 무엇인지 간단히 살펴봅니다. 각 스타터에 대한 자세한 내용은 해당 장에서 자세히 다룹니다.

표 1-1 앞으로 사용할 애플리케이션 스타터

| 스타터명 | 설명 |
| --- | --- |
| spring-boot-starter | 스프링 부트의 코어. auto-configuration, logging, yaml 제공 |
| spring-boot-starter-aop | 관점 지향 프로그래밍(aspect-oriented programming, AOP)을 위한 스타터 |
| spring-boot-starter-batch | 스프링 배치(Spring Batch)를 사용하는 데 필요한 스타터 |

| 스타터명 | 설명 |
| --- | --- |
| spring-boot-starter-data-jpa | 스프링 데이터 JPA(Spring Data JPA)와 하이버네이트(Hibernate)를 사용하는 데 필요한 스타터 |
| spring-boot-starter-data-redis | 메모리 저장 방식의 저장소인 레디스(Redis)와 자바에서 쉽게 레디스를 사용하게끔 도와주는 제디스(Jedis) 설정 자동화 스타터 |
| spring-boot-starter-data-rest | 스프링 데이터 저장소(Spring Data Repositories) 방식에 맞춘 REST API를 제공하는 데 사용하는 스타터 |
| spring-boot-starter-thymeleaf | 타임리프(Thymeleaf) 템플릿 엔진을 사용하는 데 필요한 스타터 |
| spring-boot-starter-jdbc | 톰캣 JDBC 커넥션 풀(Tomcat JDBC connection pool)에 사용하는 스타터 |
| spring-boot-starter-security | 각종 보안에 사용하는 스프링 시큐리티 스타터 |
| spring-boot-starter-oauth2 | OAuth2 인증에 사용하는 스타터 |
| spring-boot-starter-validation | 자바 빈 검증(Java Bean Validation)에 사용하는 스타터 |
| spring-boot-starter-web | 웹을 만드는 데 사용하는 스타터(스프링 MVC, REST형, 임베디드 톰캣, 기타 라이브러리 포함) |

## 1.4.6 스프링 부트 장단점

스프링 부트 관련 장단점은 개인마다 차이가 있을 수 있지만 스프링 부트 환경의 프로젝트를 운영하며 필자가 느꼈던 장단점은 다음과 같습니다.

**장점**

- 각각의 의존성 버전을 올리는 것이 좀 더 수월합니다. 스프링 부트의 버전이 올라갈 때마다 각 버전 간의 호환성에 대해 충분한 테스트를 거치고 릴리스되기 때문에 기존에 하나씩 수동으로 설정했던 버전 관리에 비해 안정된 버전이 제공된다는 최소한의 보장을 얻을 수 있습니다.
- 특정 라이브러리에 버그가 있다 하더라도 스프링팀에서 버그픽스한 버전을 받기 편리합니다.
- 간단한 어노테이션 설정이나 프로퍼티 설정으로 세부적인 설정 없이 원하는 기능을 빠르게 적용할 수 있습니다.
- 별도의 외장 톰캣을 설치할 필요가 없으며 위와 동일한 이유로 톰캣 버전도 더욱 편리하게 관리합니다.

**단점**

- 설정을 개인화(커스터마이징)하면 버전을 올릴 때 기존 스프링 프레임워크를 사용하는 것과 동일한 불편함을 겪을 수 있습니다.
- 특정 설정을 개인화 혹은 설정 자체를 변경하고 싶다면 내부의 설정 코드를 살펴봐야 하는 불편함이 있을 수 있습니다.

## 1.5 마치며

스프링 부트와 스프링 부트 스타터에 대해 간단히 살펴보았습니다. 스타터를 선택하고 의존성을 확인할 수 있다면 이 장을 성공적으로 익힌 겁니다. 각 스타터에 대해서는 책 전반에 걸쳐 살펴볼 것이니 조급해하지 마시고 천천히 이 책을 읽어주세요.

스프링 부트의 특징을 활용하여 커뮤니티 게시판을 설계해보았습니다. 이 책에서는 이 프로젝트를 작성하고 지속적으로 업그레이드하며 활용할 겁니다. 다음 장에서는 개발 환경을 설정하고 스프링 부트를 설치한 뒤 본격적으로 프로그래밍에 들어가겠습니다.

# CHAPTER 2

# 스프링 부트 환경 설정

이 장에서는 스프링 부트 개발 환경을 구축합니다. JDK를 설치하고 최근 제일 유용한 개발 도구로 소문난 인텔리제이 IDEA를 살펴볼 겁니다.

그레이들은 메이븐과 마찬가지로 규칙 기반으로 빌드를 구성할 수 있습니다. 또한 JVM 환경 언어인 그루비로 만들어져 언어의 장점을 그대로 활용할 수 있으며, 테스크$^{Task}$를 사용하면 빌드 순서까지 제어할 수 있습니다. 그레이들의 기능은 방대하므로 이 장에서는 스프링 부트 프로젝트를 효과적으로 구성할 수 있는 멀티 프로젝트 기능에 집중합니다. 그레이들로 빌드하고 멀티 프로젝트를 구성하여 공통으로 사용되는 코드를 재활용해보겠습니다.

이어서 1장에서 살펴보았던 분산된 의존성이 어떻게 하나로 모아져 자동 설정되는지도 알아보겠습니다.

**이 장의 내용**

- JDK 설치하기
- 인텔리제이 IDEA 사용하기
- 그레이들 설치 및 빌드하기
- 환경 프로퍼티 파일 설정하기
- 자동 환경 설정 이해하기

# 2.1 JDK 설치하기

인텔리제이를 실행하려면 JDK가 필요합니다. 먼저 JDK를 설치하겠습니다. 이 책은 JDK 8u161 버전을 사용합니다.

**1.** 다음 URL에 접속합니다.

http://www.oracle.com/technetwork/java/javase/downloads/jdk8-downloads-2133151.html

**2.** 'Accept License Agreement'를 체크한 후 환경에 맞는 설치 파일을 다운로드합니다.

그림 2-1 JDK 8u161 파일 다운로드 화면

**Java SE Development Kit 8u161**

You must accept the Oracle Binary Code License Agreement for Java SE to download this software.
Thank you for accepting the Oracle Binary Code License Agreement for Java SE; you may now download this software.

| Product / File Description | File Size | Download |
|---|---|---|
| Linux ARM 32 Hard Float ABI | 77.92 MB | ⬇jdk-8u161-linux-arm32-vfp-hflt.tar.gz |
| Linux ARM 64 Hard Float ABI | 74.88 MB | ⬇jdk-8u161-linux-arm64-vfp-hflt.tar.gz |
| Linux x86 | 168.96 MB | ⬇jdk-8u161-linux-i586.rpm |
| Linux x86 | 183.76 MB | ⬇jdk-8u161-linux-i586.tar.gz |
| Linux x64 | 166.09 MB | ⬇jdk-8u161-linux-x64.rpm |
| Linux x64 | 180.97 MB | ⬇jdk-8u161-linux-x64.tar.gz |
| macOS | 247.12 MB | ⬇jdk-8u161-macosx-x64.dmg |
| Solaris SPARC 64-bit (SVR4 package) | 139.99 MB | ⬇jdk-8u161-solaris-sparcv9.tar.Z |
| Solaris SPARC 64-bit | 99.29 MB | ⬇jdk-8u161-solaris-sparcv9.tar.gz |
| Solaris x64 | 140.57 MB | ⬇jdk-8u161-solaris-x64.tar.Z |
| Solaris x64 | 97.02 MB | ⬇jdk-8u161-solaris-x64.tar.gz |
| Windows x86 | 198.54 MB | ⬇jdk-8u161-windows-i586.exe |
| Windows x64 | 206.51 MB | ⬇jdk-8u161-windows-x64.exe |

**3.** 기본값으로 설치합니다.

**그림 2-2** JDK 8u161 설치 화면

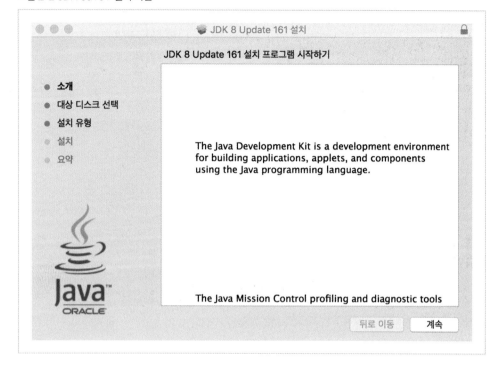

## 2.2 인텔리제이 IDEA 사용하기

최근 급부상한 인텔리제이는 젯브레인스에서 제작한 상용 자바 통합 개발 환경입니다. 문법이 옳은지, 중복된 코드인지, 사용하지 않는 변수인지 표시해주며, 더 나은 문법이나 람다식으로 변환을 제안합니다. 깃허브와 연동되고 디버거와 기타 플러그인 등 여러 편리한 기능을 지원합니다.

이미 인텔리제이를 현업에서 사용하고 있는 분들은 이 절을 건너뛰어도 좋습니다.

### 2.2.1 커뮤니티 버전과 얼티미트 버전

인텔리제이는 커뮤니티 버전(무료)과 얼티미트 버전(유료)이 있습니다. 얼티미트 버전은 체험해보고 구입할 수 있도록 30일간의 무료 라이선스를 제공합니다. 두 버전의 차이점은 다음과 같습니다.

표 2-1 인텔리제이 얼티미트 버전과 커뮤니티 버전

| 구분 | 얼티미트 버전 | 커뮤니티 버전 |
| --- | --- | --- |
| 라이선스 | 상업용(유료) | 오픈 소스(무료) |
| 자바, 코틀린, 그루비, 스칼라 | O | O |
| 안드로이드 | O | O |
| 메이븐, 그레이들, SBT | O | O |
| Git, SVN, Mercurial, CVS | O | O |
| 중복 코드 감지 | O | X |
| Perforce, ClearCase, TFS | O | X |
| 자바스크립트, 타입스크립트 | O | X |
| 자바 EE, 스프링, 바딘, 하이버네이트, 프리마커, 타임리프 등 다양한 JVM 프레임워크 지원 | O | X |
| 데이터베이스 도구, SQL | O | X |

## 2.2.2 커뮤니티 버전에서 스프링 부트 사용하기

커뮤니티 버전은 자바 개발만 지원합니다(웹 개발은 지원하지 않습니다). 하지만 스프링 부트는 임베디드 톰캣을 지원하기 때문에 상업용 라이선스가 아니더라도 스프링 부트를 실행할 수 있습니다. 따라서 커뮤니티 버전에서 스프링 부트를 개발하고 빌드할 수 있습니다. 다만 프론트엔드 관련 템플릿을 지원하지 않아 관련 기능은 다른 도구를 사용해야 합니다. 예를 들어 아톰<sup>Atom</sup>이나 서브라임 텍스트<sup>Sublime Text</sup>가 보편적으로 사용됩니다.

그럼 인텔리제이를 설치하고 프로젝트를 생성하여 실행해보겠습니다.

### 인텔리제이 설치

**1.** 인텔리제이 홈페이지에 접속한 후 Download the tool you need 드롭박스에서 IntelliJ IDEA를 선택하고 DOWNLOAD 버튼을 누릅니다.

```
https://www.jetbrains.com/
```

**2.** 설치 파일은 윈도우, 맥OS, 리눅스를 지원합니다. Windows, macOS, Linux 버튼 중 원하는 운영체제를 선택한 후 Community 항목 아래에 있는 DOWNLOAD 버튼을 누릅니다. 저자는 맥OS 버전을 다운로드했습니다. 여러분도 자신의 운영체제에 맞는 버전을 다운로드하세요.

**그림 2-3** 인텔리제이 커뮤니티 버전 다운로드

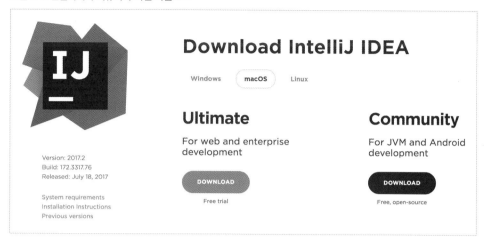

**3.** 다운로드한 dmg 파일을 실행시키면 다음과 같은 화면이 나옵니다. IntelliJ IDEA CE 파일을 오른쪽 폴더로 드래그하여 이동시킵니다. 그럼 설치가 완료됩니다.

**그림 2-4** 맥OS에 인텔리제이 dmg 파일 설치하기

## 프로젝트 생성

피보탈<sup>Pivotal</sup>에서 제공하는 스프링 이니셜라이저<sup>Spring Initializr</sup>는 원하는 언어, 빌드 도구, 스프링 버전, 의존성을 체크하여 빠르게 스프링 부트 프로젝트를 생성합니다.

**1.** 스프링 이니셜라이저에 접속합니다.

```
https://start.spring.io
```

**2.** 다음 항목을 체크합니다.

- Gradle Project, Java, 2.0.3을 선택합니다(2.0.3 버전이 없다면 최신 버전을 선택해도 됩니다).
- Group과 Artifact는 원하는 이름으로 변경해도 상관없습니다. 여기서는 community로 사용하겠습니다.
- Dependencies는 Web을 검색하여 선택합니다.

**그림 2-5** 스프링 이니셜라이저를 사용한 프로젝트 생성

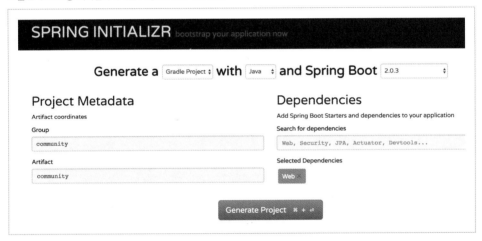

**3.** Generate Project 버튼을 누릅니다. 그러면 지정한 양식대로 프로젝트가 생성되어 다운로드될 겁니다.

**4.** 프로젝트 다운로드 후 원하는 경로에 압축을 해제합니다.

## 프로젝트 열기 및 실행

압축 해제한 프로젝트를 인텔리제이에서 열어보겠습니다.

**1.** 인텔리제이 커뮤니티 버전을 실행합니다. 그러면 다음과 같은 초기 화면이 나타납니다.

**그림 2-6** 인텔리제이 초기 화면

**2.** JVM Home 경로를 지정합니다. [그림 2-6] 초기 화면에서 오른쪽 하단에 있는 Configure 을 누른 후 Project Defaults → Project Structure를 선택하면 [그림 2-7]과 같은 팝업 창이 뜹니다. Project SDK에서 New를 선택하여 설치한 JDK 경로를 설정합니다. 설정이 완료되면 OK 버튼을 누릅니다.

**그림 2-7** SDK의 JDK 경로 설정

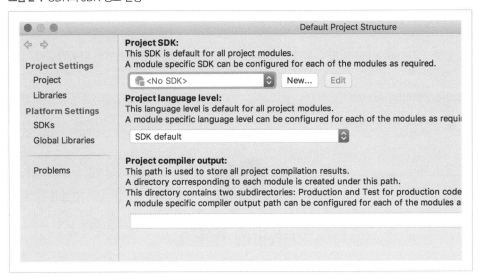

**3.** 초기 화면에서 Open 버튼을 누르고 demo 폴더를 선택합니다.

**4.** 인텔리제이가 자동으로 그레이들 프로젝트로 인식하고 초기 그레이들의 경로, 버전, 기타 설정을 요구합니다. 일단 기본 설정으로 프로젝트를 시작합니다.

**그림 2-8** 그레이들 프로젝트 임포트 화면

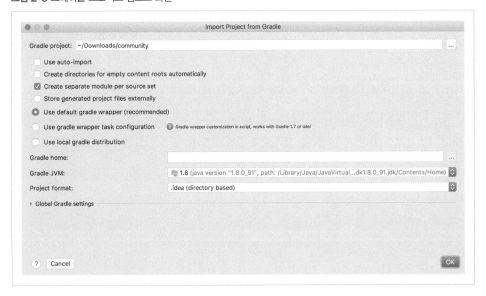

프로젝트 창이 열리고 설정한 그레이들과 필요한 의존성이 다운로드되며 build.gradle에서 정의한 의존성이 모두 설치된 후 프로젝트 인덱싱을 시작합니다. 작업이 모두 완료되면 프로젝트가 생성된 겁니다.

**5.** 환경 구성이 완료되었으니 제대로 동작하는지 확인해야겠지요? 'Hello World'를 띄워보겠습니다. CommunityApplication.java로 들어가 코드를 [예제 2-1]과 같이 수정합니다.

**예제 2-1** HelloWorld 띄우기
com/demo/community/CommunityApplication.java

```
@RestController  ❶
@SpringBootApplication
public class CommunityApplication {

    public static void main(String[] args) {
        SpringApplication.run(Application.class, args);
    }

    @GetMapping  ❷
    public String HelloWorld() {
        return "Hello World";
    }
}
```

❶ @RestController : @Controller와 @ResponseBody를 합쳐놓은 역할을 수행합니다. 어노테이션을 사용하면 스프링은 반환값이 Response Body 부분에 자동으로 바인딩됩니다. 스프링에서 RESTful 웹 서비스를 만들 때 주로 사용합니다.

❷ @GetMapping : Get 방식으로 경로를 받는 매핑 어노테이션입니다. value 값을 별도로 지정하지 않으면 기본값인 빈 값("")이 들어갑니다.

**6.** 이제 스프링 부트를 실행하면 됩니다. 커뮤니티 버전은 톰캣 실행 플러그인, 뷰 템플릿 도구, 기타 웹 관련 기능을 지원하지 않습니다. 따라서 스프링 부트 관련 실행 플러그인이 제공되지 않습니다. 하지만 자바를 실행하는 방법과 똑같이 CommunityApplication.java의 메인 메서드를 실행하면 스프링 부트를 실행할 수 있습니다. 스프링팀의 일원이자 자바 챔피언인 조시 롱Josh Long이 이야기한 'Not War, Just Jar'의 의미처럼 스프링 부트는 따로 WAS(톰캣)를 설치하지 않아도 실행할 수 있기 때문입니다. 이제 [그림 2-9]와 같이 Run 버튼을 눌러 애플리케이션을 실행합니다.

**그림 2-9** CommunityApplication.java에서 메인 메서드 실행하기

```
 8    @RestController
 9    @SpringBootApplication
10
11   ▶ Run 'CommunityAppli....main()'           ^⇧R
12   ☀ Debug 'CommunityAppli....main()'         ^⇧D     pri
15   ⊗ Run 'CommunityAppli....main()' with Coverage
16
17    public String HelloWorld() {
18        return "Hello World";
19    }
```

**7.** 메인 메서드를 실행한 후 브라우저에서 `localhost:8080`에 접속하여 'Hello World'가 제대로 출력되는지 확인해봅니다.

**그림 2-10** 브라우저에서 동작 확인하기

```
←  →  C  ⓘ localhost:8080

Hello World
```

맥OS 환경에서는 터미널에서 curl 명령어를 사용하여 확인하는 방법도 있습니다.

---

```
$ curl localhost:8080
Hello World
```

---

## 2.2.3 얼티미트 버전에서 스프링 부트 사용하기

상용 버전에서 스프링 부트를 띄워보겠습니다. 얼티미트 버전은 웹 관련 플러그인과 기능을 제공합니다. 따라서 굳이 스프링 이니셜라이저에 접속하지 않고도 인텔리제이 내부에서 직접 생성할 수 있습니다.

2.2.2절의 '인텔리제이 설치'를 참조해서 인텔리제이 얼티미트 버전을 설치하세요.

**1.** 얼티미트 버전을 설치하면 [그림 2-6]과 같은 초기 화면이 나옵니다. 초기 화면에서 'Create New Project'를 선택합니다.

**2.** 생성된 New Project 창에서 'Spring Initializr'를 선택하고 Next 버튼을 누릅니다.

**그림 2-11** 스프링 이니셜라이저로 스프링 부트 프로젝트 생성하기

**3.** 프로젝트의 그룹, 빌드 타입, 자바 버전, 기타 설정을 [그림 2-12]와 같이 선택하고 Next 버튼을 누릅니다.

**그림 2-12** 프로젝트 그룹 및 초기화 설정

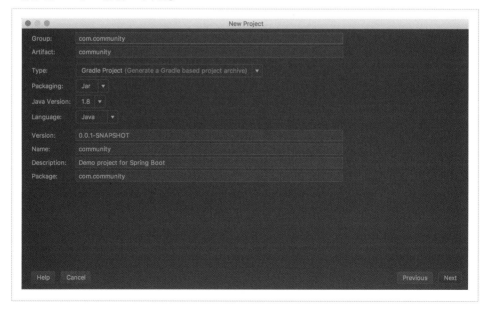

**4.** 이제 인텔리제이에서 의존성을 선택하여 불러올 수 있습니다. 데모 프로젝트만 테스트하므로 일단은 Web 의존성만 선택하고 넘어가겠습니다.

그림 2-13 Web 의존성 선택

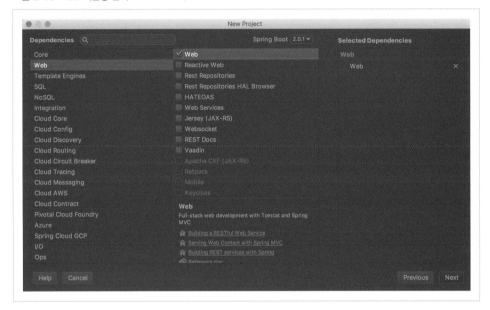

**5.** 프로젝트명을 'community'로 지정하고 Finish 버튼을 누르면 프로젝트가 생성됩니다.

## 프로젝트 생성 및 실행

얼티미트 버전에서 제공하는 스프링 부트 플러그인을 사용하여 애플리케이션을 실행해보겠습니다.

**1.** 인텔리제이 메인 창에서 오른쪽 상단에 있는 'Edit Configurations'를 선택합니다.

그림 2-14 Edit Configurations 선택

**2.** 열린 창에서 왼쪽 상단의 + 버튼을 선택하고 'Spring Boot'를 선택해 스프링 부트 플러그 인을 추가합니다.

**그림 2-15** 스프링 부트 플러그인 추가

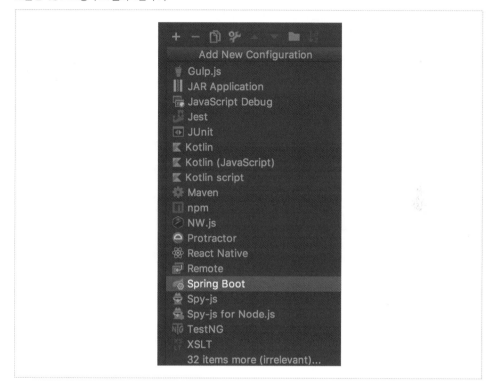

**3.** 추가된 스프링 부트 플러그인을 선택하고 아래 항목을 채워 넣습니다.

- **Main class** : CommunityApplication
- **Use classpath of modules** : community_main

그림 2-16 스프링 부트 실행 플러그인 설정

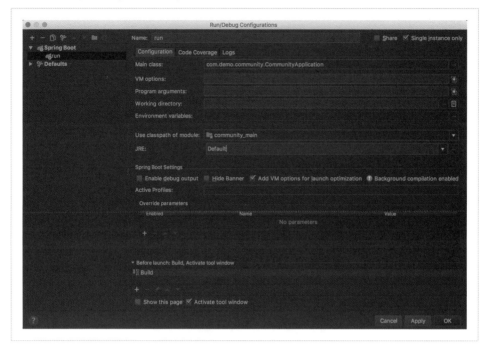

**4.** 이제 설정을 완료하고 [그림 2-9]와 동일한 방법으로 Run 버튼을 누르면 스프링 부트 애플리케이션이 시작됩니다. 실행 확인 방법은 무료 버전과 같습니다.

## 2.3 그레이들 설치 및 빌드하기

아직 많은 분이 메이븐을 사용하지만 메이븐 설정 파일인 pom.xml은 XML 기반으로 작성되어 있어서 동적인 행위에 제약이 있습니다. 그래서 대안으로 나온 그루비 기반의 그레이들이 주목받고 있습니다.

그레이들은 앤트<sup>Ant</sup>로부터 기본적인 빌드 도구의 기능을, 메이븐으로부터 의존 라이브러리 관리 기능을 차용했습니다. 멀티 프로젝트 구성 시에는 메이븐처럼 상속 구조가 아닌 설정 주입 방식을 사용하여 훨씬 유연하게 빌드 환경을 구성할 수 있습니다. 아직 메이븐을 사용한다면 이 기회에 그레이들을 사용해보기 바랍니다.

이제 그레이들을 설정하겠습니다.

## 2.3.1 그레이들 래퍼

그레이들 메인 홈페이지에 접속하여 각자의 OS 환경에 맞게 그레이들을 다운로드하여 설치합니다.

```
https://gradle.org/install
```

특별한 입력 없이 Next 버튼을 누르면 설치가 완료됩니다. 그레이들을 따로 설치하지 않더라도 2.2.2절 '커뮤니티 버전에서 스프링 부트 사용하기'에서 살펴본 스프링 이니셜라이저로 프로젝트를 생성하면 해당 프로젝트에 그레이들이 자동으로 설치됩니다. 이유는 잠시 뒤에 살펴보기로 하고 기본으로 생성된 그레이들 프로젝트의 구조를 보겠습니다.

**그림 2-17** 그레이들 설정 관련 기본 구조

```
├──gradle
│    └──wrapper
│         ├──gradle-wrapper.jar
│         └──gradle-wrapper.properties
├──gradlew
└──gradlew.bat
```

각 설정 파일의 용도는 다음과 같습니다.

- gradlew : 리눅스 및 맥OS용 셸 스크립트
- gradlew.bat : 윈도우용 배치 스크립트
- gradle/wrapper/gradle-wrapper.jar : Wrapper JAR
- gradle/wrapper/gradle-wrapper.properties : 그레이들 설정 정보 프로퍼티 파일(버전 정보 등)

그런데 스프링 이니셜라이저로 생성한 프로젝트는 왜 그레이들을 자동으로 설치할까요?

답은 그레이들 래퍼$^{Gradle\ Wrapper}$에 있습니다. [그림 2-17]의 파일은 모두 그레이들 래퍼와 관련된 설정이며 프로젝트 첫 설정 시 그레이들 관련 빌드 설정을 자동으로 해주기 때문입니다. 따라서 그레이들 래퍼를 설치하여 깃과 같은 VCS$^{Version\ Control\ System}$에서 관리하면 공동 작업자들이 그레이들 설치 및 버전 관리를 편리하게 할 수 있습니다.

그레이들로 구성된 프로젝트를 새로운 그레이들 버전으로 변경할 수 있을까요? 할 수 있습니다. gradle-wrapper.properties에서 distributionUrl을 원하는 그레이들 버전으로 수정하면 됩니다.

만약 그레이들 버전을 업그레이드하고 싶다면 그레이들 래퍼를 사용하여 간단하게 처리할 수 있습니다. 맥OS나 리눅스 사용자라면 gradlew 셸 스크립트를 실행합니다. 권한이 없다는 메시지가 출력된다면 다음과 같이 실행 권한을 추가하세요.

```
$ chmod 755 gradlew
```

그레이들 4.8.1 버전으로 올리고 싶다면 다음 명령을 실행하세요.

```
$ ./gradlew wrapper --gradle-version 4.8.1
```

위 명령 한 번으로 모든 그레이들 관련 파일이 4.8.1에 맞게 수정됩니다. 따라서 그레이들 버전에 대한 형상 관리가 훨씬 수월해집니다. 마지막으로 그레이들 버전이 원하는 대로 업데이트되었는지 확인해봅니다.

```
$ ./gradlew -v
```

NOTE_ 이 책의 모든 프로젝트는 그레이들 4.8.1로 진행합니다.

## 2.3.2 그레이들 멀티 프로젝트 구성하기

그레이들 멀티 프로젝트를 활용하면 여러 프로젝트를 마치 하나의 프로젝트처럼 사용할 수 있습니다. 일반적으로 이 기능은 공통 코드를 하나의 프로젝트로 분리하고 이를 재사용할 때 유용합니다.

예를 들어 커뮤니티 서비스를 개발한다고 합시다. 웹, API, 배치, 기타 프로젝트가 존재할 겁니다. 네 프로젝트 모두에서 공통된 도메인이나 유틸리티를 사용할 겁니다. 만약 멀티 프로젝트로 구성하지 않으면 도메인에 컬럼이 추가되거나 변경되었을 때 모든 프로젝트를 일일이 수정해주어야 합니다. 멀티 프로젝트를 구성하면 이러한 중복 코드를 제거할 수 있어 실수와 번거로움을 줄일 수 있습니다.

그럼 도메인 관련 코드를 별도의 프로젝트로 분리하여 관리하는 멀티 프로젝트를 구성해보겠습니다.

**1.** settings.gradle 파일은 그레이들 설정 파일입니다. 특정한 명령 규칙에 따라 그레이들에서 자동으로 인식하여 설정됩니다. 먼저 settings.gradle 파일에 다음과 같이 루트 프로젝트를 추가하겠습니다.

예제 **2-2** settings.gradle 설정

```
rootProject.name = 'demo'
```

이제 테스트로 사용할 demo-web 모듈과 공용으로 사용할 demo-domain 모듈을 생성하겠습니다.

**2.** 먼저 demo-web 모듈을 생성하겠습니다. 루트 경로에서 New → Module을 선택합니다. 좌측 카테고리에서 Gradle을 선택(자바 애플리케이션을 만들 것이므로)한 뒤 Java를 선택하고 Next 버튼을 누릅니다.

그림 **2-18** demo-web 모듈 생성 화면

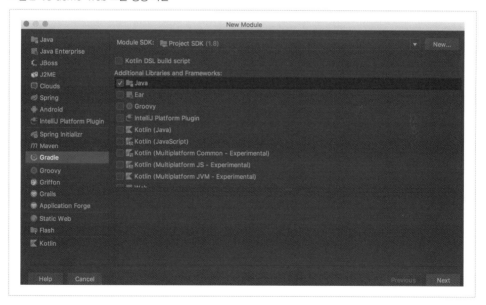

**3.** Add as module to에서 community 프로젝트를 선택한 다음, ArtifactId에 demo-web을 입력하고 Next 버튼을 눌러 모듈을 생성합니다.

**그림 2-19** ArtifactId 추가

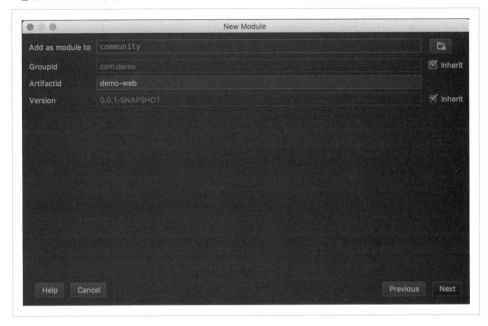

**4.** 생성된 demo-web 모듈에는 build.gradle 파일만 존재합니다. 다음과 같이 기본 패키지
경로를 수동으로 생성해줍니다(인텔리제이 버전에 따라 아래 과정이 생략될 수 있습니다).

- src/main/java : 자바 소스 경로
- src/test/java : 스프링 부트의 테스트 코드 경로
- src/main/resources/static : static한 파일(css, image, js 등)의 디폴트 경로
- src/main/resources/templates : thymeleaf, freemarker 및 기타 서버 사이드 템플릿 파일의 경로

**그림 2-20** 스프링 부트 모듈 기본 경로

```
└──src
   ├──main
   │   ├──java
   │   │   └──com
   │   │       └──demo
   │   └──resources
   │       ├──static
   │       └──templates
   └──test
       └──java
           └──com
               └──demo
```

위와 같이 인텔리제이에서 모듈 생성 기능을 사용하면 settings.gradle에 자동으로 생성된 모듈명이 인클루드[include]됩니다.

**예제 2-3** demo-web 모듈 생성 시 settings.gradle에 include 코드 자동 생성

```
rootProject.name = 'demo'

include 'demo-web'
```

**5.** demo-web 모듈과 같은 방식으로 demo-domain 모듈도 생성합니다. demo-domain
은 리소스 파일을 갖고 있지 않기 때문에 리소스 패키지를 따로 생성하지 않았습니다. 최종적
으로 완성된 모듈 구조는 다음과 같습니다.

**그림 2-21** demo 프로젝트 멀티 모듈 완성

```
├──.gradle
├──.idea
├──gradle
├──demo-domain
│   └──src
│       ├──main
│       │   └──java
│       │       └──com
│       │           └──demo
│       └──test
│           └──java
│               └──com
│                   └──demo
└──demo-web
    └──src
        ├──main
        │   ├──java
        │   │   └──com
        │   │       └──demo
        │   └──resources
        │       ├──static
        │       └──templates
        └──test
            └──java
                └──com
                    └──demo
```

동일한 방식으로 다양한 프로젝트를 더 많이 구성할 수 있습니다. 멀티 프로젝트를 구성하면 코드 재사용성이 높아지고 한 서비스에 관련된 여러 프로젝트를 마치 하나의 통합 프로젝트처럼 관리할 수 있습니다.

## 2.4 환경 프로퍼티 파일 설정하기

스프링 부트 프로퍼티 파일은 설정 관련 및 기타 정적인 값을 키값 형식으로 관리합니다. 이 파일을 사용하면 기존 스프링 프레임워크의 복잡한 XML 설정을 파일 하나로 설정할 수 있습니다. 만약 기본 8080번에서 80번으로 서버 포트 설정을 변경한다면 다음과 같이 src/main/resources/에 있는 application.properties 파일에 server.port 값을 80으로 입력하면 됩니다.

예제 2-4 application.properties에서 서버 포트 설정

```
server.port: 80
```

이와 같이 설정하고 다시 스프링 부트를 실행시키면 서버가 80번 포트로 활성화됩니다. 어떻게 이런 식으로 간단하게 설정되는지는 2.5절 '자동 환경 설정 이해하기'에서 더 자세히 알아보겠습니다.

기존에는 Properties 파일을 많이 사용했지만 최근에는 표현의 한계로 YAML[1] 파일을 더 많이 사용합니다. YAML을 이용해 서버 포트를 80번으로 설정해보겠습니다. YAML 파일은 확장자로 *.yml을 사용합니다. 방금 사용했던 application.properties 파일을 삭제하고 src/main/resources/application.yml을 생성한 후 다음과 같이 변경합니다.

예제 2-5 application.yml을 통한 서버 포트 설정 변경

```
server:
    port: 80
```

---

**1** 원래 YAML은 'YAML은 마크업 언어가 아니다(YAML Ain't Markup Language)'라는 뜻으로 핵심이 문서 마크업이 아닌 데이터 중심에 있다는 것을 보여줍니다. 그에 맞게 가독성이 좋으며 문법이 이해하기 수월하도록 작성된 언어입니다.

프로퍼티 설정값의 깊이에 따라 들여쓰기를 해서 계층 구조를 훨씬 쉽게 파악할 수 있습니다.

YAML을 설정하려면 SnakeYAML 라이브러리를 포함해야 하지만 [예제 1-1]에서 살펴봤듯이 스프링 부트 스타터에 SnakeYAML 라이브러리가 기본적으로 내장되어 있어 별도의 설정 없이 곧바로 사용할 수 있습니다. 그러므로 이제부터 모든 설정을 YAML 기반으로 진행하겠습니다.

> **NOTE_** 만약 application.properties와 application.yml 파일이 둘 다 생성되어 있다면 application.yml만 오버라이드되어 적용됩니다.

## 2.4.1 프로파일에 따른 환경 구성 분리

공부 목적으로 로컬에서만 개발한다면 프로파일$^{profile}$에 따라 프로퍼티를 나눌 필요는 없습니다. 하지만 실제 서비스에서 개발한다면 로컬 DB, 개발 DB, 운영 DB의 설정값이 모두 다릅니다. 이런 경우를 대비해 프로파일에 따라 프로퍼티를 다르게 설정해야 합니다.

YAML 파일에서 프로퍼티 설정을 구분하는 방법은 간단합니다. 다음과 같이 - - -을 기준으로 설정값을 나눕니다.

예제 **2-6** application.yml에서 프로파일별 설정 구분

```
server:
    port: 80
---
spring:
    profiles: local
server:
    port: 8080
---
spring:
    profiles: dev
server:
    port: 8081
---
spring:
    profiles: real
server:
    port: 8082
```

최상단에 server.port 프로퍼티값을 80으로 설정한 부분은 프로파일과는 상관없이 디폴트로
정의되는 영역입니다.

또 다른 방법은 application-{profile}.yml을 이용하는 겁니다. {profile}에 원하는 프로파일
값으로 YAML 파일을 추가하면 애플리케이션 실행 시 지정한 프로파일값을 바탕으로 실행됩니
다. 예를 들어 dev라는 프로파일값으로 애플리케이션을 실행하면 application-dev.yml 파일
을 읽어 들여 애플리케이션 환경이 구성됩니다. [예제 2-6]과 같이 디폴트 프로퍼티 정의를 하
려면 application.yml 파일에 정의하면 됩니다. 이때 프로퍼티 적용 우선순위는 application-
dev.yml이 1순위가 되고 나머지 프로퍼티값들은 application.yml의 설정으로 적용됩니다.
이 방식을 사용함으로써 프로파일값에 따라 여러 YAML 파일을 생성할 수 있습니다.

취향에 따라 [예제 2-6]처럼 파일 하나로 관리하거나 application-{profile}.yml처럼 여러 파
일로 생성하면 됩니다.

이번에는 프로파일값을 적용하여 애플리케이션을 실행하는 방법을 알아보겠습니다. 예를 들어
local, dev, real과 같이 각각의 프로파일값을 따로 지정하여 애플리케이션을 실행한다고 가
정하겠습니다. 스프링 부트 프로젝트는 JAR 파일로 빌드하여 서버에서 직접 간단한 명령으로
실행할 수 있습니다. 터미널에서는 다음과 같이 실행하여 프로파일값을 활성화할 수 있습니다.

```
$ java -jar ... -D spring.profiles.active=dev
```

NOTE_ 스프링 부트 프로젝트 실행에 대해 더 자세히 알고 싶다면 부록 C '스프링 부트 빌드와 배포'를 참조
하세요.

인텔리제이는 스프링 부트 실행 플러그인을 따로 사용하기 때문에 [그림 2-14]처럼 Edit
Configurations 버튼을 눌러 Run/Debug Configurations 창을 실행하고 스프링 부트 플러
그인의 프로파일값을 할당하면 됩니다.

**그림 2-22** 인텔리제이에서 dev로 프로파일값 할당하기

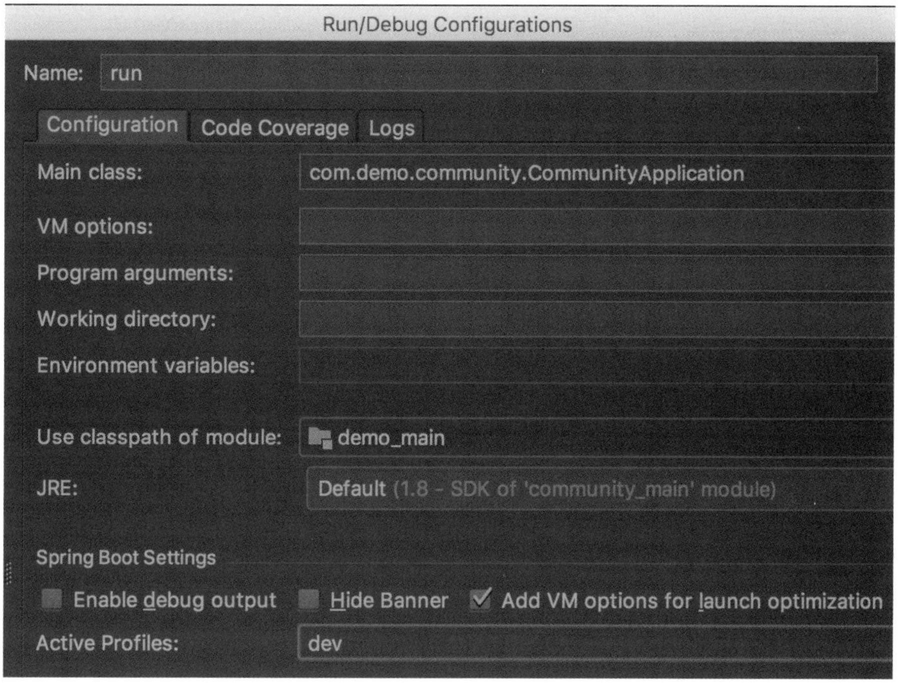

## 2.4.2 YAML 파일 매핑하기

YAML 파일을 사용하면 깊이에 따라 관계를 구분 짓기 때문에 List, Set, Map 등 다양한 바인 딩형 매핑이 훨씬 간편합니다. YAML 파일에 있는 데이터를 가져와서 사용하는 방법은 다양 합니다(매핑 방식은 application.properties도 동일합니다). 유용하게 사용되는 @Value와 @ConfigurationProperties 어노테이션annotation[2]을 비교해보겠습니다.

**표 2-2** @Value와 @ConfigurationProperties

| 기능 | @Value | @ConfigurationProperties |
|------|--------|--------------------------|
| 유연한 바인딩 | X | O |
| 메타데이터 지원 | X | O |
| SpEL 평가 | O | X |

----

**2** 클래스, 메서드, 필드 등 프로그램 요소에 정보를 제공하는 기법입니다. 타깃 요소를 제어/관리/명시하는 등의 다양한 기능을 할 수 있습니다.

각 기능은 다음과 같습니다.

- **유연한 바인딩** : 프로퍼티값을 객체에 바인딩할 경우 필드를 낙타 표기법(Camel Case)으로 선언하고 프로퍼티의 키는 다양한 형식(낙타 표기법, 케밥 표기법(Kebab Case), 언더바 표기법(Underscore) 등)으로 선언하여 바인딩할 수 있습니다. 적용 방법에 대한 자세한 내용은 2.4.2절 'YAML 파일 매핑하기'에서 설명합니다.
- **메타데이터 지원** : 프로퍼티의 키에 대한 정보를 메타데이터[3] 파일(JSON)로 제공합니다. 키의 이름, 타입, 설명, 디폴트값 등 키 사용에 앞서 힌트가 되는 정보를 얻을 수 있습니다.
- **SpEL(Spring Expression Language, 스프링 표현 언어) 평가** : SpEL은 런타임에 객체 참조에 대해 질의하고 조작하는 기능을 지원하는 언어입니다. 특히 메서드 호출 및 기본 문자열 템플릿 기능을 제공합니다. @Value만 사용 가능하며 SpEL의 모든 기능을 다룰 수는 없지만 어떻게 사용하는지 정도를 다음 절에서 알아보겠습니다.

표만 봐서는 감이 잡히지 않을 겁니다. @Value와 @ConfigurationProperties를 어떻게 사용하는지 알아보며 차이점을 체험해보겠습니다.

## @Value 살펴보기

프로퍼티의 키를 사용하여 특정한 값을 호출할 수 있습니다. 키를 정확히 입력해야 하며 값이 없을 경우에 대해 예외 처리를 해주어야 합니다.

application.yml 파일에 테스트 프로퍼티값을 [예제 2-7]과 같이 추가하겠습니다. 그리고 테스트 프로퍼티값을 매핑해서 사용하는 코드를 AutoconfigurationApplicationTests 클래스를 생성하여 테스트하겠습니다.

[예제 2-7]은 테스트할 {키: 값}을 등록합니다.

예제 **2-7** application.yml에 test 프로퍼티 추가하기

```
property:
    test:
        name: property depth test
propertyTest: test
propertyTestList: a,b,c
```

---

**3** 특정 목적을 위해 만든 데이터입니다. 데이터에 관한 구조화된 데이터로, 다른 데이터를 설명해주는 데이터입니다.

[예제 2-8]은 등록한 값을 @Value를 사용하여 다양하게 매핑하는 방법을 제시합니다. 스프링 부트 테스트를 사용하게 되는데 자세한 내용은 3장에서 알아보겠습니다.

**예제 2-8** @Value를 사용하여 다양한 방식으로 매핑하기
/test/java/com/demo/AutoconfigurationApplicationTests.java

```java
import org.junit.Test;
import org.junit.runner.RunWith;
import org.springframework.beans.factory.annotation.Value;
import org.springframework.boot.test.context.SpringBootTest;
import org.springframework.test.context.junit4.SpringRunner;

import java.util.List;

import static org.hamcrest.Matchers.is;
import static org.junit.Assert.assertThat;

@RunWith(SpringRunner.class)
@SpringBootTest
public class AutoconfigurationApplicationTests {

    @Value("${property.test.name}")
    private String propertyTestName;

    @Value("${propertyTest}")
    private String propertyTest;

    @Value("${noKey:default value}")
    private String defaultValue;

    @Value("${propertyTestList}")
    private String[] propertyTestArray;

    @Value("#{'${propertyTestList}'.split(',')}")
    private List<String> propertyTestList;


    @Test
    public void testValue() {
        assertThat(propertyTestName, is("property depth test"));
        assertThat(propertyTest, is("test"));
        assertThat(defaultValue, is("default value"));

        assertThat(propertyTestArray[0], is("a"));
```

```
        assertThat(propertyTestArray[1], is("b"));
        assertThat(propertyTestArray[2], is("c"));

        assertThat(propertyTestList.get(0), is("a"));
        assertThat(propertyTestList.get(1), is("b"));
        assertThat(propertyTestList.get(2), is("c"));
    }
}
```

스프링 부트의 @SpringBootTest라는 테스트 기능을 사용했습니다. 3장에서 더 자세히 알아볼 것이므로 지금 당장은 @SpringBootTest가 확실히 이해되지 않더라도 괜찮습니다. assertThat()의 첫 번째 파라미터와 두 번째 파라미터가 일치해야 테스트가 성공한다는 것만 알면 됩니다.

스프링 부트 실행은 인텔리제이에서 메서드 실행키인 Control+Shift+R(윈도우에서는 Ctrl+Shift+F10)을 누르거나 testValue() 메서드의 왼쪽에 위치한 Run 버튼을 누르면 됩니다. 그럼 AutoconfigurationApplicationTests 클래스를 실행하여 테스트를 시작합시다. 만약 정상적으로 테스트를 완료하면 OK 메시지가 표시됩니다.

@Value의 매핑 방식은 다음과 같습니다.

- @Value("${property.test.name}") : 깊이가 존재하는 키값에 대해 '.'로 구분하여 해당 값을 매핑합니다.
- @Value("${propertyTest}") : 단일 키값을 매핑합니다.
- @Value("${noKey:default value}") : YAML 파일에 키값이 존재하지 않으면 디폴트값이 매핑되도록 설정합니다.
- @Value("${propertyTestList}") : 여러 값을 나열할 때는 배열형으로 매핑합니다.
- @Value("#{'${propertyTestList}'.split(',')}") : SpEL을 사용하여 ','를 기준으로 List에 매핑합니다.

@Value에서 유일하게 지원되는 기능인 SpEL을 사용하여 매핑하는 방법을 알아봤습니다. 간단하게 설명하자면 YAML 파일에서 설정한 키값을 @Value의 프로퍼티값으로 주면 해당 값이 필드값에 할당되는 방식입니다. 주로 단일 필드값을 가져오는 데 사용합니다.

## @ConfigurationProperties 살펴보기

@ConfigurationProperties의 프로퍼티를 사용하여 다양한 형의 프로퍼티값을 매핑할 수 있습니다.

여기서는 List, Map 자료구조로 프로퍼티값을 매핑하는 방식을 알아보겠습니다. @ConfigurationProperties는 기본적으로 접두사$^{prefix}$를 사용하여 값을 바인딩합니다. [예제 2-9]처럼 fruit를 키값으로 하여 리스트형의 테스트 데이터를 지정합니다. 여기서 fruit는 접두사이자 기본 키값이 됩니다.

**예제 2-9** application.yml에서 테스트 프로퍼티 추가

```yaml
fruit:
    list:
        - name: banana
          color: yellow
        - name: apple
          color: red
        - name: water melon
          color: green
```

이제 [예제 2-10]의 코드를 추가해서 원하는 대로 객체에 바인딩되는지 테스트하겠습니다. @ConfigurationProperties는 루트 접두사$^{root\ prefix}$를 활용하여 원하는 객체를 바인딩해줍니다. 원하는 형을 선택하여 @Value보다 더 객체 지향적으로 프로퍼티를 매핑합니다.

**예제 2-10** @ConfigurationProperties를 활용한 FruitProperty 클래스
/com/demo/pojo/FruitProperty.java

```java
import lombok.Data;
import org.springframework.boot.context.properties.ConfigurationProperties;
import org.springframework.stereotype.Component;

import java.util.List;
import java.util.Map;

@Data
@Component
@ConfigurationProperties("fruit")
public class FruitProperty {
    private List<Map> list;
}
```

이제 application.yml의 프로퍼티값들은 @ConfigurationProperties를 활용한 FruitProperty 클래스의 list 필드로 바인딩됩니다. @Data는 롬복<sup>Lombok</sup> [4] 설정입니다. 컴파일 시점에 getter와 setter를 클래스 내부 필드에 자동 생성합니다.

@ConfigurationProperties을 사용하려면 해당 클래스를 @Component로 선언해야 합니다. 그래야 사용하려는 곳에서 의존성 주입이 가능합니다. 여기서는 접두사가 fruit인 프로퍼티키값을 읽어 와서 필드값에 매핑합니다.

application.yml이 아닌 다른 이름의 YAML 파일을 따로 생성해서 관리할 때는 다음과 같이 사용하면 됩니다.

```
@ConfigurationProperties(prefix = "fruit")
```

이제 생성한 코드가 제대로 동작하는지 FruitProperty 의존성을 추가해서 PropertyTest 테스트 클래스에서 테스트해보겠습니다.

예제 2-11 @ConfigurationProperties 코드 테스트
/test/java/com/demo/pojo/PropertyTest.java

```
import org.junit.Test;
import org.junit.runner.RunWith;
import org.springframework.beans.factory.annotation.Autowired;
import org.springframework.beans.factory.annotation.Value;
import org.springframework.boot.test.context.SpringBootTest;
import org.springframework.test.context.junit4.SpringRunner;

import java.util.List;
import java.util.Map;

import static org.hamcrest.Matchers.is;
import static org.junit.Assert.assertThat;

@RunWith(SpringRunner.class)
@SpringBootTest
public class PropertyTest {
```

---

**4** 롬복은 자바 컴파일 시점에 특정 어노테이션에 해당하는 코드를 추가/변경하는 라이브러리입니다. 자세한 설명은 부록 A '코드 다이어트를 위한 롬복 프로젝트'를 참조하세요. 인텔리제이에서 롬복을 설정하는 방법과 기본 사용법을 알 수 있습니다.

```
    @Autowired
    FruitProperty fruitProperty;

    @Test
    public void test() {
        List<Map> fruitData = fruitProperty.getList();

        assertThat(fruitData.get(0).get("name"), is("banana"));
        assertThat(fruitData.get(0).get("color"), is("yellow"));

        assertThat(fruitData.get(1).get("name"), is("apple"));
        assertThat(fruitData.get(1).get("color"), is("red"));

        assertThat(fruitData.get(2).get("name"), is("water melon"));
        assertThat(fruitData.get(2).get("color"), is("green"));
    }
}
```

테스트 코드 역시 fruit 접두사를 기준으로 리스트에 매핑된 값을 일일이 체크합니다. 인텔리
제이에서 메서드 실행키인 Control+Shift+R(윈도우에서는 Ctrl+Shift+F10)을 누르거나 메
서드 왼쪽에 위치한 Run 버튼을 눌러 [예제 2-11] 테스트 코드를 실행시키겠습니다. OK 메시
지가 뜨면 정상적으로 동작하는 겁니다.

그림 2-23 @ConfigurationProperties 테스트 통과 메시지

@ConfigurationProperties는 기본 컬렉션 타입뿐만 아니라 POJO$^{Plain Old Java Object}$[5] 타입 매
핑도 제공합니다. 예제에서는 List<Map>을 사용했는데, Map 타입 자료구조보다 POJO 타
입이 좋습니다. 더 직관적이고 더 명확하게 객체를 구성할 수 있기 때문입니다. 다음과 같이
POJO를 생성하고 적용하여 다시 테스트해보겠습니다. 테스트 결과는 [예제 2-11]의 결과와
같습니다.

........................................

5 Java EE와 같은 특정 프레임워크에 종속적이지 않은 자바 객체

먼저 다음과 같이 Fruit POJO 클래스를 생성합니다.

예제 2-12 Fruit POJO 생성하기
/com/demo/pojo/Fruit.java

```java
@Data
public class Fruit {
    private String name;
    private String color;
}
```

FruitProperty 클래스에서 기존의 Map 타입을 앞서 생성한 Fruit POJO 타입으로 변경합니다.

예제 2-13 FruitProperty 클래스 코드에 Fruit POJO 타입 반영하기
/com/demo/pojo/FruitProperty.java

```java
@Data
@Component
@ConfigurationProperties("fruit")
public class FruitProperty {
    private List<Fruit> list;
}
```

PropertyTest 클래스에서 Map의 get( ) 메서드가 아닌 Fruit의 객체 메서드를 사용하여 name과 color 값을 읽어올 수 있습니다.

예제 2-14 Fruit POJO 매핑 테스트
/test/java/com/demo/pojo/PropertyTest.java

```java
@RunWith(SpringRunner.class)
@SpringBootTest
public class PropertyTest {

    @Autowired
    FruitProperty fruitProperty;

    @Test
    public void test() {
        List<Fruit> fruitData = fruitProperty.getList();
```

```
        assertThat(fruitData.get(0).getName(), is("banana"));
        assertThat(fruitData.get(0).getColor(), is("yellow"));

        assertThat(fruitData.get(1).getName(), is("apple"));
        assertThat(fruitData.get(1).getColor(), is("red"));

        assertThat(fruitData.get(2).getName(), is("water melon"));
        assertThat(fruitData.get(2).getColor(), is("green"));
    }
}
```

인텔리제이에서 메서드 실행키인 Ctrl+Shift+F10을 누르거나 메서드 왼쪽에 있는 Run 버튼을 눌러 PropertyTest 테스트를 실행합니다. 실행 결과가 다음과 같으면 성공한 겁니다.

그림 2-24 PropertyTest 테스트 성공 화면

## @ConfigurationProperties의 유연한 바인딩

@ConfigurationProperties에서 유연한 바인딩이란 프로퍼티값을 객체에 바인딩할 경우 필드를 낙타 표기법으로 선언하고 프로퍼티의 키는 다양한 형식(낙타 표기법, 케밥 표기법, 언더바 표기법 등)으로 선언하여 바인딩할 수 있는 것을 말합니다. 예제를 통해 자세히 알아보겠습니다.

예제 2-15 유연한 바인딩 확인을 위한 예제 코드

```
@Data
@ConfigurationProperties("fruit")
public class FruitProperties {
    private String colorName;
}
```

[예제 2-15]와 같이 colorName 필드를 선언했습니다. 이제 프로퍼티명을 지어서 필드에 바인 딩해보겠습니다. 놀랍게도 다음과 같이 다양한 프로퍼티명이 모두 colorName 필드에 바인딩될 수 있습니다.

- fruit.color-name
- fruit.color_name
- fruit.colorName
- fruit.colorname

> **NOTE_** 기존 버전에서는 프로퍼티명에 낙타 표기법, 언더바 표기법, 대문자 등을 모두 지원했지만 스프링 부트 2.0부터는 소문자나 케밥 표기법만 지원합니다.

## 2.5 자동 환경 설정 이해하기

자동 환경 설정은 스프링 부트의 장점이며 매우 중요한 역할을 수행합니다. 스프링 부트 자동-설정 Spring Boot auto-configuration 은 Web, H2, JDBC를 비롯해 약 100여 개의 자동 설정을 제공합니다. 그리고 새로 추가되는 라이브러리(JAR)는 스프링 부트 자동-설정 의존성에 따라서 설정이 자동 적용됩니다. 만약 H2 의존성이 클래스 경로에 존재한다면 자동으로 인메모리 데이터베이스에 접근합니다. 이런 마법 같은 자동 설정은 단순히 @EnableAutoConfiguration 또는 이를 포함한 @SpringBootApplication 중 하나를 사용하면 됩니다(@EanbleAutoConfiguration 은 반드시 @Configuration과 함께 사용해야 합니다).

여기서 @SpringBootApplication은 자동 설정뿐만 아니라 부트 실행에 있어서 필수적인 어노테이션이기도 합니다. 그럼 @SpringBootApplication의 내부는 어떻게 구성되어 있는지부터 살펴보며 자동 환경 설정의 원리를 차근차근 파악해보겠습니다.

### 2.5.1 자동 환경 설정 어노테이션

기존의 스프링 프레임워크를 사용했다면 의존성을 일일이 빈 Bean[6] 으로 설정했을 겁니다. 스프

---

**6** 스프링 IOC 컨테이너에 의해 관리되며 스프링이 제어권을 가지고 관계를 부여하는 객체. 스프링 컨테이너는 빈의 생성 주기, 관계, 사용 등의 설정을 제어합니다.

링 부트는 관련 의존성을 스타터라는 묶음으로 제공하며 수동 설정을 지양합니다. 그렇다면 어떻게 스타터에 있는 자동 설정이 적용되는지 원리를 알아봅시다.

먼저 코드상에서 분석해보겠습니다. @SpringBootApplication의 내부 코드는 다음과 같습니다. 소스를 한눈에 보기 편하게 간소화했습니다.

**예제 2-16** SpringBootApplication 소스 코드
spring-boot-autoconfigure-2.0.3.RELEASE.jar/org/springframework/boot/autoconfigure/
SpringBootApplication.java

```
@Target(ElementType.TYPE)
@Retention(RetentionPolicy.RUNTIME)
@Documented
@Inherited
@SpringBootConfiguration      ❶
@EnableAutoConfiguration      ❷
@ComponentScan(excludeFilters = {     ❸
    @Filter(type = FilterType.CUSTOM, classes = TypeExcludeFilter.class),
    @Filter(type = FilterType.CUSTOM, classes = AutoConfigurationExcludeFilter.
            class) })
public @interface SpringBootApplication {
    ...
}
```

❶ @SpringBootConfiguration : 스프링 부트의 설정을 나타내는 어노테이션입니다. 스프링의 @Configuration을 대체하며 스프링 부트 전용으로 사용합니다. 예를 들어 스프링 부트의 테스트 어노테이션(@SpringBootTest. 3장에서 자세히 설명합니다)을 사용할 때 찾기 알고리즘을 사용하여 계속 @SpringBootConfiguration 어노테이션을 찾기 때문에 스프링 부트에서는 필수 어노테이션 중 하나입니다.

❷ @EnableAutoConfiguration : 자동 설정의 핵심 어노테이션입니다. 클래스 경로에 지정된 내용을 기반으로 영리하게 설정 자동화를 수행합니다. 특별한 설정값을 추가하지 않으면 기본값으로 작동합니다.

❸ @ComponentScan : 특정 패키지 경로를 기반으로 @Configuration에서 사용할 @Component 설정 클래스를 찾습니다. @ComponenetScan의 basePackages 프로퍼티값에 별도의 경로를 설정하지 않으면 @ComponentScan이 위치한 패키지가 루트 경로(BasePackage)로 설정됩니다.

@SpringBootApplication 어노테이션은 @SpringBootConfiguration + @EnableAutoConfiguration + @ComponentScan 어노테이션의 조합입니다. 이 중에서 @EnableAutoConfiguration이 우리가 살펴볼 자동 환경 설정의 핵심 어노테이션이기 때문에 다음 절에서 이에 대한 내용을 심도 있게 다루겠습니다.

## 2.5.2 @EnableAutoConfiguration 살펴보기

그럼 자동 설정을 관장하는 @EnableAutoConfiguration 어노테이션 내부를 살펴보겠습니다. 다음은 @EnableAutoConfiguration 코드입니다.

**예제 2-17** @EnableAutoConfiguration 어노테이션 코드
spring-boot-autoconfigure-2.0.3.RELEASE.jar/org/springframework/boot/autoconfigure/
EnableAutoConfiguration.java

```
@Target(ElementType.TYPE)
@Retention(RetentionPolicy.RUNTIME)
@Documented
@Inherited
@AutoConfigurationPackage
@Import(AutoConfigurationImportSelector.class)
public @interface EnableAutoConfiguration {
    ...
}
```

[예제 2-17]의 어노테이션 중 자동 설정을 지원해주는 어노테이션은 @Import(AutoConfigurationImportSelector.class)입니다. 클래스명을 살펴보니 '임포트할 자동 설정을 선택한다' 는 의미로 해석되네요. AutoConfigurationImportSelector 클래스를 좀 더 자세히 살펴보겠습니다.

**예제 2-18** AutoConfigurationImportSelector 클래스 코드
spring-boot-autoconfigure-2.0.3.RELEASE.jar/org/springframework/boot/autoconfigure/
AutoConfigurationImportSelector.java

```
public class AutoConfigurationImportSelector implements DeferredImportSelector,
    BeanClassLoaderAware, ResourceLoaderAware, BeanFactoryAware,
    EnvironmentAware, Ordered {
    ...

    @Override
    public String[] selectImports(AnnotationMetadata annotationMetadata) {
        if (!isEnabled(annotationMetadata)) {
            return NO_IMPORTS;
        }
        AutoConfigurationMetadata autoConfigurationMetadata =
            AutoConfigurationMetadataLoader.loadMetadata(this.beanClassLoader);
        AnnotationAttributes attributes = getAttributes(annotationMetadata);
```

```
        List<String> configurations = getCandidateConfigurations(
                annotationMetadata, attributes);
        configurations = removeDuplicates(configurations);
        Set<String> exclusions = getExclusions(annotationMetadata, attributes);
        checkExcludedClasses(configurations, exclusions);
        configurations.removeAll(exclusions);
        configurations = filter(configurations, autoConfigurationMetadata);
        fireAutoConfigurationImportEvents(configurations, exclusions);
        return StringUtils.toStringArray(configurations);
    }
    ...
}
```

드디어 자동 설정 방식을 좀 더 상세히 확인할 수 있는 로직이 나왔습니다. 내부 코드가 좀 복잡해보이지만 핵심과 과정 위주로 살펴보겠습니다. AutoConfigurationImportSelector 클래스는 DeferredImportSelector 인터페이스를 구현한 클래스로 오버라이드받은 **selectImports() 메서드가 자동 설정할 빈을 결정**합니다.

모든 후보 빈을 getCandidateConfigurations() 메서드를 사용해 불러옵니다. 더 자세히 설명하자면 META-INF/spring.factories에 정의된 자동 설정할 클래스들을 먼저 불러옵니다. 대략 100여 개 정도의 설정이 미리 정의되어 있습니다. 스프링 부트 스타터를 여러 개 등록하여 사용할 경우 내부에 중복된 빈이 설정될 경우가 빈번합니다. 이러한 경우를 위해 **제외할 설정 (getExclusions() 메서드)과 중복된 설정(removeDuplicates() 메서드)을 제외시켜줍니다.** 마지막으로 이 중에서 프로젝트에서 사용하는 빈만 임포트할 자동 설정 대상으로 선택됩니다.

그렇다면 빈의 등록과 자동 설정에 필요한 파일은 무엇일까요? 아래와 같은 파일이 빈 등록과 자동 설정에 사용됩니다.

- META-INF/spring.factories : 자동 설정 타깃 클래스 목록입니다. 즉, 이곳에 선언되어 있는 클래스들이 @EnableAutoConfiguration 사용 시 자동 설정 타깃이 됩니다.
- META-INF/spring-configuration-metadata.json : 자동 설정에 사용할 프로퍼티 정의 파일입니다. 미리 구현되어 있는 자동 설정에 프로퍼티만 주입시켜주면 됩니다. 따라서 별도의 환경 설정은 필요 없습니다.
- org/springframework/boot/autoconfigure : 미리 구현해놓은 자동 설정 리스트입니다. 이름은 '{특정 설정의 이름}AutoConfiguration' 형식으로 지정되어 있으며 모두 자바 설정 방식을 따르고 있습니다.

위 파일 모두 spring-boot-autoconfiguration에 미리 정의되어 있으며 지정된 프로퍼티값을 사용하여 설정 클래스 내부의 값들을 변경할 수 있습니다.

예를 들어 H2를 자동 설정한다고 합시다. 먼저 **spring.factories**에서 자동 설정 대상에 해당되는지 확인합니다. **spring-configuration-metadata.json**에서 주요 프로퍼티값들은 무엇이고 어떤 타입으로 설정할 수 있는지도 확인합니다.

**예제 2-19** spring-configuration-metadata.json의 H2 콘솔 경로 프로퍼티 정보
spring-boot-autoconfigure-2.0.3.RELEASE.jar/META-INF/spring-configuration-metadata.json

```
...
{
    "sourceType": "org.springframework.boot.autoconfigure.h2.H2ConsoleProperties",
    "defaultValue": "\/h2-console",
    "name": "spring.h2.console.path",
    "description": "Path at which the console is available.",
    "type": "java.lang.String"
},
...
```

[예제 2-19]에서 H2 경로의 기본값은 /h2-console이고 String형인 것을 확인할 수 있습니다. 다른 경로로 변경하기 위해서는 application.properties나 application.yml에 프로퍼티값을 추가합니다.

**예제 2-20** application.properties에서 H2 path 변경

```
spring.h2.console.path=/h2-test
```

**예제 2-21** application.yml에서 H2 path 변경

```
spring:
  h2:
    console:
      path: /h2-test
```

위와 같이 프로퍼티값을 추가하는 것만으로도 앞서 살펴본 자동 환경 설정에 자동으로 적용되어 애플리케이션이 실행됩니다.

지금까지 자동 환경 설정의 원리와 설정 파일을 수정하여 설정값을 수정하는 방법에 대해 알아보았습니다. 사실 스프링 프로퍼티 문서를 사용하면 더 쉽게 프로퍼티값을 확인할 수 있습니다.

아래 페이지에 접속한 후 'A. Common application properties' 카테고리를 클릭하여 이동하면 됩니다.

```
https://docs.spring.io/spring-boot/docs/current/reference/html/
```

왜 미리 알려주지 않았냐고요? 동작 원리가 어떻게 추상화되었는지 내부 코드를 통해 파악하면 이 과정을 좀 더 깊게 이해할 수 있기 때문입니다.

스프링 부트의 자동 설정을 정확하게 파악했으니 이제 스프링 부트를 부트답게 설정해 더 효율적으로 사용하는 방법을 알아보겠습니다.

### 2.5.3 자동 설정 어노테이션 살펴보기

스프링 부트는 자동 설정이 적용되는 조건, 시점 등에 따라 다양한 어노테이션을 지원합니다. 이를 잘 알아두면 설정 관리 능력을 향상시킬 수 있습니다. 또한 나만의 스타터를 생성하여 최적화된 자동 설정을 만들 수도 있습니다. 물론 이러한 경우는 흔치 않지만 팀원들에게 공통된 스타터를 제공하여 프로젝트의 설정을 간소화하고 싶을 때 혹은 오픈 소스로 사용하고 싶을 때도 활용 가능합니다.

자동 설정 관련 어노테이션을 먼저 살펴보겠습니다. 다음은 자동 설정을 위한 조건 어노테이션입니다. 조건을 만족하면 자동 설정이 적용됩니다.

표 2-3 자동 설정을 위한 조건 어노테이션

| 조건 어노테이션 | 적용 조건 |
| --- | --- |
| @ConditionalOnBean | 해당하는 빈(Bean) 클래스나 이름이 미리 빈 팩토리에 포함되어 있을 경우 |
| @ConditionalOnClass | 해당하는 클래스가 클래스 경로에 있을 경우 |
| @ConditionalOnCloudPlatform | 해당하는 클라우드 플랫폼이 활용 상태일 경우 |
| @ConditionalOnExpression | SpEL에 의존하는 조건일 경우 |
| @ConditionalOnJava | JVM 버전이 일치하는 경우 |
| @ConditionalOnJndi | JNDI가 사용 가능하고 특정 위치에 있는 경우 |
| @ConditionalOnMissingBean | 해당하는 빈 클래스나 이름이 미리 빈 팩토리에 포함되지 않은 경우 |
| @ConditionalOnMissingClass | 해당하는 클래스가 클래스 경로에 없을 경우 |
| @ConditionalOnNotWebApplication | 웹 애플리케이션이 아닌 경우 |
| @ConditionalOnProperty | 특정한 프로퍼티가 지정한 값을 갖는 경우 |

| 조건 어노테이션 | 적용 조건 |
|---|---|
| @ConditionalOnResource | 특정한 리소스가 클래스 경로에 있는 경우 |
| @ConditionalOnSingleCandidate | 지정한 빈 클래스가 이미 빈 팩토리에 포함되어 있고 단일 후보자로 지정 가능한 경우 |
| @ConditionalOnWebApplication | 웹 애플리케이션인 경우 |

다음은 자동 설정을 위한 순서 어노테이션입니다.

표 2-4 자동 설정을 위한 순서 어노테이션

| 순서 어노테이션 | 설명 |
|---|---|
| @AutoConfigureAfter | 지정한 특정 자동 설정 클래스들이 적용된 이후에 해당 자동 설정 적용 |
| @AutoConfigureBefore | 지정한 특정 자동 설정 클래스들이 적용되기 이전에 해당 자동 설정 적용 |
| @AutoConfigureOrder | 자동 설정 순서 지정을 위한 스프링 프레임워크의 @Order 변형 어노테이션. 기존의 설정 클래스에는 영향을 주지 않고 자동 설정 클래스들 간의 순서만 지정 |

자동 설정 관련 어노테이션을 살펴보았으니 실제로 어떻게 쓰이는지 알아보겠습니다. H2 자동 설정을 위한 H2ConsoleAutoConfiguration 클래스를 살펴보겠습니다.

예제 2-22 H2ConsoleAutoConfiguration 클래스 코드
spring-boot-autoconfigure-2.0.3.RELEASE.jar/org/springframework/boot/autoconfigure/h2/
H2ConsoleAutoConfiguration.java

```
@Configuration
@ConditionalOnWebApplication(type = Type.SERVLET)  ❶
@ConditionalOnClass(WebServlet.class)  ❷
@ConditionalOnProperty(prefix = "spring.h2.console", name = "enabled",
        havingValue = "true", matchIfMissing = false)  ❸
@EnableConfigurationProperties(H2ConsoleProperties.class)  ❹
public class H2ConsoleAutoConfiguration {
    private final H2ConsoleProperties properties;

    public H2ConsoleAutoConfiguration(H2ConsoleProperties properties) {
        this.properties = properties;
    }

    @Bean
    public ServletRegistrationBean<WebServlet> h2Console() {
        String path = this.properties.getPath();
        String urlMapping = (path.endsWith("/") ? path + "*" : path + "/*");
```

```
        ServletRegistrationBean<WebServlet> registration =
                new ServletRegistrationBean<>(
            new WebServlet(), urlMapping);
        H2ConsoleProperties.Settings settings = this.properties.getSettings();
        if (settings.isTrace()) {
            registration.addInitParameter("trace", "");
        }
        if (settings.isWebAllowOthers()) {
            registration.addInitParameter("webAllowOthers", "");
        }
        return registration;
    }

    ...

}
```

[표 2-3]에서 살펴본 조건 어노테이션에 따라 H2의 자동 설정 적용 여부를 결정합니다. [예제 2-22]에서는 다음 세 가지 조건에 부합할 때 H2ConsoleAutoConfiguration 클래스가 적용됩니다.

❶ @ConditionalOnWebApplication(type = Type.SERVLET) : 웹 애플리케이션일 때

❷ @ConditionalOnClass(WebServlet.class) : WebServlet.class가 클래스 경로에 있을 때

❸ @ConditionalOnProperty(prefix = "spring.h2.console", name = "enabled", havingValue = "true", matchIfMissing = false) : spring.h2.console.enabled 값이 true일 때

자동 설정 프로퍼티가 적용될 때 ❹ H2ConsoleProperties 클래스 타입으로 H2 관련 프로퍼티값을 매핑하여 사용하게 됩니다.

스프링 프레임워크에서는 일일이 설정해야 했는데, 스프링 부트에서는 이처럼 스프링 개발자가 미리 설정한 방식대로 애플리케이션에 적용하게끔 정의되어 있습니다.

## 2.5.4 H2 Console 자동 설정 적용하기

지금까지 H2 내부 구성을 대략적으로 살펴보았습니다. 이제 살펴본 내용을 바탕으로 직접 H2 프로퍼티값을 사용하여 H2 콘솔 창을 띄워보겠습니다. 구글에서 'H2 콘솔 사용 방법'으로 검색하면 다음과 같은 다양한 예제를 만날 수 있습니다.

**예제 2-23** H2 의존성 추가

build.gradle

```
compile('com.h2database:h2')
```

**예제 2-24** 빈을 등록해 H2 콘솔 사용하기

```
@Configuration
public class DataSourceConfig {

    @Bean
    ServletRegistrationBean h2servletRegistration(){
        ServletRegistrationBean registrationBean =
                new ServletRegistrationBean(new WebServlet());
        registrationBean.addUrlMappings("/console/*");
        return registrationBean;
    }
}
```

스프링 부트에서 이것이 옳은 방법일까요? [예제 2-23]과 [예제2-24]처럼 설정해도 문제없이 콘솔 기능을 사용할 수 있지만 그런 방식은 스프링 부트 자동 설정을 모를 때의 이야기입니다. 우리는 이미 스프링 부트답게 설정하는 방식을 알고 있습니다. 무엇부터 해야 할까요? 단순히 설정 프로퍼티값을 바꾸기만 하면 됩니다.

먼저 H2 프로퍼티값으로 어떠한 것들이 있는지 살펴보겠습니다. 스프링 부트 자동 설정 프로퍼티 문서를 살펴보니 다음과 같은 값이 있습니다.

**예제 2-25** H2 Console 프로퍼티

```
# H2 Web Console (H2ConsoleProperties)
spring.h2.console.enabled=false
spring.h2.console.path=/h2-console
spring.h2.console.settings.trace=false
spring.h2.console.settings.web-allow-others=false
```

프로퍼티값을 살펴보니 느낌이 오나요? spring.h2.console.enabled가 콘솔 사용 여부 설정 값입니다. false 값이 기본값이라 사용이 안 된 거였네요. 따라서 해당 프로퍼티만 true로 바꾸면 [예제 2-24]와 같은 설정은 필요 없습니다. [예제 2-22]에서 살펴봤듯이 enabled 조건만 활성화하면 이미 만들어져 있는 h2Console() 빈이 적용됩니다. 스프링 부트의 자동 설정을 몰랐다면 중복된 불필요한 코드를 작성할 뻔했네요.

그럼 다음과 같이 콘솔을 활성화하겠습니다.

**예제 2-26** spring.h2.console.enabled를 true로 변경
application.yml

```
# H2 메모리 DB를 사용하기 위한 설정
datasource:
    url: jdbc:h2:mem:testdb

spring:
    h2:
        console:
            enabled: true
```

[예제 2-23]에서 컴파일에 포함되도록 H2 의존성을 설정했습니다. H2는 메모리 데이터베이스로 보통 테스트용으로만 쓰입니다. 주 저장소가 아니기 때문에 불필요하게 컴파일 의존성에 포함될 필요가 없습니다. [예제 2-26]과 같이 콘솔을 위한 설정을 했다면 이제는 런타임 시점에만 의존하도록 다음과 같이 바꿔줘도 됩니다.

**예제 2-27** H2 런타임 의존성으로 변경
build.gradle

```
dependencies {
    implementation('org.springframework.boot:spring-boot-starter-web')
    testImplementation('org.springframework.boot:spring-boot-starter-test')
    runtime('com.h2database:h2')
    compileOnly('org.projectlombok:lombok')
}
```

사실 다른 관점에서 보면 이 모든 원리를 파악하는 게 불필요하게 느껴질 수도 있습니다. 하지만 자동 설정은 스프링 부트에서 매우 중요합니다. 따라서 한 번쯤은 어떻게 동작하는지 살펴볼 필요가 있습니다. 스프링 부트의 환경을 제어하고 효과적으로 개발 환경을 최적화하는 데 도움이 될 겁니다.

## 2.6 마치며

인텔리제이와 그레이들을 설치하고 스프링 부트의 꽃이라고 할 수 있는 자동 환경 설정을 양파 껍질 벗기듯 살펴보았습니다. 환경 설정만큼은 내부를 이해하는 것이 좋습니다. 그래야 앞으로 다양한 자동화 설정을 적용할 때 무엇이 적용되었는지 확인하고 원하는 최적의 설정을 반영할 수 있을 테니까요. 예제로 H2 자동화 설정만 살펴봤지만 앞에서 제시한 절차를 따라 본인 스스로가 다른 설정도 찾고 적용하는 연습을 한다면 누구보다 효과적으로 스프링 부트를 사용할 수 있을 겁니다.

# CHAPTER 3

# 스프링 부트 테스트

스프링 부트에서는 기본적인 테스트 스타터를 제공합니다. 스타터에 웬만한 테스트 라이브러리들을 한데 뭉쳐놓았기 때문에 편리하게 사용할 수 있습니다. 스타터는 크게 두 가지 모듈로 구성됩니다. 하나는 spring-boot-test이고 다른 하나는 spring-boot-test-autoconfigure이며 테스트 관련 자동 설정 기능을 제공합니다. 보통은 spring-boot-starter-test로 두 모듈을 함께 사용합니다.

스프링 부트 1.4 버전부터는 각종 테스트를 위한 어노테이션 기반 기능을 제공하여 특정 주제에 맞게 테스트를 구현하고 관리할 수 있습니다. 제공되는 어노테이션은 @SpringBootTest, @WebMvcTest, @DataJpaTest, @RestClientTest, @JsonTest, @JdbcTest 등 다양합니다. 여기서는 자주 사용하는 어노테이션 위주로 살펴볼 겁니다(참고로 스프링 부트 2 버전에서 추가된 @WebFluxTest, @JooqTest, @DataLdapTest, @DataNeo4jTest, @DataRedisTest 등의 어노테이션은 이 책의 주제를 벗어나므로 살펴보지 않습니다).

**이 장의 내용**

- @SpringBootTest
- @WebMvcTest
- @DataJpaTest
- @RestClientTest
- @JsonTest

# 3.1 @SpringBootTest

@SpringBootTest는 통합 테스트를 제공하는 기본적인 스프링 부트 테스트 어노테이션입니다. 애플리케이션이 실행될 때의 설정을 임의로 바꾸어 테스트를 진행할 수 있으며 여러 단위 테스트를 하나의 통합된 테스트로 수행할 때 적합합니다. 스프링 부트 1.4 버전부터 제공되며, 스프링 부트 프로젝트를 만들면 메인 클래스와 함께 기본으로 제공됩니다.

스프링 부트의 테스트 어노테이션에서 @SpringBootTest는 만능입니다. 실제 구동되는 애플리케이션과 똑같이 애플리케이션 컨텍스트를 로드하여 테스트하기 때문에 하고 싶은 테스트를 모두 수행할 수 있습니다. 단, 애플리케이션에 설정된 빈을 모두 로드하기 때문에 애플리케이션 규모가 클수록 느려집니다. 이렇게 되면 단위 테스트라는 의미가 희석됩니다.

Spring-Boot-Test라는 이름의 프로젝트를 만들 때 기본으로 제공되는 테스트 코드는 다음과 같습니다. 기본 제공 테스트 클래스명은 프로젝트명에 'Tests'를 붙인 형태로 자동 생성됩니다.

**예제 3-1** 기본으로 제공되는 테스트 코드
/test/java/com/havi/SpringBootTestApplicationTests.java

```
import org.junit.Test;
import org.junit.runner.RunWith;
import org.springframework.boot.test.context.SpringBootTest;
import org.springframework.test.context.junit4.SpringRunner;

@RunWith(SpringRunner.class)
@SpringBootTest
public class SpringBootTestApplicationTests {

    @Test
    public void contextLoads() {
    }

}
```

이 클래스를 실행하면 애플리케이션 컨텍스트를 로드하여 스프링 부트 테스트를 진행합니다. 실제로 테스트할 로직을 별도로 구현하지 않았기 때문에 설정에 이상이 없다면 테스트는 성공적으로 끝날 겁니다.

@RunWith 어노테이션을 사용하면 JUnit에 내장된 러너를 사용하는 대신 어노테이션에 정의된 러너 클래스를 사용합니다. @SpringBootTest 어노테이션을 사용하려면 JUnit 실행에 필요한 SpringJUnit4ClassRunner 클래스를 상속받은 @RunWith(SpringRunner.class)를 꼭 붙여서 사용해야 합니다. 안 그러면 정상적으로 동작하지 않습니다.

다음은 @SpringBootTest 어노테이션의 파라미터를 알아보는 예제입니다.

**예제 3-2** @SpringBootTest 파라미터 사용하기
/test/java/com/havi/SpringBootTestApplicationTests.java

```java
import org.junit.Test;
import org.junit.runner.RunWith;
import org.springframework.beans.factory.annotation.Value;
import org.springframework.boot.test.context.SpringBootTest;
import org.springframework.test.context.junit4.SpringRunner;

import static org.hamcrest.MatcherAssert.assertThat;
import static org.hamcrest.Matchers.is;

@RunWith(SpringRunner.class)
@SpringBootTest(value = "value=test", properties = {"property.value=
        propertyTest"}, classes = {SpringBootTestApplication.class},
        webEnvironment = SpringBootTest.WebEnvironment.RANDOM_PORT)
public class SpringBootTestApplicationTests {

    @Value("${value}")
    private String value;

    @Value("${property.value}")
    private String propertyValue;

    @Test
    public void contextLoads() {
        assertThat(value, is("test"));
        assertThat(propertyValue, is("propertyTest"));
    }

}
```

앞의 예제를 실행하면 에러가 발생합니다. @SpringBootTest의 프로퍼티 중 value와 properties를 함께 사용하면 안 되기 때문입니다. [예제 3-2]는 어떻게 사용하는지 살펴보려고 편의상 한 소스에 뭉쳐놓았지만 실제로 테스트할 때는 하나만 사용해야 합니다.

그럼 각 파라미터에 대해 알아보겠습니다.

- value : 테스트가 실행되기 전에 적용할 프로퍼티를 주입시킬 수 있습니다. 즉, 기존의 프로퍼티를 오버라이드합니다.
- properties : 테스트가 실행되기 전에 {key=value} 형식으로 프로퍼티를 추가할 수 있습니다.
- classes : 애플리케이션 컨텍스트에 로드할 클래스를 지정할 수 있습니다. 따로 지정하지 않으면 @SpringBootConfiguration을 찾아서 로드합니다.
- webEnvironment : 애플리케이션이 실행될 때의 웹 환경을 설정할 수 있습니다. 기본값은 Mock 서블릿[1]을 로드하여 구동되며 예제에서는 랜덤 포트값을 주어 구동시켰습니다.

@SpringBootTest를 사용할 때 몇 가지 추가적인 팁이 있습니다.

- 프로파일 환경(개발, QA, 운영 환경)마다 다른 데이터소스(DataSource)[2]를 갖는다면 어떻게 해야 할까요? 이러한 경우에는 **@ActiveProfiles("local")과 같은 방식으로 원하는 프로파일 환경값을 부여**하면 됩니다.
- 테스트에서 @Transactional을 사용하면 테스트를 마치고 나서 수정된 **데이터가 롤백됩니다**. 다만 테스트가 서버의 다른 스레드에서 실행 중이면 WebEnvironment의 RANDOM_PORT나 DEFINED_PORT를 사용하여 테스트를 수행해도 트랜잭션이 롤백되지 않습니다.
- @SpringBootTest는 기본적으로 검색 알고리즘을 사용하여 @SpringBootApplication이나 @SpringBootConfiguration 어노테이션을 찾습니다. 스프링 부트 테스트이기 때문에 해당 어노테이션 중 하나는 필수입니다.

테스트 스타터에 포함된 자동 설정 패키지인 spring-boot-test-autoconfigure를 사용하면 주제에 따라 가볍게 테스트할 수 있습니다. 테스트 어노테이션명은 @...Test 형식으로 되어 있어서 주제에 관련된 빈만 애플리케이션 컨텍스트에 로드합니다. 예를 들어 웹 테스트용 어노테이션은 @WebMvcTest입니다.

---

**1** 개발 환경에 따라 다른 Mock 서블릿 환경의 애플리케이션 컨텍스트를 선택하여 로드되도록 하는 설정값
**2** DB와 서버 간의 연결 정보. DB 연결마다 데이터소스가 필요합니다.

# 3.2 @WebMvcTest

MVC를 위한 테스트입니다. 웹에서 테스트하기 힘든 컨트롤러를 테스트하는 데 적합합니다. 웹 상에서 요청과 응답에 대해 테스트할 수 있습니다. 뿐만 아니라 시큐리티 혹은 필터까지 자동으로 테스트하며 수동으로 추가/삭제까지 가능합니다.

@WebMvcTest 어노테이션을 사용하면 MVC 관련 설정인 @Controller, @ControllerAdvice, @JsonComponent와 Filter, WebMvcConfigurer, HandlerMethodArgumentResolver만 로드 되기 때문에 @SpringBootTest 어노테이션보다 가볍게 테스트할 수 있습니다.

그럼 BookController에서 책 리스트를 받아오는 테스트를 작성하여 더 자세히 알아보겠습니다. 먼저 Book 클래스를 작성합니다. Book 클래스는 단순히 제목과 출간일자 필드만 갖고 있습니다.

**예제 3-3** Book 클래스 생성
/com/havi/domain/Book.java

```java
import java.time.LocalDateTime;

import lombok.Builder;
import lombok.Getter;
import lombok.NoArgsConstructor;

@NoArgsConstructor
@Getter
public class Book {

    private Integer idx;
    private String title;
    private LocalDateTime publishedAt;

    @Builder
    public Book(String title, LocalDateTime publishedAt) {
        this.title = title;
        this.publishedAt = publishedAt;
    }
}
```

/books로 GET 요청 시 현재 BookService 클래스에 책 목록을 요청하여 'bookList'라는 키값으로 데이터값을 넘기는 컨트롤러를 만들겠습니다. 컨트롤러에서 반환되는 뷰의 이름은 'book'으로 지정하였습니다.

**예제 3-4** BookController 클래스 생성
/com/havi/controller/BookController.java

```java
import com.havi.service.BookService;

import org.springframework.beans.factory.annotation.Autowired;
import org.springframework.stereotype.Controller;
import org.springframework.ui.Model;
import org.springframework.web.bind.annotation.GetMapping;

@Controller
public class BookController {

    @Autowired
    private BookService bookService;

    @GetMapping("/books")
    public String getBookList(Model model) {
        model.addAttribute("bookList", bookService.getBookList());
        return "book";
    }
}
```

다음과 같이 BookService 인터페이스를 생성합니다.

**예제 3-5** BookService 인터페이스 생성
/com/havi/service/BookService.java

```java
import com.havi.domain.Book;
import java.util.List;

public interface BookService {
    List<Book> getBookList();
}
```

Book 타입의 리스트를 넘기는 메서드 하나만 생성했습니다. 실제로 이 인터페이스를 구현하는 구현체는 만들지 않고 목<sup>mock</sup> 데이터를 이용해 테스트를 진행하겠습니다.

다음은 @WebMvcTest를 사용하여 작성한 테스트 코드입니다.

**예제 3-6** @WebMvcTest를 사용한 테스트 코드
/test/java/com/havi/BookControllerTest.java

```java
import com.havi.controller.BookController;
import com.havi.domain.Book;
import com.havi.service.BookService;

import org.junit.Test;
import org.junit.runner.RunWith;
import org.springframework.beans.factory.annotation.Autowired;
import org.springframework.boot.test.autoconfigure.web.servlet.WebMvcTest;
import org.springframework.boot.test.mock.mockito.MockBean;
import org.springframework.test.context.junit4.SpringRunner;
import org.springframework.test.web.servlet.MockMvc;

import java.time.LocalDateTime;
import java.util.Collections;

import static org.hamcrest.Matchers.contains;
import static org.mockito.BDDMockito.given;
import static org.springframework.test.web.servlet.request.MockMvcRequestBuilders.
        get;
import static org.springframework.test.web.servlet.result.MockMvcResultMatchers.*;

@RunWith(SpringRunner.class)
@WebMvcTest(BookController.class)
public class BookControllerTest {

    @Autowired
    private MockMvc mvc;

    @MockBean
    private BookService bookService;

    @Test
    public void Book_MVC_테스트() throws Exception {
        Book book = new Book("Spring Boot Book", LocalDateTime.now());
        given(bookService.getBookList()).willReturn(Collections.
            singletonList(book));  ❶
```

```
mvc.perform(get("/books"))  ❷
    .andExpect(status().isOk())
    .andExpect(view().name("book"))
    .andExpect(model().attributeExists("bookList"))
    .andExpect(model().attribute("bookList", contains(book)));
    }
}
```

@WebMvcTest를 사용하기 위해 테스트할 특정 컨트롤러명(BookController)을 명시해주어야 합니다. 주입된 MockMvc는 컨트롤러 테스트 시 모든 의존성을 로드하는 것이 아닌 BookController 관련 빈만 로드하여 가벼운 MVC 테스트를 수행합니다. [예제 3-6]은 MockMvc를 주입시켰기 때문에 전체 HTTP 서버를 실행하지 않고 테스트할 수 있습니다.

@Service 어노테이션은 @WebMvcTest의 적용 대상이 아닙니다. BookService 인터페이스를 구현한 구현체는 없지만 @MockBean을 적극적으로 활용하여 컨트롤러 내부의 의존성 요소인 BookService를 가짜 객체로 대체하였습니다. 여기서 가짜 객체를 흔히 목 객체라고 합니다. 목 객체는 실제 객체는 아니지만 특정 행위를 지정하여 실제 객체처럼 동작하게 만들 수 있습니다.

'Spring Boot Book'이란 이름의 Book 객체를 하나 생성하여 BookService의 getBookList() 메서드가 생성한 Book 객체를 포함하는 리스트를 반환하도록 설정했습니다. 즉, @MockBean을 사용하여 가짜 객체를 만들고 ❶에서 given()을 사용하여 getBookList() 메서드의 실행에 대한 반환값을 미리 정의해두었습니다.

이런 식으로 MockMvc를 사용하면 해당 URL의 상탯값, 반환값에 대한 테스트를 수행할 수 있습니다. ❷에서 사용한 테스트 결과 측정 방식은 다음과 같습니다.

- andExpect(status().isOk()) : HTTP 상탯값이 200인지 테스트
- andExpect(view().name("book")) : 반환되는 뷰의 이름이 'book'인지 테스트
- andExpect(model().attributeExists("bookList")) : 모델의 프로퍼티 중 'bookList'라는 프로퍼티가 존재하는지 테스트
- andExpect(model().attribute("bookList", contains(book))) : 모델의 프로퍼티 중 'bookList'라는 프로퍼티에 book 객체가 담겨져 있는지 테스트

# 3.3 @DataJpaTest

@DataJpaTest 어노테이션은 JPA 관련 테스트 설정만 로드합니다. 데이터소스의 설정이 정상적인지, JPA를 사용하여 데이터를 제대로 생성, 수정, 삭제하는지 등의 테스트가 가능합니다. 또한 내장형 데이터베이스를 사용하여 실제 데이터베이스를 사용하지 않고 테스트 데이터베이스로 테스트할 수 있습니다.

@DataJpaTest는 기본적으로 인메모리 임베디드 데이터베이스[3]를 사용하며, @Entity 클래스를 스캔하여 스프링 데이터 JPA 저장소<sup>Spring Data JPA Repositories</sup>를 구성합니다. 만약 최적화한 별도의 데이터소스를 사용하여 테스트하고 싶다면 기본 설정된 데이터소스를 사용하지 않도록 다음과 같이 설정합니다.

**예제 3-7** 최적화 DataSource 주입하기

```
import org.junit.runner.RunWith;
import org.springframework.test.context.junit4.SpringRunner;
import org.springframework.boot.test.autoconfigure.jdbc.AutoConfigureTestDatabase;
import org.springframework.boot.test.autoconfigure.orm.jpa.DataJpaTest;
import org.springframework.test.context.ActiveProfiles;

@RunWith(SpringRunner.class)
@DataJpaTest
@ActiveProfiles("...")
@AutoConfigureTestDatabase(replace = AutoConfigureTestDatabase.Replace.NONE)
public class JpaTest {
    ...
}
```

@AutoConfigureTestDatabase 어노테이션의 기본 설정값인 Replace.*Any*를 사용하면 기본적으로 내장된 데이터소스를 사용합니다. 예제에서와 같이 Replace.*NONE*으로 설정하면 @ActiveProfiles에 설정한 프로파일 환경값에 따라 데이터소스가 적용됩니다.

위 방법 외에도 자동 설정 방식을 이용해 설정할 수도 있습니다. application.yml에서 프로퍼티 설정을 spring.test.database.replace: *NONE*으로 변경하면 됩니다.

--------

**3** 메인 메모리를 데이터 저장소로 하여 데이터베이스를 애플리케이션에 내장하여 운용하는 데이터베이스 시스템입니다. 메인 메모리를 주 저장소로 사용하기 때문에 성능이 빠르지만 데이터 손실 가능성이 존재합니다.

@DataJpaTest는 JPA 테스트가 끝날 때마다 자동으로 테스트에 사용한 데이터를 롤백합니다. 따라서 JPA 테스트가 끝났을 때 실제 데이터가 변경되었는지 걱정할 필요 없이 테스트를 진행할 수 있습니다.

어떤 테스트 데이터베이스를 사용할 것인지도 선택할 수 있습니다. spring.test.database. connection: H2와 같이 프로퍼티를 설정하는 방법과 @AutoConfigureTestDatabase( connection = H2) 어노테이션으로 설정하는 방법이 있습니다. connection의 옵션으로 H2, Derby, HSQL 등의 테스트 데이터베이스 종류를 선택할 수 있습니다.

@DataJpaTest에서 EntityManager의 대체재로 만들어진 테스트용 TestEntityManager를 사용하면 persist, flush, find 등과 같은 기본적인 JPA 테스트를 할 수 있습니다. 어떤 방식으로 JPA 테스트를 할 수 있는지 알아보겠습니다.

Book 도메인 객체에 대한 JPA 테스트를 수행할 수 있게 Book 클래스에 JPA 관련 어노테이션을 추가하고 BookRepository 인터페이스를 생성합니다.

**예제 3-8** Book.java에 JPA 관련 어노테이션 추가
**/com/havi/domain/Book.java**

```
import java.time.LocalDateTime;

import javax.persistence.Column;
import javax.persistence.Entity;
import javax.persistence.GeneratedValue;
import javax.persistence.Id;
import javax.persistence.Table;

import lombok.Builder;
import lombok.Getter;
import lombok.NoArgsConstructor;

@NoArgsConstructor
@Getter
@Entity
@Table
public class Book {

    @Id
    @GeneratedValue
    private Integer idx;
```

```
    @Column
    private String title;

    @Column
    private LocalDateTime publishedAt;

    @Builder
    public Book(String title, LocalDateTime publishedAt) {
        this.title = title;
        this.publishedAt = publishedAt;
    }
}
```

**예제 3-9** BookRepository.java 생성
/com/havi/repository/BookRepository.java

```
import com.havi.domain.Book;
import org.springframework.data.jpa.repository.JpaRepository;
import org.springframework.stereotype.Repository;

public interface BookRepository extends JpaRepository<Book, Integer> {
}
```

생성된 BookRepository를 주입받아 JPA 관련 설정들만 구동시켜 테스트하는 BookJpaTest
클래스를 생성합니다.

**예제 3-10** @DataJpaTest로 테스트 수행하기
/test/java/com/havi/BookJpaTest.java

```
import com.havi.domain.Book;
import com.havi.repository.BookRepository;

import org.hamcrest.collection.IsEmptyCollection;
import org.junit.Test;
import org.junit.runner.RunWith;
import org.springframework.beans.factory.annotation.Autowired;
import org.springframework.boot.test.autoconfigure.orm.jpa.DataJpaTest;
import org.springframework.boot.test.autoconfigure.orm.jpa.TestEntityManager;
import org.springframework.test.context.junit4.SpringRunner;

import java.time.LocalDateTime;
```

```java
import java.util.List;

import static org.hamcrest.MatcherAssert.assertThat;
import static org.hamcrest.Matchers.is;
import static org.hamcrest.Matchers.hasSize;
import static org.hamcrest.Matchers.contains;

@RunWith(SpringRunner.class)
@DataJpaTest
public class BookJpaTest {
    private final static String BOOT_TEST_TITLE = "Spring Boot Test Book";

    @Autowired
    private TestEntityManager testEntityManager;

    @Autowired
    private BookRepository bookRepository;

    @Test
    public void Book_저장하기_테스트() {
        Book book = Book.builder().title(BOOT_TEST_TITLE).
                publishedAt(LocalDateTime.now()).build();
        testEntityManager.persist(book);
        assertThat(bookRepository.getOne(book.getIdx()), is(book));
    }

    @Test
    public void BookList_저장하고_검색_테스트() {
        Book book1 = Book.builder().title(BOOT_TEST_TITLE+"1").
                publishedAt(LocalDateTime.now()).build();
        testEntityManager.persist(book1);
        Book book2 = Book.builder().title(BOOT_TEST_TITLE+"2").
                publishedAt(LocalDateTime.now()).build();
        testEntityManager.persist(book2);
        Book book3 = Book.builder().title(BOOT_TEST_TITLE+"3").
                publishedAt(LocalDateTime.now()).build();
        testEntityManager.persist(book3);

        List<Book> bookList = bookRepository.findAll();
        assertThat(bookList, hasSize(3));
        assertThat(bookList, contains(book1, book2, book3));
    }
```

```
@Test
public void BookList_저장하고_삭제_테스트() {
    Book book1 = Book.builder().title(BOOT_TEST_TITLE+"1").
            publishedAt(LocalDateTime.now()).build();
    testEntityManager.persist(book1);
    Book book2 = Book.builder().title(BOOT_TEST_TITLE+"2").
            publishedAt(LocalDateTime.now()).build();
    testEntityManager.persist(book2);

    bookRepository.deleteAll();
    assertThat(bookRepository.findAll(), IsEmptyCollection.empty());
    }
}
```

- Book_저장하기_테스트() : testEntityManager로 persist() 기능이 정상 동작하는지 테스트합니다.
- BookList_저장하고_검색_테스트() : Book 3개를 저장한 후 저장된 Book의 개수가 3개가 맞는지, 저장된 Book에 각 Book 객체가 모두 포함되어 있는지 테스트합니다.
- BookList_저장하고_삭제_테스트() : 저장된 Book 중에서 2개가 제대로 삭제되었는지 테스트합니다.

이외에도 올바르게 도메인 관계가 매핑되는지 여부도 테스트할 수 있습니다. 4장에서 관계 설정 여부를 테스트할 기회가 있으니, 그때 더 자세히 살펴보겠습니다.

지금까지 살펴본 @DataJpaTest 어노테이션 외에도 JDBC를 테스트하는 @JdbcTest, 몽고디비를 테스트하는 @DataMongoTest 어노테이션 등 여러 테스트 어노테이션이 있습니다. 이 책은 JPA를 사용하므로 다른 테스트 어노테이션의 사용법은 생략합니다.

## 3.4 @RestClientTest

@RestClientTest는 REST 관련 테스트를 도와주는 어노테이션입니다. REST 통신의 데이터 형으로 사용되는 JSON 형식이 예상대로 응답을 반환하는지 등을 테스트할 수 있습니다. 역시 예제를 통해 사용 방법을 확인해보겠습니다.

다음 예제는 특정 요청에 대한 응답을 JSON 형식으로 반환해주는 컨트롤러입니다.

**예제 3-11** REST 테스트를 위한 BookRestController 생성
/com/havi/controller/BookRestController.java

```java
import com.havi.domain.Book;
import com.havi.service.BookRestService;

import org.springframework.beans.factory.annotation.Autowired;
import org.springframework.http.MediaType;
import org.springframework.web.bind.annotation.GetMapping;
import org.springframework.web.bind.annotation.RestController;

@RestController
public class BookRestController {

    @Autowired
    private BookRestService bookRestService;

    @GetMapping(path = "/rest/test", produces = MediaType.APPLICATION_JSON_VALUE)
    public Book getRestBooks() {
        return bookRestService.getRestBook();
    }
}
```

@RestController 어노테이션을 사용해 REST형의 데이터를 반환하도록 설정했습니다(6장에서
더 자세히 다룹니다). getRestBooks() 메서드의 반환값은 Book 객체지만 @RestController로
설정되어 있으면 JSON 형식의 String형으로 반환됩니다.

다음 예제는 RestTemplate을 생성하여 특정 URL로 비동기 요청을 처리하는 서비스입니다.

**예제 3-12** REST 테스트용 BookRestService 생성
/com/havi/service/BookRestService.java

```java
import com.havi.domain.Book;
import org.springframework.boot.web.client.RestTemplateBuilder;
import org.springframework.stereotype.Service;
import org.springframework.web.client.RestTemplate;

@Service
public class BookRestService {

    private final RestTemplate restTemplate;
```

```
    public BookRestService(RestTemplateBuilder restTemplateBuilder) {
        this.restTemplate = restTemplateBuilder.rootUri("/rest/test").build();  ❶
    }

    public Book getRestBook() {
        return this.restTemplate.getForObject("/rest/test", Book.class);  ❷
    }
}
```

❶ RestTemplateBuilder를 사용하여 RestTemplate을 생성했습니다. RestTemplateBuilder는 RestTemplate을 핸들링하는 빌더 객체로 connectionTimeout, ReadTimeOut 설정뿐만 아니라 여러 다른 설정을 간편하게 제공합니다.

❷ RestTemplate의 Get 방식으로 통신하는 getForObject() 메서드를 사용하여 '/rest/test' URI에 요청을 보내고 요청에 대한 응답을 Book 객체 형식으로 받아옵니다.

다음 예제는 특정 REST 요청에 대해 어떠한 응답이 오는지 테스트하는 코드입니다. 3.2절 '@WebMvcTest'에서 MockMvc 객체를 사용했던 방법과 비슷한 방법으로 테스트할 수 있습니다.

예제 3-13 @RestClientTest 어노테이션을 사용한 REST 테스트 코드
/test/java/com/havi/BookRestTest.java

```
import com.havi.domain.Book;
import com.havi.service.BookRestService;

import org.junit.Rule;
import org.junit.Test;
import org.junit.rules.ExpectedException;
import org.junit.runner.RunWith;
import org.springframework.beans.factory.annotation.Autowired;
import org.springframework.boot.test.autoconfigure.web.client.RestClientTest;
import org.springframework.core.io.ClassPathResource;
import org.springframework.http.MediaType;
import org.springframework.test.context.junit4.SpringRunner;
import org.springframework.test.web.client.MockRestServiceServer;
import org.springframework.web.client.HttpServerErrorException;

import static org.assertj.core.api.Assertions.assertThat;
import static org.springframework.test.web.client.match.MockRestRequestMatchers.
        requestTo;
import static org.springframework.test.web.client.response.
        MockRestResponseCreators.withServerError;
```

```java
import static org.springframework.test.web.client.response.
        MockRestResponseCreators.withSuccess;

@RunWith(SpringRunner.class)
@RestClientTest(BookRestService.class)  ❶
public class BookRestTest {

    @Rule  ❷
    public ExpectedException thrown = ExpectedException.none();

    @Autowired
    private BookRestService bookRestService;

    @Autowired
    private MockRestServiceServer server;  ❸

    @Test
    public void rest_테스트() {  ❹
        this.server.expect(requestTo("/rest/test"))
            .andRespond(withSuccess(new ClassPathResource("/test.json",
                    getClass()), MediaType.APPLICATION_JSON));
        Book book = this.bookRestService.getRestBook();
        assertThat(book.getTitle()).isEqualTo("테스트");
    }

    @Test
    public void rest_error_테스트() {  ❺
        this.server.expect(requestTo("/rest/test"))
            .andRespond(withServerError());
        this.thrown.expect(HttpServerErrorException.class);
        this.bookRestService.getRestBook();
    }
}
```

❶ @RestClientTest는 테스트 대상이 되는 빈을 주입받습니다. @RestClientTest 어노테이션이
BookRestService.class를 파라미터로 주입받지 못하면 '빈이 없다'는 에러가 뜰 겁니다.

❷ @Rule로 지정한 필드값은 @Before나 @After 어노테이션에 상관없이 하나의 테스트 메서드가 끝날 때마다
정의한 값으로 초기화시켜줍니다. 테스트에서 자체적으로 규칙을 정의하여 재사용할 때 유용합니다.

❸ MockRestServiceServer는 클라이언트와 서버 사이의 REST 테스트를 위한 객체입니다. 내부에서
RestTemplate을 바인딩하여 실제로 통신이 이루어지게끔 구성할 수도 있습니다. 이 코드에서는 목 객체와
같이 실제로 통신이 이루어지지는 않지만 지정한 경로에 예상되는 반환값 혹은 에러를 반환하도록 명시하여
간단하게 테스트를 진행하도록 작성하였습니다.

❹ rest_테스트( ) 메서드는 요청에 대해 응답과 기댓값이 같은지 테스트합니다. '/rest/test' 경로로 요청을 보내면 현재 리소스 폴더에 생성되어 있는 test.json 파일의 데이터로 응답을 주도록 설정합니다(이전에 보았던 목 객체와 비슷한 역할을 합니다). 그리고 bookRestService의 getRestBook( ) 메서드를 실행하여 컨트롤러에서 가져온 기댓값(test.json 파일의 데이터)과 직접 가져온 Book 값이 일치하는지 확인합니다.

여기서 응답 파일로 사용되는 test.json은 [예제 3-14]와 같이 생성했습니다. 반드시 test 디렉토리 하위 경로로 생성해야 테스트 메서드에서 읽을 수 있습니다. 테스트 코드의 리소스 루트 경로는 '/test/resources' 로 잡히기 때문입니다.

**예제 3-14** 테스트 코드에 필요한 리소스 파일
/test/resources/test.json

```
{"idx":null,"title":"테스트","publishedAt":null}
```

❺ rest_error_테스트( ) 메서드는 서버 에러가 발생했을 경우를 테스트합니다. '/rest/test' 경로로 요청이 들어오면 서버 에러가 발생한다고 가정하여 설정합니다. 그리고 어떠한 에러가 발생했는지 ExpectedException 객체의 expect( ) 메서드로 지정하여 테스트합니다. [예제 3-13]에서는 HTTP 500 에러 발생 클래스인 HttpServerErrorException.class를 설정하였습니다. 마지막 줄(getRestBook( ) 메서드 실행 코드)에서 REST 요청을 발생시킵니다. 이때 발생하는 에러가 미리 작성해 둔 에러와 일치하면 성공적으로 테스트를 마치게 됩니다.

예제를 참조하여 REST 요청 테스트가 성공하는 경우와 실패하는 경우 어떤 응답을 줄지 여러 테스트 코드를 미리 작성해보면 애플리케이션의 결함을 줄이는 데 도움이 될 겁니다.

# 3.5 @JsonTest

JSON 테스트를 지원하는 어노테이션 @JsonTest에 대해 알아보겠습니다. @JsonTest 어노테이션은 JSON의 직렬화<sup>serialization</sup>와 역직렬화<sup>deserialization</sup>를 수행하는 라이브러리인 Gson과 Jackson API의 테스트를 제공합니다. 각각 GsonTester와 JacksonTester를 사용하여 테스트를 수행합니다. 두 테스트의 사용 방법은 비슷합니다. 이 책에서는 Jackson API를 이용해 테스트해보겠습니다.

JSON 테스트는 크게 두 가지로 나눕니다. 문자열로 나열된 JSON 데이터를 객체로 변환하여 변환된 객체값을 테스트하거나 그 반대의 경우입니다. JacksonTester 객체는 객체 변환과 관련된 다양한 API를 제공합니다. 예제를 통해 알아보겠습니다.

**예제 3-15** @JsonTest 예제 코드
/test/java/com/havi/BookJsonTest.java

```java
import com.havi.domain.Book;
import org.junit.Test;
import org.junit.runner.RunWith;
import org.springframework.beans.factory.annotation.Autowired;
import org.springframework.boot.test.autoconfigure.json.JsonTest;
import org.springframework.boot.test.json.JacksonTester;
import org.springframework.test.context.junit4.SpringRunner;
import static org.assertj.core.api.Assertions.assertThat;

@RunWith(SpringRunner.class)
@JsonTest
public class BookJsonTest {

    @Autowired
    private JacksonTester<Book> json;

    @Test
    public void json_테스트() throws Exception {
        Book book = Book.builder()
            .title("테스트")
            .build();
        String content = "{\"title\":\"테스트\"}";

        assertThat(this.json.parseObject(content).getTitle()).isEqualTo(book.
                getTitle());  ❶
        assertThat(this.json.parseObject(content).getPublishedAt()).isNull();  ❷

        assertThat(this.json.write(book)).isEqualToJson("/test.json");  ❸
        assertThat(this.json.write(book)).hasJsonPathStringValue("title");  ❹
        assertThat(this.json.write(book)).extractingJsonPathStringValue("title").
                isEqualTo("테스트");  ❺
    }
}
```

json_테스트() 메서드에 테스트용 Book 객체와 JSON 포맷으로 된 String형의 변수 content
를 생성합니다.

먼저 ❶, ❷에서는 문자열을 객체로 변환하여 테스트합니다. JacksonTester의 parseObject()
메서드를 사용하여 문자열인 content를 객체로 변환시킵니다.

❶ 변환된 객체의 title이 일치하는지 테스트합니다.

❷ publishedAt 값을 정의하지 않았기 때문에 null인지 테스트합니다.

다음으로 ❸~❺에서는 객체를 문자열로 변환하는 반대의 경우를 테스트합니다.

❸ 각 필드를 변환한 문자열이 test.json 파일에 정의한 내용과 일치하는지 테스트합니다.

❹ title 값이 있는지 테스트합니다.

❺ title 값이 일치하는지 테스트합니다.


## 3.6 마치며

스프링 부트에서 제공하는 몇 가지 테스트 어노테이션을 살펴보았습니다. 스프링 부트의 테스트 어노테이션은 JUnit[4] 자체에 내장된 테스트 메서드를 스프링에서 사용하기 편하도록 가공한 겁니다.

모든 테스트 어노테이션을 다 써야 한다는 의무감보다는 각 어노테이션의 용도를 정확히 이해하여 적합한 상황에서 사용하는 것이 중요합니다. 이 장에서 배운 대로 스프링의 모든 빈을 올리는 대신, 각 테스트에 필요한 가짜 객체를 만들어 테스트하는 방법을 사용해 상황에 맞는 테스트를 하세요.

---

[4] 자바에서 단위 테스트를 구현하여 프로그램의 무결성을 보장하고 코드 품질을 향상시키는 데 사용하는 테스트 프레임워크

# CHAPTER 4

# 스프링 부트 웹

이 장에서는 스프링 부트 웹을 이용하여 커뮤니티 게시판을 만들어보겠습니다. 스프링 부트 웹은 주로 뷰 페이지나 API 서비스의 구현에 사용됩니다. API는 6장에서 스프링 부트 데이터 레스트를 사용하여 다룹니다. 지금은 커뮤니티 게시판의 뷰 페이지를 만드는 방법만 다룹니다.

스프링 부트 웹을 구성하는 방법은 매우 다양합니다. 그러므로 상황에 맞는 패턴과 코드를 사용해야 합니다. 이 책에 모든 방식을 담을 수는 없습니다. 여기서는 스프링에서 제공하는 편리한 라이브러리를 어떻게 스프링 부트에서 사용하는지 중점적으로 살펴볼 겁니다.

**이 장의 내용**

- 커뮤니티 게시판 설계하기
- 커뮤니티 게시판 프로젝트 준비하기
- 커뮤니티 게시판 구현하기

> **NOTE_** 깃허브에서 자세한 코드를 확인할 수 있습니다. 해당 내용의 깃허브 주소는 아래와 같으며 브랜치명은 'start-web'입니다.
>
> ```
> https://github.com/young891221/Spring-Boot-Community-Web/tree/start-web
> ```

## 4.1 커뮤니티 게시판 설계하기

다음 그림은 전형적인 MVC<sup>Model-View-Controller</sup> 패턴으로 사용자의 요청에 대한 데이터 처리 흐름이 애플리케이션 내부에서 어떻게 동작하는지 한눈에 확인할 수 있습니다.

**그림 4-1** MVC 패턴 데이터 흐름도

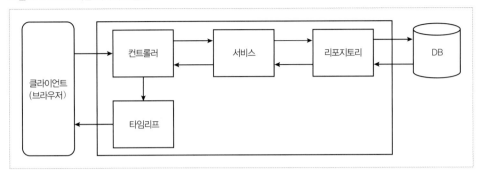

클라이언트가 서버에 데이터를 요청하면 서버가 데이터를 제공합니다. 데이터를 요청받은 서버는 타임리프[1]를 사용하여 뷰를 멋있게 구성하여 보여줍니다. 이 장에서 만들 커뮤니티 게시판은 이러한 MVC 패턴을 기반으로 구현하겠습니다.

자, 이제 커뮤니티의 게시판을 어떻게 설계할지 생각해보겠습니다. 글을 쓰고, 수정하고, 삭제하고, 보는 기능은 기본으로 제공되어야 합니다. 댓글을 달거나 그림 혹은 동영상을 첨부하는 기능도 있으면 좋을 겁니다. 하지만 너무 많은 기능을 넣으면 코드가 길어지므로 여기서는 간단한 CRUD[Create, Read, Update, Delete] 기능만 제공하는 게시판을 구현하겠습니다.

**그림 4-2** 커뮤니티 게시판 기능 설계도

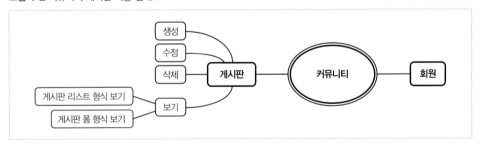

커뮤니티 게시판이 그럴듯해 보이지만 유심히 보면 의아한 점이 있습니다. 회원(User) 관련 기능이 없습니다. 예를 들어 사용자가 로그인할 때 권한을 인증하거나 접근할 수 있는 페이지를 설정하는 기능, 즉 권한 부여 기능 등이 전혀 안 보입니다. 이에 대한 내용은 다음 장에서 살펴보도록 하고 이 장에서는 게시글에 관한 내용 위주로 진행하겠습니다.

------

**1** 타임리프는 웹 또는 독립적인 실행 환경에서 사용되는 자바 서버 사이드 템플릿 엔진입니다. 세계적으로 많이 쓰이고 있으며 스프링 부트에서도 공식적인 템플릿 엔진이며 스타터를 지원하고 있습니다.

어떤 기능을 구성할지 설계했으니 이제는 게시판을 구성하는 객체들을 명확히 정할 수 있습니다. 필요한 게시판의 객체는 글(board)과 쓰는 사람(user)입니다. 이 두 도메인의 관계도를 표현하면 다음과 같습니다.

**그림 4-3** 커뮤니티 게시판 엔티티 관계도

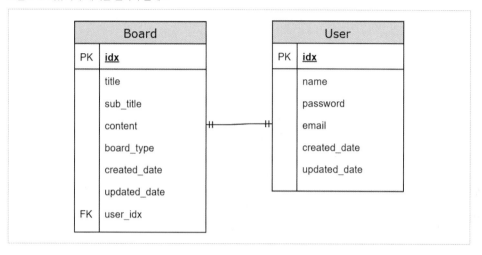

**그림 4-4** 커뮤니티 게시판 데이터베이스 테이블

| Board | |
|---|---|
| **idx** | 인덱스 |
| title | 제목 |
| sub_title | 부제목 |
| content | 내용 |
| board_type | 게시판 타입 |
| created_date | 생성 날짜 |
| updated_date | 수정 날짜 |
| user_idx | 회원 인덱스 |

| User | |
|---|---|
| **idx** | 인덱스 |
| name | 회원 이름 |
| password | 회원 패스워드 |
| email | 회원 이메일 |
| created_date | 생성 날짜 |
| updated_date | 수정 날짜 |

추가적으로 PK[primary key]는 두 테이블 모두 인덱스값으로 설정했고 글에서는 회원 인덱스를 참조하여 1:1 관계로 설정했습니다. [그림 4-3]을 활용하여 추후 애플리케이션에서 도메인을 생성할 겁니다.

## 4.2 커뮤니티 게시판 프로젝트 준비하기

인텔리제이를 사용하여 프로젝트를 생성합시다. 2.2절 '인텔리제이 IDEA 사용하기'에서 스프링 이니셜라이저를 사용하여 프로젝트를 생성하는 방법을 알아봤습니다. 커뮤니티 버전의 경우 2.2.2절 '커뮤니티 버전에서 스프링 부트 사용하기'를 참조하기 바랍니다.

프로젝트명은 'Spring-Boot-Community-Web'으로 합니다.

**그림 4-5** Web 구성에 필요한 의존 라이브러리

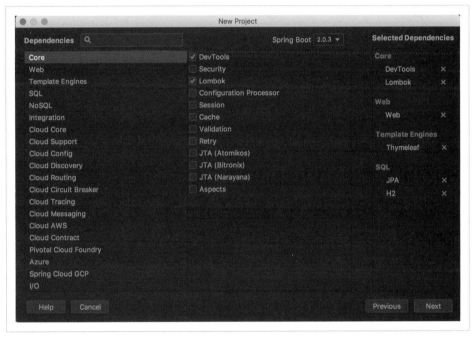

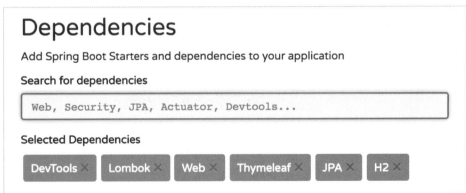

[그림 4-5]는 인텔리제이를 사용하여 프로젝트 의존 라이브러리를 생성하는 방식(위)과 스프링 이니셜라이저를 사용하여 의존 라이브러리를 구성하는 방식(아래)을 보여줍니다.

Web, 타임리프, JPA, Devtools, 롬복, H2 라이브러리를 선택하여 프로젝트를 생성합니다.

## 4.3 커뮤니티 게시판 구현하기

본격적으로 게시판을 만들겠습니다. 개발 순서는 다음과 같습니다.

1 프로젝트 의존성 구성

2 스프링 부트 웹 스타터 살펴보기

3 도메인 매핑하기

4 도메인 테스트하기

5 CommandLineRunner를 사용하여 DB에 데이터 넣기

6 게시글 리스트 기능 만들기

7 타임리프 자바 8 날짜 포맷 라이브러리 추가하기

8 페이징 처리하기

9 작성 폼 만들기

### 4.3.1 프로젝트 의존성 구성

정상적으로 프로젝트를 생성했다면 루트 경로에 build.gradle이 생성되었을 겁니다. 의존성을 다음과 같이 구성하겠습니다.

**예제 4-1** 빌드 옵션 설정하기
build.gradle

```
buildscript {  ❶
    ext {
        springBootVersion = '2.0.3.RELEASE'
    }
    repositories {
        mavenCentral()
    }
```

```
    dependencies {
        classpath("org.springframework.boot:spring-boot-gradle-
            plugin:${springBootVersion}")
    }
}
❷
apply plugin: 'java'
apply plugin: 'eclipse'
apply plugin: 'org.springframework.boot'
apply plugin: 'io.spring.dependency-management'   ❸

version = '0.0.1-SNAPSHOT'
sourceCompatibility = 1.8

repositories {
    mavenCentral()
}

dependencies {   ❹
    compile('org.springframework.boot:spring-boot-starter-web')
    compile('org.springframework.boot:spring-boot-starter-thymeleaf')
    compile("org.springframework.boot:spring-boot-starter-data-jpa")
    runtime('com.h2database:h2')   ❺
    runtime('org.springframework.boot:spring-boot-devtools')
    compileOnly('org.projectlombok:lombok')   ❻
    testCompile('org.springframework.boot:spring-boot-starter-test')
}
```

❶ 빌드 스크립트 내부에 버전, 의존 라이브러리, 저장소를 설정해 스프링 부트 플러그인을 사용할 수 있게 합니다.

❷ 필요한 플러그인을 적용합니다.

❸ 종속성 관리를 제공하는 플러그인입니다. 스프링 부트 1.x 버전에서는 기본으로 제공했지만 스프링 부트 2.0 이상에서는 플러그인 등록을 명시해주어야 합니다.

❹ 프로젝트 내에 사용할 라이브러리의 의존성을 설정합니다. 메인 부트 버전인 2.0.3에 맞는 호환성을 가져오기 위해 디폴트 버전 사용합니다.

❺ 런타임 시점에만 H2 사용하도록 설정합니다(2.5.4절 'H2 Console 자동 설정 적용하기' 참조).

❻ compileOnly는 컴파일 전용 종속성 선언 설정입니다. 기존의 provided와 유사합니다. 주로 컴파일 시점에만 필요하고 런타임 시점에는 필요 없을 때 많이 사용합니다.

필요한 build.gradle 구성을 끝냈습니다. 성공적으로 Spring-Boot-Community-Web 프로젝트를 생성했다면 디렉터리 구조는 [그림 4-6]의 왼쪽과 같습니다. 이 장을 끝마칠 때쯤이면 프로젝트의 디렉터리 구조가 오른쪽과 같아질 겁니다.

**그림 4-6** Spring-Boot-Community-Web의 디렉토리 구조

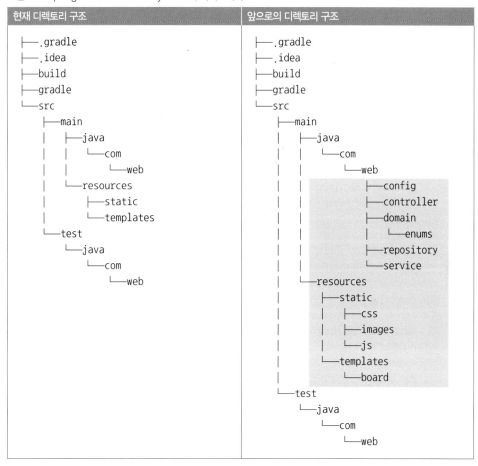

## 4.3.2 스프링 부트 웹 스타터 살펴보기

이 장의 주제가 web이니 만큼 web 스타터를 한번 살펴보고 가겠습니다. 스프링 부트 웹은 웹 구성에 필요한 기본적인 요소를 담고 있습니다.

다음은 스프링 부트 웹 스타터의 의존 관계 설정입니다. 어떤 의존성을 갖고 있는지 확인해보 겠습니다(프로젝트 의존 관계에 대한 내용은 1.4.2절 '스타터 내부의 의존성 확인 방법'을 참조 하기 바랍니다).

```
<dependencies>
    <dependency>
        <groupId>org.springframework.boot</groupId>
        <artifactId>spring-boot-starter</artifactId>    ❶
    </dependency>
    <dependency>
        <groupId>org.springframework.boot</groupId>
        <artifactId>spring-boot-starter-tomcat</artifactId>    ❷
    </dependency>
    <dependency>
        <groupId>org.hibernate</groupId>
        <artifactId>hibernate-validator</artifactId>    ❸
    </dependency>
    <dependency>
        <groupId>org.springframework.boot</groupId>
        <artifactId>spring-boot-starter-json</artifactId>    ❹
    </dependency>
    <dependency>
        <groupId>org.springframework</groupId>
        <artifactId>spring-web</artifactId>    ❺
    </dependency>
    <dependency>
        <groupId>org.springframework</groupId>
        <artifactId>spring-webmvc</artifactId>    ❻
    </dependency>
</dependencies>
```

❶ spring-boot-starter : 스프링 부트를 시작하는 기본적인 설정이 담겨 있는 스타터입니다.

❷ spring-boot-starter-tomcat : 내장 톰켓을 사용하기 위한 스타터입니다.

❸ hibernate-validator : 어노테이션 기반의 표준화된 제약 조건 및 유효성 검사 규칙을 표현하는 라이브러리입니다.

❹ spring-boot-starter-json : jackson 라이브러리를 지원해주는 스타터입니다. JSON 데이터형의 파싱, 데이터 바인딩 함수 등을 제공합니다.

❺ spring-web : HTTP Integration, Servlet filters, Spring HTTP invoker 및 HTTP 코어를 포함시킨 라이브러리입니다.

❻ spring-webmvc : request를 전달하는 MVC로 디자인된 DispatcherServlet 기반의 라이브러리입니다.

### 4.3.3 도메인 매핑하기

어느 정도 프로젝트 환경 설정을 마쳤습니다. 이제 뷰에 데이터를 바인딩하여 반환하는 흐름을 알아보도록 하겠습니다.

도메인 매핑은 JPA를 사용하여 DB와 도메인 클래스를 연결시켜주는 작업입니다. 도메인 클래스를 생성하여 H2 DB에 매핑해보겠습니다. DB에서 (도메인을 활용하여) 리포지토리<sup>repository</sup>[2] 까지의 데이터 처리 흐름은 다음 그림과 같습니다.

**그림 4-7** JPA를 활용한 H2 DB 매핑 구성도

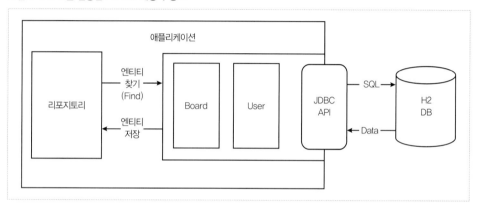

web 디렉토리 하위에 있는 domain 패키지에 4.1절 '커뮤니티 게시판 설계하기'에서 정의한 Board와 User 도메인의 클래스를 생성하겠습니다. 두 클래스는 JPA 매핑을 사용하여 각각 다음과 같이 작성합니다.

**예제 4-3** BoardType Enum 생성
/com/web/domain/enums/BoardType.java

```
public enum BoardType {
    notice("공지사항"),
    free("자유게시판");

    private String value;
```

---

**2** 스프링이 관리하는 컴포넌트에서 퍼시스턴스 계층에 대해 더 명확하게 명시하는 특수한 제네릭 스테레오타입을 말합니다. 여기서 퍼시스턴스 계층이란 물리적 저장공간을 뜻합니다. 영속성을 가진 파일이나 DB에 로직을 구현하는 것을 뜻하기도 합니다.

```java
    BoardType(String value) {
        this.value = value;
    }

    public String getValue() {
        return this.value;
    }
}
```

**예제 4-4** Board 클래스 생성
/com/web/domain/Board.java

```java
import com.web.domain.enums.BoardType;

import java.io.Serializable;
import java.time.LocalDateTime;

import javax.persistence.Column;
import javax.persistence.Entity;
import javax.persistence.EnumType;
import javax.persistence.Enumerated;
import javax.persistence.FetchType;
import javax.persistence.GeneratedValue;
import javax.persistence.Id;
import javax.persistence.OneToOne;
import javax.persistence.Table;

import lombok.Builder;
import lombok.Getter;
import lombok.NoArgsConstructor;

@Getter
@NoArgsConstructor
@Entity
@Table
public class Board implements Serializable {

    @Id
    @Column
    @GeneratedValue(strategy = GenerationType.IDENTITY)   ❶
    private Long idx;
```

```java
    @Column
    private String title;

    @Column
    private String subTitle;

    @Column
    private String content;

    @Column
    @Enumerated(EnumType.STRING)  ❷
    private BoardType boardType;

    @Column
    private LocalDateTime createdDate;

    @Column
    private LocalDateTime updatedDate;

    @OneToOne(fetch = FetchType.LAZY)  ❸
    private User user;

    @Builder
    public Board(String title, String subTitle, String content, BoardType boardType,
            LocalDateTime createdDate, LocalDateTime updatedDate, User user) {
        this.title = title;
        this.subTitle = subTitle;
        this.content = content;
        this.boardType = boardType;
        this.createdDate = createdDate;
        this.updatedDate = updatedDate;
        this.user = user;
    }
}
```

❶ @GeneratedValue(strategy = GenerationType.IDENTITY) : 기본 키가 자동으로 할당되도록 설정하는 어노테이션. 기본 키 할당 전략을 선택할 수 있는데, 키 생성을 데이터베이스에 위임하는 IDENTITY 전략을 사용하였습니다.

NOTE_ 스프링 부트 1.x는 기본 키 할당 전략이 IDENTITY지만 2.x부터는 TABLE로 변경되었습니다. 따라서 명확히 IDENTITY로 명시하여 사용하지 않으면 한 테이블에서만 시퀀스가 관리되는 현상이 발생하게 됩니다.

❷ @Enumerated(EnumType.STRING) : Enum 타입 매핑용 어노테이션. @Enumerated 어노테이션을 이용해 자바 enum형과 데이터베이스 데이터 변환을 지원합니다. 실제로 자바 enum형이지만 데이터베이스의 String형으로 변환하여 저장하겠다고 선언한 겁니다.

❸ @OneToOne(fetch = FetchType.LAZY) : 도메인 Board와 Board가 필드값으로 갖고 있는 User 도메인을 1:1 관계로 설정하는 어노테이션. 실제로 DB에 저장될 때는 User 객체가 저장되는 것이 아니라 User의 PK인 user_idx 값이 저장됩니다. fetch는 eager와 lazy 두 종류가 있는데 전자는 처음 Board 도메인을 조회할 때 즉시 관련 User 객체를 함께 조회한다는 뜻이고 후자는 User 객체를 조회하는 시점이 아닌 객체가 실제로 사용될 때 조회한다는 뜻입니다.

**예제 4-5** User 클래스 생성
/com/web/domain/User.java

```java
import java.io.Serializable;
import java.time.LocalDateTime;

import javax.persistence.Column;
import javax.persistence.Entity;
import javax.persistence.GeneratedValue;
import javax.persistence.Id;
import javax.persistence.Table;

import lombok.Builder;
import lombok.Getter;
import lombok.NoArgsConstructor;

@Getter
@NoArgsConstructor
@Entity
@Table
public class User implements Serializable {

    @Id
    @Column
    @GeneratedValue(strategy = GenerationType.IDENTITY)
    private Long idx;

    @Column
    private String name;

    @Column
    private String password;
```

```java
    @Column
    private String email;

    @Column
    private LocalDateTime createdDate;

    @Column
    private LocalDateTime updatedDate;

    @Builder
    public User(String name, String password, String email, LocalDateTime createdDate,
            LocalDateTime updatedDate) {
        this.name = name;
        this.password = password;
        this.email = email;
        this.createdDate = createdDate;
        this.updatedDate = updatedDate;
    }
}
```

LocalDateTime은 자바 8에 새로 추가된 기능입니다. 기존에는 Date, Calendar 등을 주로 사용했지만 날짜 연산 기능이 많이 부족했습니다. 그래서 종전에는 날짜에 대한 연산, 비교 등을 API로 제공하는 JodaDateTime을 많이 사용했습니다. 그런데 LocalDateTime이 제공된 이후로는 번거롭게 JodaDateTime 의존성을 따로 포함할 필요가 없어졌습니다. LocalDateTime이 대부분의 날짜 기능을 제공하기 때문입니다.

위와 같이 필요한 도메인의 필드들을 생성했다면 이제는 생성한 도메인이 제대로 동작하는지 테스트를 수행할 차례입니다.


## 4.3.4 도메인 테스트하기

스프링 부트에서 지원하는 @DataJpaTest를 사용해서 도메인을 테스트해보겠습니다. @DataJpaTest는 JPA에 대한 테스트를 지원하는 어노테이션으로 테스트 시 실행된 변경사항이 실제 DB에 반영되지는 않습니다. 테스트를 수행하고 다시 테스트 이전의 데이터로 롤백하기 때문입니다. 어차피 메모리 DB인 H2 DB를 사용해서 스프링 부트가 구동할 때마다 초기화되지만 메모리가 아닌 하드디스크 같은 스토리지에 저장하는 디비를 사용하는 경우를 고려해서 스프링 부트에서 제공하는 JPA 전용 테스트 어노테이션을 사용해봅시다.

프로젝트의 test 디렉토리 하위에 JpaMappingTest 클래스를 생성하겠습니다. 생성된 코드는 [예제 4-6]과 같습니다.

**예제 4-6** JpaMappingTest 클래스 생성
**/test/java/com/web/JpaMappingTest.java**

```
import com.web.domain.Board;
import com.web.domain.User;
import com.web.domain.enums.BoardType;
import com.web.repository.BoardRepository;
import com.web.repository.UserRepository;

import org.junit.Before;
import org.junit.Test;
import org.junit.runner.RunWith;
import org.springframework.beans.factory.annotation.Autowired;
import org.springframework.boot.test.autoconfigure.orm.jpa.DataJpaTest;
import org.springframework.test.context.junit4.SpringRunner;

import java.time.LocalDateTime;

import static org.hamcrest.MatcherAssert.assertThat;
import static org.hamcrest.Matchers.is;

@RunWith(SpringRunner.class)  ❶
@DataJpaTest  ❷
public class JpaMappingTest {
    private final String boardTestTitle = "테스트";
    private final String email = "test@gmail.com";

    @Autowired
    UserRepository userRepository;

    @Autowired
    BoardRepository boardRepository;

    @Before  ❸
    public void init() {
        User user = userRepository.save(User.builder()
            .name("havi")
            .password("test")
            .email(email)
            .createdDate(LocalDateTime.now())
            .build());
```

```
        boardRepository.save(Board.builder()
            .title(boardTestTitle)
            .subTitle("서브 타이틀")
            .content("콘텐츠")
            .boardType(BoardType.free)
            .createdDate(LocalDateTime.now())
            .updatedDate(LocalDateTime.now())
            .user(user).build());
    }

    @Test  ❹
    public void 제대로_생성됐는지_테스트() {
        User user = userRepository.findByEmail(email);  ❺
        assertThat(user.getName(), is("havi"));  ❻
        assertThat(user.getPassword(), is("test"));
        assertThat(user.getEmail(), is(email));

        Board board = boardRepository.findByUser(user);  ❼
        assertThat(board.getTitle(), is(boardTestTitle));
        assertThat(board.getSubTitle(), is("서브 타이틀"));
        assertThat(board.getContent(), is("콘텐츠"));
        assertThat(board.getBoardType(), is(BoardType.free));
    }

}
```

❶ @RunWith 어노테이션을 사용하면 JUnit에 내장된 러너를 사용하는 대신 어노테이션에 정의된 클래스를 호출합니다. 또한 JUnit의 확장 기능을 지정하여 각 테스트 시 독립적인 애플리케이션 컨텍스트[3]를 보장합니다.

❷ 스프링 부트에서 JPA 테스트를 위한 전용 어노테이션. 첫 설계 시 엔티티 간의 관계 설정 및 기능 테스트를 가능하게 도와줍니다. 테스트가 끝날 때마다 자동 롤백을 해주어 편리한 JPA 테스트가 가능합니다.

❸ 각 테스트가 실행되기 전에 실행될 메서드를 선언합니다.

❹ 실제 테스트가 진행될 메서드를 선언합니다.

❺ init( )에서 저장된 user를 email로 조회합니다.

❻ 각 필드가 저장된 값과 일치하는지 검사합니다.

❼ 이번에는 init( )에서 저장한 board를 작성자인 user를 사용하여 조회하고 해당 필드가 올바른지 체크합니다.

---

**3** 빈의 생성과 관계 설정 같은 제어를 담당하는 IOC 객체를 빈 팩토리라 부르며 이러한 빈 팩토리를 더 확장한 개념이 애플리케이션 컨텍스트입니다.

[예제 4-6]을 실행하면 에러 메시지가 뜰 겁니다. UserRepository와 BoardRepository를 생성하지 않아서 뜨는 메시지인데 이들 클래스를 다음과 같은 순서로 생성합니다.

1 인텔리제이 IDE에서 Alt+Enter를 누르고 'Make UserRepository' 또는 'Create interface UserRepository'를 선택합니다.

2 com.web.repository 패키지 하위에 UserRepository를 생성합니다.

3 BoardRepository도 똑같이 생성합니다.

4 생성된 클래스에 아래와 같이 코드를 추가합니다.

자세한 내용은 3.2절 '@WebMvcTest'에서 보았던 매핑 전략을 참조하기 바랍니다.

**예제 4-7** UserRepository 인터페이스 생성
/com/web/repository/UserRepository.java

```
import com.web.domain.User;
import org.springframework.data.jpa.repository.JpaRepository;

public interface UserRepository extends JpaRepository<User, Long> {
    User findByEmail(String email);
}
```

**예제 4-8** BoardRepository 인터페이스 생성
/com/web/repository/BoardRepository.java

```
import com.web.domain.Board;
import com.web.domain.User;
import org.springframework.data.jpa.repository.JpaRepository;

public interface BoardRepository extends JpaRepository<Board, Long> {
    Board findByUser(User user);
}
```

위와 같이 생성하면 테스트 코드에 UserRepository와 BoardRepository 객체가 존재하지 않는다는 빨간색 에러 표시가 사라질 겁니다.

이제 테스트를 실행하면 다음과 같은 과정을 거쳐 테스트가 정상 수행됩니다.

1 init( ) 메서드에서 user 테스트 객체를 빌더 패턴을 사용하여 생성합니다.

2 board 객체를 생성할 때 해당 글쓴이로 지정될 user로 넣어줍니다.

**3** user 테스트 객체와 board 테스트 객체가 정상적으로 생성됩니다.

**4** 제대로_생성됐는지_테스트( ) 메서드의 테스트가 수행됩니다.

**그림 4-8** JpaMappingTest 성공 화면

이제 서비스와 컨트롤러를 생성해봅시다. com.web.service 패키지 하위에 게시판의 리스트와 폼을 찾아주며 핵심 로직을 담당하는 BoardService 클래스를 생성하겠습니다. 다음과 같이 코드를 작성합니다.

**예제 4-9** BoardService 클래스 생성
/com/web/service/BoardService.java

```
import com.web.domain.Board;
import com.web.repository.BoardRepository;
import org.springframework.data.domain.Page;
import org.springframework.data.domain.PageRequest;
import org.springframework.data.domain.Pageable;
import org.springframework.stereotype.Service;
import java.util.Optional;

@Service  ❶
public class BoardService {

    private final BoardRepository boardRepository;

    public BoardService(BoardRepository boardRepository) {
        this.boardRepository = boardRepository;
    }

    public Page<Board> findBoardList(Pageable pageable) {  ❷
        pageable = PageRequest.of(pageable.getPageNumber() <= 0 ? 0 : pageable.
                getPageNumber() - 1, pageable.getPageSize());
        return boardRepository.findAll(pageable);
    }
```

```
    public Board findBoardByIdx(Long idx) {
        return boardRepository.findById(idx).orElse(new Board());   ❸
    }
}
```

❶ 서비스[4]로 사용될 컴포넌트 정의

❷ pageable로 넘어온 pageNumber 객체가 0 이하일 때 0으로 초기화. 기본 페이지 크기인 10으로 새로운 PageRequest 객체를 만들어 페이징 처리된 게시글 리스트 반환

❸ board의 idx 값을 사용하여 board 객체 반환

URL을 통해 넘어오는 통로 역할을 하며 서비스를 통해 처리된 데이터를 뷰 쪽에 바인딩시켜주는 BoardController 클래스를 com.web.controller 패키지 하위에 생성하겠습니다. 다음과 같이 코드를 작성합니다.

예제 4-10 BoardController 클래스 생성
/com/web/controller/BoardController.java

```
import com.web.service.BoardService;

import org.springframework.data.domain.Pageable;
import org.springframework.data.web.PageableDefault;
import org.springframework.stereotype.Controller;
import org.springframework.ui.Model;
import org.springframework.web.bind.annotation.GetMapping;
import org.springframework.web.bind.annotation.RequestMapping;
import org.springframework.web.bind.annotation.RequestParam;

@Controller
@RequestMapping("/board")   ❶
public class BoardController {

    @Autowired
    BoardService boardService;   ❷

    @GetMapping({"", "/"})   ❸
    public String board(@RequestParam(value = "idx", defaultValue = "0") Long idx,
            Model model) {   ❹
        model.addAttribute("board", boardService.findBoardByIdx(idx));
```

----

**4** 스프링이 관리하는 컴포넌트에서 서비스 계층에 대해 더 명확하게 명시하는 특수한 제네릭 스테레오 형식

```
        return "/board/form";
    }

    @GetMapping("/list")
    public String list(@PageableDefault Pageable pageable, Model model) {   ❺
        model.addAttribute("boardList", boardService.findBoardList(pageable));
        return "/board/list";   ❻
    }
}
```

❶ API URI 경로를 '/board'로 정의합니다.

❷ boardService 의존성을 주입해야 하므로 @Autowired를 사용합니다.

❸ 매핑 경로를 중괄호를 사용하여 여러 개를 받을 수 있습니다.

❹ @RequestParam 어노테이션을 사용하여 idx 파라미터를 필수로 받습니다. 만약 바인딩할 값이 없으면 기본 값 '0'으로 설정됩니다. findBoardByIdx(idx)로 조회 시 idx 값을 '0'으로 조회하면 board 값은 null 값으로 반환됩니다.

❺ @PageableDefault 어노테이션의 파라미터인 size, sort, direction 등을 사용하여 페이징 처리에 대한 규약을 정의할 수 있습니다.

❻ src/resources/templates를 기준으로 데이터를 바인딩할 타깃의 뷰 경로를 지정합니다.

## 4.3.5 CommandLineRunner를 사용하여 DB에 데이터 넣기

애플리케이션 구동 후 CommandLineRunner로 테스트용 데이터를 DB에 넣어보겠습니다. CommandLineRunner는 애플리케이션 구동 후 특정 코드를 실행시키고 싶을 때 직접 구현하는 인터페이스입니다. 애플리케이션 구동 시 테스트 데이터를 함께 생성하여 데모 프로젝트를 실행/테스트하고 싶을 때 편리합니다. 또한 여러 CommandLineRunner를 구현하여 같은 애플리케이션 컨텍스트의 빈에 사용할 수 있습니다.

일단 한 명의 회원을 생성하여 그 회원이 글 200개를 작성하는 쿼리를 생성해보겠습니다. SpringBootCommunityWebApplication 클래스를 [예제 4-11]과 같이 수정합니다.

예제 **4-11** CommandLineRunner 인터페이스 추가
/com/web/BootWebApplication.java

```java
import com.web.domain.Board;
import com.web.domain.User;
import com.web.domain.enums.BoardType;
import com.web.repository.BoardRepository;
import com.web.repository.UserRepository;

import org.springframework.boot.CommandLineRunner;
import org.springframework.boot.SpringApplication;
import org.springframework.boot.autoconfigure.SpringBootApplication;
import org.springframework.context.annotation.Bean;

import java.time.LocalDateTime;
import java.util.List;
import java.util.stream.IntStream;

@SpringBootApplication
public class BootWebApplication {

    public static void main(String[] args) {
        SpringApplication.run(BootWebApplication.class, args);
    }

    @Bean
    public CommandLineRunner runner(UserRepository userRepository,
            BoardRepository boardRepository) throws Exception {   ❶
        return (args) -> {
            User user = userRepository.save(User.builder()   ❷
                .name("havi")
                .password("test")
                .email("havi@gmail.com")
                .createdDate(LocalDateTime.now())
                .build());

            IntStream.rangeClosed(1, 200).forEach(index ->   ❸
                boardRepository.save(Board.builder()
                    .title("게시글"+index)
                    .subTitle("순서"+index)
                    .content("콘텐츠")
                    .boardType(BoardType.free)
                    .createdDate(LocalDateTime.now())
                    .updatedDate(LocalDateTime.now())
```

```
                    .user(user).build())
              );
          };
      }
  }
```

---

**❶** 스프링은 빈으로 생성된 메서드에 파라미터로 DI(Dependency Injection)[5]시키는 메커니즘이 존재합니다. 생성자를 통해 의존성을 주입시키는 방법과 유사합니다. 이를 이용하여 CommandLineRunner를 빈으로 등록한 후 UserRepository와 BoardRepository를 주입받습니다.

**❷** 메서드 내부에 실행이 필요한 코드를 작성합니다. User 객체를 빌더 패턴(Builder Pattern)[6]을 사용하여 생성한 후 주입받은 UserRepository를 사용하여 User 객체를 저장합니다.

**❸** 페이징 처리 테스트를 위해 위와 동일하게 빌더 패턴을 사용합니다. IntStream의 rangeClosed를 사용하여 index 순서대로 Board 객체 200개를 생성하여 저장합니다.

CommandLineRunner와 자바 8 람다 표현식을 사용하여 깔끔하게 원하는 코드를 구현했습니다. CommandLineRunner는 [예제 4-11]에서 제안한 방법 외의 방법으로도 구현할 수 있지만, 어떤 방법을 사용하든 빈으로 등록해야 합니다.

## 4.3.6 게시글 리스트 기능 만들기

뷰를 구성하는 데 다양한 서버 사이드 템플릿 엔진을 사용할 수 있습니다. 타임리프, 프리마커 Freemarker, 무스타치 Mustache 등 어떠한 템플릿 엔진을 사용해도 상관없습니다. 다만 이 책에서는 국내에서 대중적으로 사용하는 타임리프를 사용합니다. 이제 게시글 리스트 기능을 만들어보겠습니다.

> **NOTE_** 서버 사이드 템플릿이란 미리 정의된 HTML에 데이터를 반영하여 뷰를 만드는 작업을 서버에서 진행하고 클라이언트에 전달하는 방식을 말합니다. 흔히 사용하는 JSP, 타임리프 등이 서버 사이드 템플릿 엔진이며 스프링 부트 2.0 버전에서 지원하는 템플릿 엔진은 타임리프, 프리마커, 무스타치, 그루비 템플릿 (Groovy Templates) 등이 있습니다.

---

**5** 스프링의 주요 특성 중 하나로 주로 의존 관계 주입이라고 합니다. 또는 의존 관계를 주입하는 게 아니라 단지 객체의 레퍼런스를 전달하여 참조시킨다는 의미로 의존 관계 설정이라고도 합니다.

**6** 객체의 생성 과정과 표현 방법을 분리하여 객체를 단계별 동일한 생성 절차로 복잡한 객체로 만드는 패턴입니다.

src/resources/templates/board 패키지 하위에 다음 예제를 작성합니다. 인텔리제이에서 패키지를 선택하고 오른쪽 마우스 버튼을 클릭한 후 New → HTML File을 선택합니다. 파일명은 list.html로 하겠습니다. 깔끔한 UI를 구현하고자 사용한 부트스트랩이나 css는 신경 쓰지 않고 데이터를 어떻게 받아서 표현하는지에 집중해서 살펴보겠습니다.

**예제 4-12** 리스트 뷰 페이지 작성
/resources/templates/board/list.html

```
<!DOCTYPE html>
<html lang="ko" xmlns:th="http://www.thymeleaf.org">  ❶
<head>
    <meta http-equiv="Content-Type" content="text/html; charset=UTF-8" />
    <title>Board List</title>
    <link rel="stylesheet" th:href="@{/css/base.css}" />
    <link rel="stylesheet" th:href="@{/css/bootstrap.min.css}" />  ❷
</head>
<body>

    <div th:replace="layout/header::header"></div>

    <div class="container">
        <div class="page-header">
            <h1>게시글 목록</h1>
        </div>
        <div class="pull-right" style="width:100px;margin:10px 0;">
            <a href="/board" class="btn btn-primary btn-block">등록</a>
        </div>
        <br/><br/><br/>

        <div id="mainHide">
            <table class="table table-hover">
                <thead>
                <tr>
                    <th class="col-md-1">#</th>
                    <th class="col-md-2">서비스 분류</th>
                    <th class="col-md-5">제목</th>
                    <th class="col-md-2">작성 날짜</th>
                    <th class="col-md-2">수정 날짜</th>
                </tr>
                </thead>
                <tbody>
                    <tr th:each="board : ${boardList}">  ❸
                        <td th:text="${board.idx}"></td>
```

```
            <td th:text="${board.boardType.value}"></td>
            <td><a th:href="'/board?idx='+${board.idx}"th:text=
                "${board.title}"></a></td>
            <td th:text="${#temporals.format(board.createdDate,
                'yyyy-MM-dd HH:mm')}"></td>   ❹
            <td th:text="${#temporals.format(board.updatedDate,
                'yyyy-MM-dd HH:mm')}"></td>
          </tr>
        </tbody>
      </table>
    </div>

      <!-- Pagination -->  ❺

  </div>

  <div th:replace="layout/footer::footer"></div>
</body>
</html>
```

❶ th는 기존의 html을 효과적으로 대체하는 네임스페이스입니다. th:test 프로퍼티와 함께 사용하면 내부에
   표현된 #{...} 구문을 실젯값으로 대체합니다.

❷ @{...}는 타임리프의 기본 링크 표현 구문입니다. server-relative URL 방식, 즉 동일 서버 내의 다른 컨텍
   스트로 연결해주는 방식으로 서버의 루트 경로를 기준으로 구문에서 경로를 탐색하여 href의 URL을 대체합
   니다.

❸ th:each는 반복 구문으로 ${boardList}에 담긴 리스트를 Board 객체로 순차 처리합니다. Board 객체에
   담긴 get* 메서드를 board.*로 접근할 수 있습니다. 예제에서 board.idx, board.title과 같이 사용할 수
   있는 이유는 Board 객체에 getIdx()와 getTitle() 메서드가 정의되어 있기 때문입니다.

사실 타임리프 하나만 설명하더라도 몇 장을 써야 할 겁니다. 여기서는 스프링 부트의 다양한
예제와 흐름을 파악하는 것이 목적이므로 핵심만 다뤘습니다. ❹와 ❺에 대한 설명은 다음 절에
서 이어집니다.


### 4.3.7 타임리프 자바 8 날짜 포맷 라이브러리 추가하기

[예제 4-12]의 ❹를 보면 temporals의 format 함수를 사용하여 날짜 포맷 변환을 수행합니다.
포매팅 없이 그대로 날짜를 출력하면 LocalDateTime의 기본형인 ISO 방식으로 출력됩니다.
일반적인 날짜 표기 형식(yyyy/MM/dd HH:mm)으로의 변환은 직접 포매팅 메서드를 만들거나

예제의 temporals처럼 제공되는 라이브러리를 사용하면 됩니다.

temporals를 사용할 수 있게 해주는 thymeleaf-extras-java8time 의존성은 spring-boot-starter-thymeleaf 스타터에 포함되어 있습니다. 다음은 타임리프의 java8time에서 제공하는 주요 날짜 포매팅 함수입니다. temporals에서 제공하는 함수로는 단일값을 날짜값으로 변환해주는 format( ) 함수, Array 타입을 변환해주는 arrayFormat( ) 함수, List 타입을 변환해주는 listFormat( ) 함수, Set 타입을 변환해주는 setFormat( ) 함수 등이 있습니다.

**예제 4-13** thymeleaf-extras-java8time 라이브러리 주요 날짜 포맷팅 함수

```
${#temporals.format(temporal, 'yyyy/MM/dd HH:mm')}
${#temporals.arrayFormat(temporalsArray, 'yyyy/MM/dd HH:mm')}
${#temporals.listFormat(temporalsList, 'yyyy/MM/dd HH:mm')}
${#temporals.setFormat(temporalsSet, 'yyyy/MM/dd HH:mm')}
```

위 함수들은 첫 번째 파라미터에는 포매팅할 데이터를, 두 번째 파라미터에는 지정하고 싶은 날짜 포맷을 넣어서 사용합니다. 더 많고 다양한 함수가 있지만 자세한 사용은 Thymeleaf 공식 문서[7]를 참고하기 바랍니다.

## 4.3.8 페이징 처리하기

[예제 4-12]의 ❺에서 미완성한 페이징 처리 영역을 작성하겠습니다.

[예제 4-9]의 BoardService에서는 Pageable 객체를 사용하여 원하는 페이징 처리를 간단한 연산식 몇 개를 추가해서 끝냈습니다. 페이징 객체를 사용해서 뷰 쪽에 구현할 기능은 다음과 같습니다.

- 맨 처음으로 이동 버튼
- 이전 페이지로 이동 버튼(첫 페이지면 미노출)
- 10페이지 단위로 이동 버튼
- 다음 페이지로 이동 버튼(마지막 페이지면 미노출)
- 맨 마지막 페이지로 이동 버튼

위 기능을 코드로 구현하겠습니다. 다음 코드를 [예제 4-12]의 ❺에 추가합니다.

---

**7** http://www.thymeleaf.org/documentation.html

**예제 4-14** 페이징 처리 코드

/resources/templates/board/list.html

```html
<nav aria-label="Page navigation" style="text-align:center;">
    <ul class="pagination"
            th:with="startNumber=${T(Math).floor(boardList.number/10)}*10+1,
                endNumber=(${boardList.totalPages} > ${startNumber}+9) ?
                    ${startNumber}+9 : ${boardList.totalPages}">  ❶
        <li><a href="/board/list?page=1">&laquo;</a></li>
        <li th:style="${boardList.first} ? 'display:none'">  ❷
            <a th:href="@{/board/list(page=${boardList.number})}">&lsaquo;</a>
        </li>
        <li th:each="page :${#numbers.sequence(startNumber, endNumber)}"
                th:class="(${page} == ${boardList.number}+1) ? 'active'">  ❸
            <a th:href="@{/board/list(page=${page})}" th:text="${page}">
                    <span class="sr-only"></span>
            </a>
        </li>
        <li th:style="${boardList.last} ? 'display:none'">  ❷
            <a th:href="@{/board/list(page=${boardList.number}+2)}">&rsaquo;</a>
        </li>
        <li>
            <a th:href="@{/board/list(page=${boardList.totalPages})}">&raquo;</a>
        </li>
    </ul>
</nav>
```

❶ th:with 구문을 사용하여 ul 태그 안에서 사용할 변수를 정의합니다. startNumber와 endNumber 변수로 페이지의 처음과 끝을 동적으로 계산하여 초기화합니다. 변수 계산 로직은 기본 10페이지 단위로 처리합니다. 연산에 대한 자세한 설명은 생략하겠습니다.

❷ pageable 객체에는 편리하게도 해당 페이지가 처음인지(isFirst) 마지막인지(isLast)에 대한 데이터 (불린형)를 제공합니다. 이를 사용하여 이전/다음 페이지의 미노출 여부를 결정합니다.

❸ 각 페이지 버튼은 th:each를 사용하여 startNumber부터 endNumber까지를 출력시킵니다. pageable은 현재 페이지를 알려주는 number 객체가 0부터 시작합니다. 그래서 ${boardList.number}+1로 비교하여 현재 페이지 번호일 경우 class에 현재 페이지임을 보여주는 'active' 프로퍼티를 추가합니다.

지금까지 완성한 게시판 목록 화면을 확인해보겠습니다. 다음 URL을 실행하면 [그림 4-9]와 같이 페이징 처리 기능이 추가되어 게시판 리스트 하단에 페이지 정보값이 반영된 결과를 확인할 수 있습니다.

```
http://localhost:8080/board/list
```

그림 4-9 게시판 리스트 화면

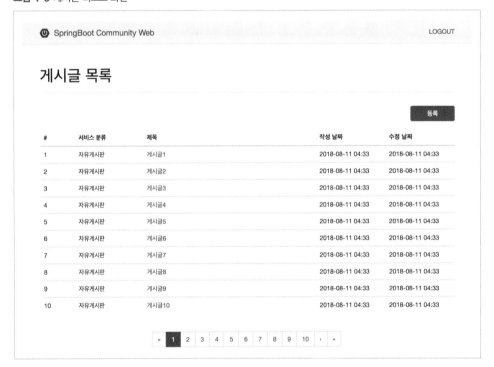

## 4.3.9 작성 폼 만들기

이제 board 데이터를 등록/수정할 수 있는 게시판 폼을 만들겠습니다. 게시글 리스트와 동일하게 /src/resources/templates/board 패키지 하위에 form.html을 만듭니다.

```html
<!DOCTYPE html>
<html lang="en" xmlns:th="http://www.thymeleaf.org">
<head>
    <meta http-equiv="Content-Type" content="text/html; charset=UTF-8" />
    <title>Board Form</title>
    <link rel="stylesheet" th:href="@{/css/base.css}" />
    <link rel="stylesheet" th:href="@{/css/bootstrap.min.css}" />
</head>
<body>

    <div th:replace="layout/header::header"></div>

    <div class="container">
        <div class="page-header">
            <h1>게시글 등록</h1>
        </div>
        <br/>
        <input id="board_idx" type="hidden" th:value="${board?.idx}"/>
        <table class="table">
            <tr>
                <th style="padding:13px 0 0 15px">게시판 선택</th>
                <td>
                    <div class="pull-left">
                        <select class="form-control input-sm" id="board_type">
                            <option>―분류―</option>
                            <option th:value="notice" th:selected="${board?.
                                boardType?.name() == 'notice'}">공지사항</option>
                            <option th:value="free" th:selected="${board?.
                                boardType?.name() == 'free'}">자유게시판</option>
                        </select>
                    </div>
                </td>
            </tr>
            <tr>
                <th style="padding:13px 0 0 15px;">생성 날짜</th>
                <td><input type="text" class="col-md-1 form-control input-sm"
                    readonly="readonly" th:value="${board?.createdDate} ?
                    ${#temporals.format(board.createdDate,'yyyy-MM-dd HH:mm')} :
                    ${board?.createdDate}"/></td>
            </tr>
```

```html
<tr>
    <th style="padding:13px 0 0 15px;">제목</th>
    <td><input id="board_title" type="text" class="col-md-1 form-
        control input-sm" th:value="${board?.title}"/></td>
</tr>
<tr>
    <th style="padding:13px 0 0 15px;">부제목</th>
    <td><input id="board_sub_title" type="text" class="col-md-1 form-
        control input-sm" th:value="${board?.subTitle}"/></td>
</tr>
<tr>
    <th style="padding:13px 0 0 15px;">내용</th>
    <td><textarea id="board_content" class="col-md-1 form-control
        input-sm" maxlength="140" rows="7" style="height: 200px;"
        th:text="${board?.content}"></textarea><span class="help-
        block"></span>
    </td>
</tr>
<tr>
    <td></td>
    <td></td>
</tr>
</table>
<div class="pull-left">
    <a href="/board/list" class="btn btn-default">목록으로</a>
</div>
<div class="pull-right">
    <button th:if="!${board?.idx}" type="button" class="btn btn-primary"
        id="insert">저장</button>
    <button th:if="${board?.idx}" type="button" class="btn btn-info"
        id="update">수정</button>
    <button th:if="${board?.idx}" type="button" class="btn btn-danger"
        id="delete">삭제</button>
</div>
</div>

<div th:replace="layout/footer::footer"></div>

</body>
</html>
```

**${...?}**처럼 구문 뒤에 **'?'**를 붙여서 **null 체크**를 추가해 값이 null인 경우에는 빈값이 출력되도록 하였습니다([예제 4-15]의 HTML 코드는 [예제 4-12]의 뷰 페이지 기능과 같습니다. 더 자세한 설명은 [예제 4-12]를 참조하세요).

완성된 작성 폼 화면을 확인하려면 [그림 4-9]에서 '게시글1'을 클릭합니다. '게시글1'의 작성 폼 화면은 다음과 같습니다.

**그림 4-10** 게시판 작성 폼 화면

앞서 설명한 바와 같이 데이터값이 null인 경우 처리 결과를 확인하려면 [그림 4-9]에서 등록 버튼을 누릅니다. 그러면 [그림 4-11]과 같이 폼이 비어 있는 화면으로 보이는 것을 확인할 수 있습니다.

**그림 4-11** (등록을 위한) 게시판 작성 폼 화면

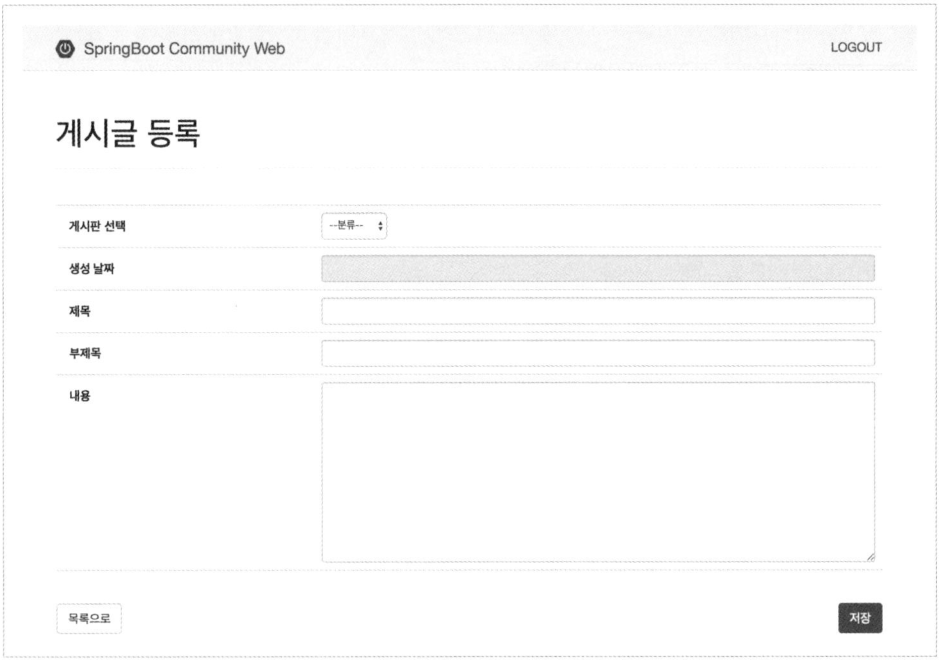

## 4.4 마치며

비즈니스 로직에 집중해 스프링 부트 스타터 웹으로 커뮤니티 게시판을 만들었습니다. 스프링 부트의 autoConfiguration 기능을 사용해서 설정을 최소화할 수 있었습니다. 또한 pageable 인터페이스를 사용해서 쉽게 페이징 데이터를 만들고 뷰로 넘겨주었습니다. 타임리프에서 넘겨진 데이터를 페이징 처리하는 방법도 살펴봤습니다.

여기에 다른 기능을 추가하려면 본문에서 다룬 순서에 입각해 요구사항을 분석하고 설계하고 구현하면 됩니다.

5장에서는 시큐리티와 OAuth를 사용한 보안과 인증에 대해 알아보고, 6장에서는 이 장에서 마무리하지 못한 생성/수정/삭제 기능을 스프링 부트 데이터 레스트를 생성하여 구현합니다.

# CHAPTER 5

# 스프링 부트 시큐리티 + OAuth2

스프링 부트 프레임워크는 인증과 권한에 관련된 강력한 기능인 스프링 부트 시큐리티를 제공합니다. 스프링 부트 시큐리티는 스프링 시큐리티의 번거로운 설정을 간소화시켜주는 래핑 프레임워크입니다. 스프링 시큐리티는 십여 년간 보안 노하우를 쌓아 와서 기본적인 틀 안에서 원하는 대로 인증, 권한 처리를 편리하게 관리할 수 있습니다. 따라서 보안 문제는 스프링 부트 시큐리티에 맡겨두고 우리는 핵심 로직만 개발하면 됩니다.

일반적인 인증은 사용자명과 비밀번호로 이뤄집니다. 반면 회원 가입 과정을 생략하고 빠른 인증을 제공하는 (페이스북, 구글, 카카오 등이 사용하는) 인증 방식인 OAuth2도 많이 사용합니다. 이 책에서는 OAuth2 사용자 인증 후 각 사용자에게 허용되는 권한을 부여하는 방법을 알아봅니다.

이 장에서는 특별히 스프링 부트 1.5 버전부터 알아봅니다. 1.5 버전에서 지원하는 스프링 시큐리티와 OAuth2 API를 사용해 소셜 미디어 인증을 빠르고 쉽게 적용하겠습니다. 2.0 버전부터는 스프링 시큐리티 내부에 OAuth2 API가 포함되는 등 구조가 많이 바뀌었습니다. 1.5 버전을 통해 전체적인 적용 방식을 익히고 2.0 버전으로 어떻게 업그레이드하는지 알아봅니다.

**이 장의 내용**

- 배경지식 소개
- 스프링 부트 시큐리티 + OAuth2 설계하기
- 스프링 부트 시큐리티 + OAuth2 의존성 설정하기
- 스프링 부트 시큐리티 + OAuth2 구현하기
- 스프링 부트 2.0 기반의 OAuth2 설정하기

# 5.1 배경지식 소개

스프링 부트 시큐리티는 스프링 시큐리티에 스타터를 제공해 더 빠른 설정을 지원하는 프로젝트입니다. 빠르게 설정하고 적용하는 것도 중요하지만 기본적으로 시큐리티와 OAuth2가 무엇이며 어떻게 인증이 수행되는지 확실하게 이해하고 넘어가겠습니다.

## 5.1.1 스프링 부트 시큐리티

스프링 부트 시큐리티에서 가장 중요한 개념은 '인증^authentication'과 '권한 부여^authorization'입니다. 인증은 사용자(클라이언트)가 애플리케이션의 특정 동작에 관하여 허락(인증)된 사용자인지 확인하는 절차를 말합니다. 보통 웹사이트 로그인을 인증이라 생각하면 됩니다. 권한 부여는 데이터나 프로그램 등의 특정 자원이나 서비스에 접근할 수 있는 권한을 허용하는 겁니다. 예를 들어 A는 VIP 회원이고, B는 일반 회원이라면 두 회원의 권한이 다르게 부여됩니다.

인증 방식은 다양합니다. 전통적인 인증 방식으로 사용자명^principle과 비밀번호^credential로 인증하는 '크리덴셜^credential 기반 인증 방식'이 있습니다. OTP와 같이 추가적인 인증 방식을 도입해 한번에 2가지 방법으로 인증하는 **이중 인증 방식**도 있습니다. 소셜 미디어를 사용해 편리하게 인증하는 **OAuth2 인증 방식**도 최근에는 필수적으로 쓰이고 있습니다.

## 5.1.2 OAuth2

OAuth는 토큰을 사용한 범용적인 방법의 인증을 제공하는 표준 인증 프로토콜입니다. OAuth2는 OAuth 프로토콜의 버전 2입니다. 이 프로토콜은 서드파티^3rd party[1]를 위한 범용적인 인증 표준입니다. OAuth2에서 제공하는 승인 타입은 총 4가지입니다.

- **권한 부여 코드 승인 타입(Authorization Code Grant Type)** : 클라이언트가 다른 사용자 대신 특정 리소스에 접근을 요청할 때 사용됩니다. 리소스 접근을 위한 사용자명과 비밀번호, 권한 서버에 요청해서 받은 권한 코드를 함께 활용하여 리소스에 대한 액세스 토큰을 받으면 이를 인증에 이용하는 방식입니다.
- **암시적 승인 타입(Implicit Grant Type)** : 권한 부여 코드 승인 타입과 다르게 권한 코드 교환 단계 없이 액세스 토큰을 즉시 반환받아 이를 인증에 이용하는 방식입니다.

---

**1** 제3자라는 뜻. 여기서는 프로토콜이나 관련된 사항이 아닌 다른 리소스를 말합니다.

- **리소스 소유자 암호 자격 증명 승인 타입(Resource Owner Password Credentials Grant Type)** :
  클라이언트가 암호를 사용하여 액세스 토큰에 대한 사용자의 자격 증명을 교환하는 방식입니다.
- **클라이언트 자격 증명 승인 타입(Client Credentials Grant Type)** : 클라이언트가 컨텍스트 외부에서
  액세스 토큰을 얻어 특정 리소스에 접근을 요청할 때 사용하는 방식입니다.

눈여겨볼 방식은 '권한 부여 코드 승인 타입'입니다. 왜냐하면 이 장에서 적용하고자 하는 페이스북, 구글, 카카오 등의 소셜 미디어들이 웹 서버 형태의 클라이언트를 지원하는 데 이 방식을 사용하기 때문입니다. 이 방식은 웹 서버에서 장기 액세스 토큰long-lived access token을 사용하여 사용자 인증을 처리합니다. 다음 그림을 보며 자세히 살펴보겠습니다.

**그림 5-1** 권한 부여 코드 승인 타입 시퀀스 다이어그램

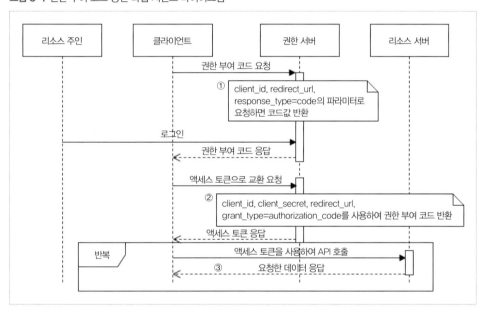

다음은 시퀀스 다이어그램에 표시된 각 주체에 대한 예입니다.

- **리소스 주인(resource owner)** : 예) 인증이 필요한 사용자
- **클라이언트(client)** : 예) 웹사이트
- **권한 서버(authorization server)** : 예) 페이스북/구글/카카오 서버
- **리소스 서버(resource server)** : 예) 페이스북/구글/카카오 서버

[그림 5-1]은 상당히 복잡해보이지만 번호 흐름을 따라가며 살펴보면 어렵지 않게 이해할 수 있습니다.

① 클라이언트가 파라미터로 클라이언트 ID, 리다이렉트 URI, 응답 타입을 code로 지정하여 권한 서버에 전달합니다. 정상적으로 인증이 되면 권한 부여 코드를 클라이언트에 보냅니다(응답 타입은 code, token이 사용 가능합니다. 응답 타입이 token일 때가 암시적 승인 타입에 해당합니다.).

② 성공적으로 권한 부여 코드를 받은 클라이언트는 권한 부여 코드를 사용하여 액세스 토큰(access token)[2]을 권한 서버에 추가로 요청합니다. 이때 필요한 파라미터는 클라이언트 ID(client-id), 클라이언트 비밀번호(client-secret), 리다이렉트 URI, 인증 타입입니다.

③ 마지막으로 응답받은 액세스 토큰을 사용하여 리소스 서버에 사용자의 데이터를 요청합니다.

'사용자명 + 비밀번호' 인증 방식은 저장된 사용자명과 비밀번호가 같은지 한 번만 요청하면 되지만 OAuth2 방식은 최소 세 번 요청합니다. 하지만 OAuth2는 회원 가입 없이 이미 사용하는 소셜 미디어 계정으로 인증하기 때문에 사용자 입장에서는 더욱 편리하게 로그인을 처리할 수 있습니다. 서비스 측면에서는 회원 가입 관련 기능을 축소시키고 소셜에서 제공하는 User 정보를 가져올 수 있어 편리합니다.

여기서 '권한 부여 코드 승인 타입'의 흐름을 이해하는 것은 굉장히 중요합니다. 스프링이 아닌 다른 어떤 라이브러리도 이 흐름을 바탕으로 코드를 구현하기 때문에 [그림 5-1]을 정확히 파악하는 것만으로도 소셜 인증 구현을 위한 준비 중 절반을 진행했다고 해도 과언이 아닙니다. 정확하게 이해가 안 되었다면 다시 한번 [그림 5-1]을 살펴보기 바랍니다.

## 5.2 스프링 부트 시큐리티 + OAuth2 설계하기

이 장에서 완성할 애플리케이션 내의 OAuth2 인증 과정을 [그림 5-2]와 같은 흐름도로 표현했습니다.

---

**2** 로그인 세션에 대한 보안 자격을 증명하는 식별 코드입니다. 사용자, 사용자 그룹, 사용자 권한 및 경우에 따라 특정 API 사용을 보증하는 역할을 합니다.

**그림 5-2** 스프링 시큐리티 + OAuth2 적용 흐름도

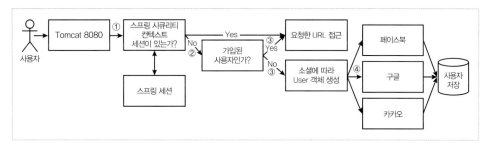

① 사용자가 애플리케이션에 접속하면 해당 사용자에 대한 이전 로그인 정보(세션)의 유무를 체크합니다.

② 세션이 있으면 그대로 세션을 사용하고, 없으면 OAuth2 인증 과정을 거치게 됩니다.

③ 이메일을 키값으로 사용하여 이미 가입된 사용자인지 체크합니다. 이미 가입된 사용자라면 등록된 정보를 반환하여 요청한 URL로의 접근을 허용하고, 아니라면 새롭게 User 정보를 저장하는 과정을 진행합니다.

④ 각 소셜 미디어에서 제공하는 User 정보가 다르기 때문에 소셜 미디어에 따라 User 객체를 생성한 후 DB에 저장합니다.

＊ 세션이 있거나 ④번까지 성공한 사용자는 요청한 URL로의 접근을 허용합니다.

다음 그림은 소셜 미디어 계정으로 커뮤니티 게시판에 로그인하는 흐름을 보여줍니다. 앞으로 구현할 내용입니다.

**그림 5-3** 커뮤니티 게시판 시큐리티/OAuth2 흐름

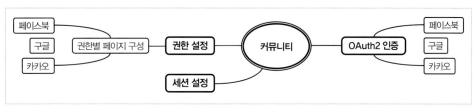

먼저 각 소셜 미디어의 타입을 갖고 있는 SocialType 객체를 만들겠습니다.

**NOTE_** 깃허브에서 자세한 코드를 확인할 수 있습니다. 해당 내용의 깃허브 주소는 아래와 같으며 브랜치명은 'step1'입니다.

```
https://github.com/young891221/Spring-Boot-Community-Web/tree/step1
```

```java
public enum SocialType {
    FACEBOOK("facebook"),
    GOOGLE("google"),
    KAKAO("kakao");

    private final String ROLE_PREFIX = "ROLE_";
    private String name;

    SocialType(String name) {
        this.name = name;
    }

    public String getRoleType() { return ROLE_PREFIX + name.toUpperCase(); }

    public String getValue() { return name; }

    public boolean isEquals(String authority) {
        return this.getRoleType().equals(authority);
    }
}
```

각 소셜 미디어의 정보를 나타내는 SocialType enum을 생성했습니다. getRoleType() 메서드는 'ROLE_*' 형식으로 소셜 미디어의 권한명을 생성합니다. enum을 사용해 권한 생성 로직을 공통 코드로 처리하여 중복 코드를 줄일 수 있습니다.

로그인과 관련하여 인증 및 권한이 추가되므로 User.java의 User 테이블에 컬럼을 추가합니다. OAuth2 인증으로 제공받는 키값인 principal과 어떤 소셜 미디어로 인증받았는지 여부를 구분해주는 socialType 컬럼도 추가합니다.

예제 5-2 principal, socialType 추가
/com/web/domain/User.java

```java
import com.web.domain.enums.SocialType;
import lombok.Builder;
import lombok.Getter;
import lombok.NoArgsConstructor;

import javax.persistence.*;
```

```java
import java.io.Serializable;
import java.time.LocalDateTime;

@Getter
@NoArgsConstructor
@Entity
@Table
public class User implements Serializable {

    @Id
    @Column
    @GeneratedValue(strategy = GenerationType.IDENTITY)
    private Long idx;

    @Column
    private String name;

    @Column
    private String password;

    @Column
    private String email;

    @Column
    private String principal;

    @Column
    @Enumerated(EnumType.STRING)
    private SocialType socialType;

    @Column
    private LocalDateTime createdDate;

    @Column
    private LocalDateTime updatedDate;

    @Builder
    public User(String name, String password, String email, String principal,
            SocialType socialType, LocalDateTime createdDate, LocalDateTime
            updatedDate) {
        this.name = name;
        this.password = password;
        this.email = email;
        this.principal = principal;
```

```
            this.socialType = socialType;
            this.createdDate = createdDate;
            this.updatedDate = updatedDate;
        }
    }
```

두 컬럼을 추가한 User 테이블은 다음과 같습니다.

**그림 5-4** 추가된 컬럼이 적용된 User 테이블

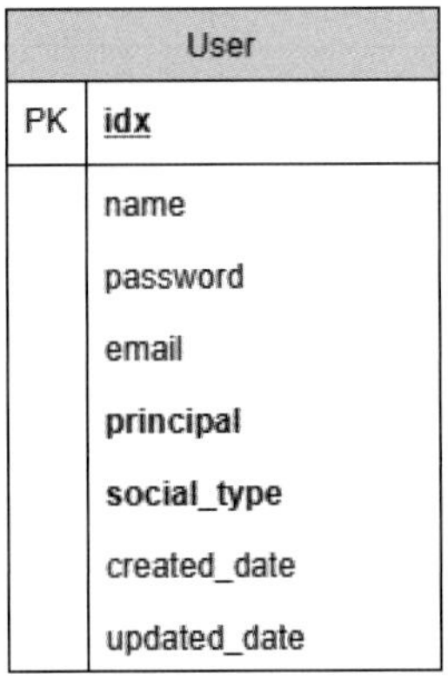

| User | |
|:--|:--|
| PK | **idx** |
| | name |
| | password |
| | email |
| | **principal** |
| | **social_type** |
| | created_date |
| | updated_date |

# 5.3 스프링 부트 시큐리티 + OAuth2 의존성 설정하기

새 프로젝트를 생성하지 않고 4장에서 진행했던 커뮤니티 게시판 프로젝트에 의존성을 추가해서 진행하겠습니다. build.gradle에 spring security OAuth2를 추가합니다. OAuth2 의존성 안에 security까지 포함되어 있어서 따로 security 의존성을 부여할 필요는 없습니다.

처음에 안내했던 대로 스프링 부트 1.5 버전으로 적용시켜보고 2.0 버전으로 마이그레이션을 진행해보겠습니다. 스프링 부트 버전을 1.5.14로 변경하세요.

**예제 5-3** OAuth2 의존성 추가
build.gradle

```
buildscript {
    ext {
        springBootVersion = '1.5.14.RELEASE'
```

```
        }
        repositories {
            mavenCentral()
        }
        dependencies {
            classpath("org.springframework.boot:spring-boot-gradle-plugin:
                    ${springBootVersion}")
        }
    }

apply plugin: 'java'
apply plugin: 'eclipse'
apply plugin: 'org.springframework.boot'

version = '0.0.1-SNAPSHOT'
sourceCompatibility = 1.8

repositories {
    mavenCentral()
}

dependencies {
    compile('org.springframework.security.oauth:spring-security-oauth2')
    compile('org.springframework.boot:spring-boot-starter-thymeleaf')
    compile('org.springframework.boot:spring-boot-starter-data-jpa')
    compile('org.thymeleaf.extras:thymeleaf-extras-java8time')
    runtime('com.h2database:h2')

    runtime('org.springframework.boot:spring-boot-devtools')
    compileOnly('org.projectlombok:lombok')
    testCompile('org.springframework.boot:spring-boot-starter-test')
}
```

# 5.4 스프링 부트 시큐리티 + OAuth2 구현하기

이제까지 스프링 부트를 사용하여 설정을 빠르게 적용한 것처럼 시큐리티, OAuth2도 적절한
프로퍼티 설정값만 지정하면 빠르고 편리하게 적용할 수 있습니다.

프로젝트를 구현하기 전에 페이스북, 구글, 카카오의 개발자센터에서 '클라이언트 ID'와

'Secret(클라이언트 시크릿 키값, 클라이언트 보안 비밀)'을 발급받아야 합니다. 먼저 부록 E '페이스북, 구글, 카카오 개발자센터 연동'을 참조하여 이들을 발급받은 뒤 다음 내용을 계속 진행하세요.

앞으로의 구현 절차는 다음과 같습니다.

1 SNS 프로퍼티 설정 및 바인딩
2 시큐리티 + OAuth2 설정하기
3 어노테이션 기반으로 User 정보 불러오기
4 인증 동작 확인하기
5 페이지 권한 분리하기

## 5.4.1 SNS 프로퍼티 설정 및 바인딩

소셜 미디어 연동을 위해 필요한 기본적인 프로퍼티 정보는 다음과 같습니다.

- clientId : OAuth 클라이언트 사용자명. OAuth 공급자가 클라이언트를 식별하는 데 사용합니다.
- clientSecret : OAuth 클라이언트 시크릿 키값
- accessTokenUri : 액세스 토큰을 제공하는 OAuth의 URI
- userAuthorizationUri : 사용자가 리소스에 접근하는 걸 승인하는 경우 리다이렉션할 URI. 소셜 미디어에 따라 필요 없는 경우도 있습니다.
- scope : 리소스에 대한 접근 범위를 지정하는 문자열. 쉼표로 구분하여 여러 개 지정할 수 있습니다.
- userInfoUri : 사용자의 개인정보 조회를 위한 URI

모든 리소스 정보는 YAML 파일에 저장하겠습니다. YAML 파일에 저장하여 사용하면 정보를 매핑하기 훨씬 수월합니다. 각 소셜 미디어로부터 발급받은 clientId와 clientSecret은 개인마다 고유한 값이기 때문에 예제에는 포함시키지 않았습니다.

예제 5-4 소셜 미디어 리소스 정보 추가하기
/resources/application.yml

```
facebook :
    client :
        clientId : clientIdTest
        clientSecret: clientSecretTest
```

```
        accessTokenUri: https://graph.facebook.com/oauth/access_token
        userAuthorizationUri: https://www.facebook.com/dialog/oauth?display=popup
        tokenName: oauth_token
        authenticationScheme: query
        clientAuthenticationScheme: form
        scope: email
    resource:
        userInfoUri: https://graph.facebook.com/me?fields=id,name,email,link

  google :
    client :
        clientId : clientIdTest
        clientSecret: clientSecretTest
        accessTokenUri: https://accounts.google.com/o/oauth2/token
        userAuthorizationUri: https://accounts.google.com/o/oauth2/auth
        scope: email, profile
    resource:
        userInfoUri: https://www.googleapis.com/oauth2/v2/userinfo

  kakao :
    client :
        clientId : clientIdTest
        accessTokenUri: https://kauth.kakao.com/oauth/token
        userAuthorizationUri: https://kauth.kakao.com/oauth/authorize
    resource:
        userInfoUri: https://kapi.kakao.com/v1/user/me
```

예제에서는 선행 접두사를 소셜 미디어명으로 정했고 각 소셜 미디어마다 프로퍼티값을 client 와 resource로 나누었습니다. client 프로퍼티는 소셜 미디어에서 토큰 인증을 위해 필요한 키/값(clientId와 clientSecret)을 제공합니다. resource 프로퍼티는 사용자의 정보를 가져올 URI를 제공합니다.

페이스북은 특이하게 userInfoUri의 파라미터로 원하는 정보를 요청합니다. 원래 OAuth2 라이브러리는 client.scope에 요청 정보를 담아서 가져갑니다. 페이스북 API 규격은 파라미터 형식으로 되어 있어서 client.scope로 정보를 요청하면 적용되지 않는 문제가 있으므로 fields=id,name,email,link와 같이 파라미터로 넣어서 처리했습니다.

[예제 5-4]에서 clientId와 clientSecret을 개인이 발급받은 값으로 채웁니다. 나머지 값은 거의 바뀌지 않는 고유의 정보이니 그대로 사용하면 됩니다.

매핑 방식은 2장에서 공부했던 @ConfigurationProperties 어노테이션을 사용하며, 소셜 미디어에 따라 각각의 프로퍼티값을 바인딩할 수 있습니다.

**예제 5-5** 소셜 미디어 리소스 프로퍼티를 객체로 매핑해주는 ClientResources 객체
/com/web/oauth/ClientResources.java

```java
import org.springframework.boot.autoconfigure.security.oauth2.resource.
        ResourceServerProperties;
import org.springframework.boot.context.properties.NestedConfigurationProperty;
import org.springframework.security.oauth2.client.token.grant.code.
        AuthorizationCodeResourceDetails;

public class ClientResources {

    @NestedConfigurationProperty  ❶
    private AuthorizationCodeResourceDetails client =
            new AuthorizationCodeResourceDetails();  ❷

    @NestedConfigurationProperty
    private ResourceServerProperties resource = new ResourceServerProperties(); ❸

    public AuthorizationCodeResourceDetails getClient() {
        return client;
    }

    public ResourceServerProperties getResource() {
        return resource;
    }
}
```

위 클래스는 각 소셜 미디어의 client와 resource 프로퍼티값을 매핑합니다.

❶ @NestedConfigurationProperty는 해당 필드가 단일값이 아닌 중복으로 바인딩된다고 표시하는 어노테이션입니다. 소셜 미디어 세 곳의 프로퍼티를 각각 바인딩하므로 @NestedConfigurationProperty 어노테이션을 붙였습니다.

❷ AuthorizationCodeResourceDetails 객체는 [예제 5-4]에서 설정한 각 소셜의 프로퍼티값 중 'client'를 기준으로 하위의 키/값을 매핑해주는 대상 객체입니다.

❸ ResourceServerProperties 객체는 원래 OAuth2 리소스값을 매핑하는 데 사용하지만 예제에서는 회원 정보를 얻는 userInfoUri 값을 받는 데 사용했습니다.

SecurityConfig.java에 각 소셜 미디어의 프로퍼티값을 호출하는 빈을 등록하겠습니다.

**예제 5-6** 각 소셜 미디어 리소스 정보를 빈으로 등록
/com/web/config/SecurityConfig.java

```java
import com.web.oauth.ClientResources;
import org.springframework.boot.context.properties.ConfigurationProperties;
import org.springframework.context.annotation.Bean;
import org.springframework.context.annotation.Configuration;

@Configuration
public class SecurityConfig {
    @Bean
    @ConfigurationProperties("facebook")
    public ClientResources facebook() {
        return new ClientResources();
    }

    @Bean
    @ConfigurationProperties("google")
    public ClientResources google() {
        return new ClientResources();
    }

    @Bean
    @ConfigurationProperties("kakao")
    public ClientResources kakao() {
        return new ClientResources();
    }
}
```

소셜 미디어 리소스 정보는 시큐리티 설정에서 사용하기 때문에 빈으로 등록했고 3개의 소셜 미디어 프로퍼티를 @ConfigurationProperties 어노테이션에 접두사를 사용하여 바인딩했습니다. 만약 @ConfigurationProperties 어노테이션이 없었다면 일일이 프로퍼티값을 불러와야 했을 겁니다.

## 5.4.2 시큐리티 + OAuth2 설정하기

시큐리티와 OAuth2를 설정하겠습니다. 시큐리티 부분을 먼저 설정하고 OAuth2를 적용시킬

필터를 시큐리티 설정에 추가하겠습니다. 시큐리티와 OAuth2 간의 연관된 설정에 유의해서 살펴보기 바랍니다.

우선 시큐리티만 설정하겠습니다.

**예제 5-7** 시큐리티 설정
/com/web/config/SecurityConfig.java

```java
import com.web.oauth.ClientResources;
import org.springframework.boot.context.properties.ConfigurationProperties;
import org.springframework.context.annotation.Bean;
import org.springframework.context.annotation.Configuration;
import org.springframework.security.config.annotation.web.builders.HttpSecurity;
import org.springframework.security.config.annotation.web.configuration.
        EnableWebSecurity;
import org.springframework.security.config.annotation.web.configuration.
        WebSecurityConfigurerAdapter;
import org.springframework.security.web.authentication.
        LoginUrlAuthenticationEntryPoint;
import org.springframework.security.web.csrf.CsrfFilter;
import org.springframework.web.filter.CharacterEncodingFilter;

@Configuration
@EnableWebSecurity   ❶
public class SecurityConfig extends WebSecurityConfigurerAdapter {   ❷

    @Override
    protected void configure(HttpSecurity http) throws Exception {   ❸
        CharacterEncodingFilter filter = new CharacterEncodingFilter();
        http
            .authorizeRequests()
                .antMatchers("/", "/login/**", "/css/**", "/images/**", "/js/**",
                        "/console/**").permitAll()
                .anyRequest().authenticated()
            .and()
                .headers().frameOptions().disable()
            .and()
                .exceptionHandling()
                .authenticationEntryPoint(new LoginUrlAuthenticationEntryPoint(
                        "/login"))
            .and()
                .formLogin()
                .successForwardUrl("/board/list")
```

```
            .and()
                .logout()
                .logoutUrl("/logout")
                .logoutSuccessUrl("/")
                .deleteCookies("JSESSIONID")
                .invalidateHttpSession(true)
            .and()
                .addFilterBefore(filter, CsrfFilter.class)
                .csrf().disable();
    }

    @Bean
    @ConfigurationProperties("facebook")
    public ClientResources facebook() {
        return new ClientResources();
    }

    @Bean
    @ConfigurationProperties("google")
    public ClientResources google() {
        return new ClientResources();
    }

    @Bean
    @ConfigurationProperties("kakao")
    public ClientResources kakao() {
        return new ClientResources();
    }
}
```

❶ @EnableWebSecurity 어노테이션은 웹에서 시큐리티 기능을 사용하겠다는 어노테이션입니다. 스프링 부트에서는 @EnableWebSecurity를 사용하면 자동 설정이 적용됩니다.

❷ 자동 설정 그대로 사용할 수도 있지만 요청, 권한, 기타 설정에 대해서는 필수적으로 최적화한 설정이 들어가야 합니다. 최적화 설정을 위해 WebSecurityConfigurerAdapter를 상속받고 configure(HttpSecurity http) 메서드를 오버라이드하여 원하는 형식의 시큐리티 설정을 합니다.

❸ 다음은 오버라이드한 configure() 메서드의 설정 프로퍼티에 대한 설명입니다. 더 많은 설정 항목이 있지만 [예제 5-7]에 해당하는 프로퍼티만 나열했습니다.

- authorizeRequests() : 인증 메커니즘을 요청한 HttpServletRequest 기반으로 설정합니다.
  - antMatchers() : 요청 패턴을 리스트 형식으로 설정합니다.
  - permitAll() : 설정한 리퀘스트 패턴을 누구나 접근할 수 있도록 허용합니다.

- anyRequest( ) : 설정한 요청 이외의 리퀘스트 요청을 표현합니다.

  - authenticated( ) : 해당 요청은 인증된 사용자만 할 수 있습니다.

- headers( ) : 응답에 해당하는 header를 설정합니다. 설정하지 않으면 디폴트값으로 설정됩니다.

  - frameOptions( ).disable( ) : XFrameOptionsHeaderWriter의 최적화 설정을 허용하지 않습니다.

- authenticationEntryPoint(new LoginUrlAuthenticationEntryPoint("/login")) : 인증의 진입 지점입니다. 인증되지 않은 사용자가 허용되지 않은 경로로 리퀘스트를 요청할 경우 '/login'으로 이동됩니다.

- formLogin( ).successForwardUrl("/board/list") : 로그인에 성공하면 설정된 경로로 포워딩됩니다.

- logout( ) : 로그아웃에 내한 설정을 할 수 있습니다. 코드에서는 로그아웃이 수행될 URL(logoutUrl), 로그아웃이 성공했을 때 포워딩될 URL(logoutSuccessUrl), 로그아웃을 성공했을 때 삭제될 쿠키값(deleteCookies), 설정된 세션의 무효화(invalidateHttpSession)를 수행하게끔 설정되어 있습니다.

- addFilterBefore(filter, beforeFilter) : 첫 번째 인자보다 먼저 시작될 필터를 등록합니다.

  - addFilterBefore(filter, CsrfFilter.class) : 문자 인코딩 필터(filter)보다 CsrfFilter를 먼저 실행하도록 설정합니다.

이것으로 기본적인 시큐리티 설정을 끝마쳤습니다. 이제 OAuth2 인증 프로세스를 적용하기 위해 addFilterBefore(oauth2Filter( ), BasicAuthenticationFilter.class)와 같은 필터를 추가하여 oauth2Filter( )가 적용되도록 설정합니다. 추가된 코드를 사용해 최종 완성된 SecurityConfig.java는 다음과 같습니다.

**예제 5-8** 최종 완성된 시큐리티 + OAuth2 설정
/com/web/config/SecurityConfig.java

```
import com.web.domain.enums.SocialType;
import com.web.oauth.ClientResources;
import com.web.oauth.UserTokenService;

import org.springframework.beans.factory.annotation.Autowired;
import org.springframework.boot.context.properties.ConfigurationProperties;
import org.springframework.boot.web.servlet.FilterRegistrationBean;
import org.springframework.context.annotation.Bean;
import org.springframework.context.annotation.Configuration;
import org.springframework.security.config.annotation.web.builders.HttpSecurity;
import org.springframework.security.config.annotation.web.configuration.
        EnableWebSecurity;
```

```java
import org.springframework.security.config.annotation.web.configuration.
        WebSecurityConfigurerAdapter;
import org.springframework.security.oauth2.client.OAuth2ClientContext;
import org.springframework.security.oauth2.client.OAuth2RestTemplate;
import org.springframework.security.oauth2.client.filter.
        OAuth2ClientAuthenticationProcessingFilter;
import org.springframework.security.oauth2.client.filter.
        OAuth2ClientContextFilter;
import org.springframework.security.oauth2.config.annotation.web.configuration.
        EnableOAuth2Client;
import org.springframework.security.web.authentication.
        LoginUrlAuthenticationEntryPoint;
import org.springframework.security.web.authentication.www.
        BasicAuthenticationFilter;
import org.springframework.security.web.csrf.CsrfFilter;
import org.springframework.web.filter.CharacterEncodingFilter;
import org.springframework.web.filter.CompositeFilter;

import java.util.ArrayList;
import java.util.List;
import javax.servlet.Filter;

import static com.web.domain.enums.SocialType.FACEBOOK;
import static com.web.domain.enums.SocialType.GOOGLE;
import static com.web.domain.enums.SocialType.KAKAO;

@Configuration
@EnableWebSecurity
@EnableOAuth2Client
public class SecurityConfig extends WebSecurityConfigurerAdapter {

    @Autowired
    private OAuth2ClientContext oAuth2ClientContext;

    @Override
    protected void configure(HttpSecurity http) throws Exception {
        CharacterEncodingFilter filter = new CharacterEncodingFilter();
        http
            .authorizeRequests()
                .antMatchers("/", "/login/**",  "/css/**", "/images/**", "/js/**",
                    "/console/**").permitAll()
                .anyRequest().authenticated()
            .and()
                .headers().frameOptions().disable()
```

```
        .and()
            .exceptionHandling()
            .authenticationEntryPoint(new LoginUrlAuthenticationEntryPoint(
                    "/login"))
        .and()
            .formLogin()
            .successForwardUrl("/board/list")
        .and()
            .logout()
            .logoutUrl("/logout")
            .logoutSuccessUrl("/")
            .deleteCookies("JSESSIONID")
            .invalidateHttpSession(true)
        .and()
            .addFilterBefore(filter, CsrfFilter.class)
            .addFilterBefore(oauth2Filter(), BasicAuthenticationFilter.class)
            .csrf().disable();
}


@Bean
public FilterRegistrationBean oauth2ClientFilterRegistration(
            OAuth2ClientContextFilter filter) {
    FilterRegistrationBean registration = new FilterRegistrationBean();
    registration.setFilter(filter);
    registration.setOrder(-100);
    return registration;
}


private Filter oauth2Filter() {
    CompositeFilter filter = new CompositeFilter();
    List<Filter> filters = new ArrayList<>();
    filters.add(oauth2Filter(facebook(), "/login/facebook", FACEBOOK));
    filters.add(oauth2Filter(google(), "/login/google", GOOGLE));
    filters.add(oauth2Filter(kakao(), "/login/kakao", KAKAO));
    filter.setFilters(filters);
    return filter;
}


private Filter oauth2Filter(ClientResources client, String path,
            SocialType socialType) {
    OAuth2ClientAuthenticationProcessingFilter filter =
            new OAuth2ClientAuthenticationProcessingFilter(path);  ❶
    OAuth2RestTemplate template = new OAuth2RestTemplate(client.getClient(),
            oAuth2ClientContext);  ❷
```

```java
        filter.setRestTemplate(template);
        filter.setTokenServices(new UserTokenService(client, socialType));  ❸
        filter.setAuthenticationSuccessHandler((request, response, authentication)
                -> response.sendRedirect("/" + socialType.getValue() +
                "/complete"));  ❹
        filter.setAuthenticationFailureHandler((request, response, exception) ->
                response.sendRedirect("/error"));  ❺
        return filter;
    }

    @Bean
    @ConfigurationProperties("facebook")
    public ClientResources facebook() {
        return new ClientResources();
    }

    @Bean
    @ConfigurationProperties("google")
    public ClientResources google() {
        return new ClientResources();
    }

    @Bean
    @ConfigurationProperties("kakao")
    public ClientResources kakao() {
        return new ClientResources();
    }
}
```

상당히 긴 코드가 추가되었습니다. OAuth2 설정도 시큐리티의 @EnableWebSecurity를 사용했던 것과 마찬가지로 @EnableOAuth2Client 어노테이션을 클래스에 붙여서 적용합니다. 참고로 @EnableOAuth2Client 이외에도 OAuth2의 권한 부여 서버와 리소스 서버를 만드는 설정 어노테이션인 @EnableAuthorizationServer, @EnableResourceServer도 있습니다. 이 책에서는 권한 및 User 정보를 가져오는 서버를 직접 구성하지 않고 모두 각 소셜 미디어의 서버를 사용하기 때문에 두 어노테이션을 사용할 필요는 없습니다.

oauth2ClientFilterRegistration(OAuth2ClientContextFilter filter) 메서드는 OAuth2 클라이언트용 시큐리티 필터인 OAuth2ClientContextFilter를 불러와서 올바른 순서로 필터가 동작하도록 설정합니다. 스프링 시큐리티 필터가 실행되기 전에 충분히 낮은 순서로 필터를 등록합니다.

oauth2Filter( ) 메서드는 오버로드하여 두 개가 정의되어 있습니다. 첫 번째 oauth2Filer( ClientResources client, String path, SocialType socialType ) 메서드로는 각 소셜 미디어 타입을 받아서 필터 설정을 할 수 있습니다. 똑같은 이름으로 오버로드한 두 번째 oauth2Filter( ) 메서드는 각 소셜 미디어 필터를 리스트 형식으로 한꺼번에 설정하여 반환합니다.

다음은 세부적인 내용에 대한 설명입니다.

❶ 인증이 수행될 경로를 넣어 OAuth2 클라이언트용 인증 처리 필터를 생성합니다.

❷ 권한 서버와의 통신을 위해 OAuth2RestTemplate을 생성합니다. 이를 생성하기 위해선 client 프로퍼티 정보와 OAuth2ClientContext가 필요합니다.

❸ User의 권한을 최적화해서 생성하고자 UserInfoTokenServices를 상속받은 UserTokenService를 생성했습니다. OAuth2 AccessToken 검증을 위해 생성한 UserTokenService를 필터의 토큰 서비스로 등록합니다. 자세한 코드와 설명은 [예제 5-9]에서 이어집니다.

❹ 인증이 성공적으로 이루어지면 필터에 리다이렉트될 URL을 설정합니다.

❺ 인증이 실패하면 필터에 리다이렉트될 URL을 설정합니다.

❸에서 등장한 User 정보를 비동기 통신으로 가져오는 REST Service인 UserInfoTokenServices를 커스터마이징할 UserTokenService를 생성해봅시다. 소셜 미디어 원격 서버와 통신하여 User 정보를 가져오는 로직은 이미 UserInfoTokenServices에 구현되어 있어 UserTokenService에서는 이를 상속받아 통신에 필요한 값을 넣어주어 설정하면 됩니다.

**예제 5-9** UserInfoTokenServices 클래스 커스터마이징
/com/web/oauth/UserTokenService.java

```java
import com.web.domain.enums.SocialType;
import org.springframework.boot.autoconfigure.security.oauth2.resource.
        AuthoritiesExtractor;
import org.springframework.boot.autoconfigure.security.oauth2.resource.
        UserInfoTokenServices;
import org.springframework.security.core.GrantedAuthority;
import org.springframework.security.core.authority.AuthorityUtils;

import java.util.List;
import java.util.Map;

public class UserTokenService extends UserInfoTokenServices {
```

```java
public UserTokenService(ClientResources resources, SocialType socialType) {
    super(resources.getResource().getUserInfoUri(), resources.getClient().
            getClientId());
    setAuthoritiesExtractor(new OAuth2AuthoritiesExtractor(socialType));
}

public static class OAuth2AuthoritiesExtractor implements AuthoritiesExtractor {

    private String socialType;

    public OAuth2AuthoritiesExtractor(SocialType socialType) {
        this.socialType = socialType.getRoleType();
    }

    @Override
    public List<GrantedAuthority> extractAuthorities(Map<String, Object> map) {
        return AuthorityUtils.createAuthorityList(this.socialType);
    }
}

}
```

UserInfoTokenServices를 상속받은 UserTokenService 클래스를 생성했습니다. UserInfo TokenServices는 스프링 시큐리티 OAuth2에서 제공하는 클래스이며 User 정보를 얻어오기 위해 소셜 서버와 통신하는 역할을 수행합니다. 이때 URI와 clientId 정보가 필요합니다. 이 책에서는 3개의 소셜 미디어 정보를 SocialType을 기준으로 관리할 것이기 때문에 약간의 커스터마이징이 필요합니다. UserInfoTokenServices 생성자에서 super( )를 사용하여 각각의 소셜 미디어 정보를 주입할 수 있도록 합니다.

권한 생성 방식을 'ROLE_FACEBOOK'으로 하기 위해 SocialType의 getRoleType( ) 메서드를 사용했습니다. 그리고 AuthoritiesExtractor 인터페이스를 구현한 내부 클래스인 OAuth2AuthoritiesExtractor를 생성했습니다. extractAuthorities( ) 메서드를 오버라이드하여 권한을 리스트 형식으로 생성하여 반환하도록 합니다. OAuth2AuthoritiesExtractor 클래스는 UserTokenService의 부모 클래스인 UserInfoTokenServices(마지막 스펠링 's' 하나 차이)의 setAuthoritiesExtractor( ) 메서드를 이용하여 등록합니다.

[예제 5-1]과 [예제 5-9]의 코드를 사용해 SocialType을 OAuth2AuthoritiesExtractor 클래스에 넘겨주면 권한 네이밍을 알아서 일괄적으로 처리하도록 설정이 완료됩니다.

### 5.4.3 어노테이션 기반으로 User 정보 불러오기

지금까지 시큐리티와 OAuth2를 사용하여 기본적인 인증과 권한 부여 처리를 설정했습니다. 이 절에서는 인증된 User의 개인정보를 저장하고 직접 User 정보를 불러오겠습니다. 보통 User 와 관련된 개인정보는 세션에 저장합니다.

인증을 완료하고 개인정보까지 넘겨준 후 User에 대한 처리 순서는 다음 그림과 같습니다([그림 5-5]의 'userArgumentResolver(filter)'와 'supportsParameter 체크'에 관한 자세한 설명은 [예제 5-12]부터 제공됩니다).

그림 5-5 인증 처리 후 User 정보 세션 처리

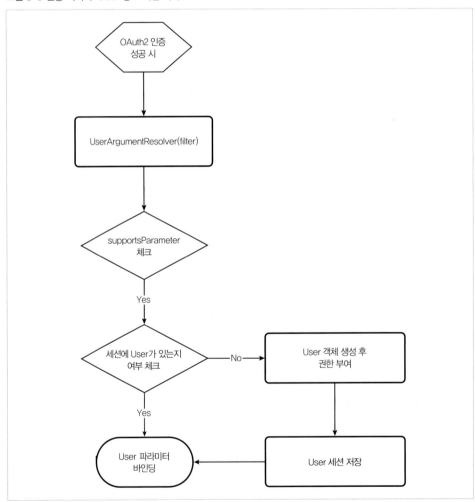

인증 프로세스가 최종까지 완료되면 설정된 성공 URL로 이동합니다. 성공 URL은 [예제 5-8]의 ❹에서 인증 완료 후 설정했습니다. 인증 완료란 리소스 서버에서 User에 대한 정보까지 챙겨왔다는 것을 의미합니다. 현재는 SecurityContextHolder에 그 정보가 저장되어 있습니다.

인증된 User 정보를 불러오는 기능을 LoginController.java에 구현해보겠습니다.

**예제 5-10** 인증된 User 정보를 세션에 저장해주는 기능 생성
/com/web/controller/LoginController.java

```java
import com.web.domain.User;
import com.web.domain.enums.SocialType;
import org.springframework.security.core.context.SecurityContextHolder;
import org.springframework.security.oauth2.provider.OAuth2Authentication;
import org.springframework.stereotype.Controller;
import org.springframework.web.bind.annotation.GetMapping;

import javax.servlet.http.HttpSession;
import java.time.LocalDateTime;
import java.util.HashMap;
import java.util.Map;

@Controller
public class LoginController {

    @GetMapping("/login")
    public String login() {
        return "login";
    }

    @GetMapping(value = "/{facebook|google|kakao}/complete")  ❶
    public String loginComplete(HttpSession session) {
        OAuth2Authentication authentication = (OAuth2Authentication)
            SecurityContextHolder.getContext().getAuthentication();  ❷
        Map<String, String> map = (HashMap<String, String>)
            authentication.getUserAuthentication().getDetails();  ❸
        session.setAttribute("user", User.builder()
            .name(map.get("name"))
            .email(map.get("email"))
            .principal(map.get("id"))
            .socialType(SocialType.FACEBOOK)
            .createdDate(LocalDateTime.now())
            .build()  ❹
        );
```

```
        return "redirect:/board/list";
    }
}
```

---

❶ 인증이 성공적으로 처리된 이후에 리다이렉트되는 경로입니다. 허용하는 요청의 URL 매핑을 /facebook/complete, /google/complete, /kakao/complete로 제한합니다.

❷ SecurityContextHolder에서 인증된 정보를 OAuth2Autentication 형태로 받아옵니다. OAuth2Autentication은 기본적인 인증에 대한 정보뿐만 아니라 OAuth2 인증과 관련된 정보도 함께 제공합니다.

❸ 리소스 서버에서 받아온 개인정보를 getDetails( )를 사용해 Map 타입으로 받을 수 있습니다.

❹ 세션에 빌더를 사용하여 인증된 User 정보를 User 객체로 변환하여 저장합니다.

User 정보를 가져와서 세션에 저장하는 데 성공했습니다. 하지만 두 가지 문제점이 있습니다. 첫째, 컨트롤러에 불필요한 로직이 많아지게 됩니다. 지금은 예제로 만들었기 때문에 몇 줄 안될지 모르지만 실제로 서비스에 적용한다면 얼마나 길어질지 모릅니다. 둘째, 위 코드는 페이스북 인증에만 쓸 수 있습니다. 구글이나 카카오로 인증받은 User를 처리하는 로직을 추가해야 합니다. 실제로 카카오의 경우에는 getDetails( )를 사용하여 개인정보를 가져와도 해당 키값이 다른 소셜 미디어와 다르기 때문에 따로 처리해주어야 합니다.

그럼 어떻게 처리해야 효율적일지 생각해봅시다. 서비스를 새로 만들어서 인증 완료 후 세션 처리를 모두 수행하도록 할까요? 물론 그것도 좋은 방법일 수 있습니다. 하지만 더 효율적인 방법이 있습니다. 따로 서비스 계층을 일일이 생성할 필요 없이 AOP를 이용하여 특정한 파라미터 형식을 취하면 병렬적으로 User 객체에 인증된 정보를 가져올 수 있습니다. 일단 AOP 로직을 만들어놓으면 User 정보를 가져오는 방법에 신경 쓸 필요가 없게 되는 겁니다. 매번 다른 메서드에 동일한 방식의 로직을 복사하여 붙여넣기 할 필요도 없습니다.

어노테이션을 추가하여 인증된 User 정보를 불러오는 기능을 LoginController.java에 다음과 같이 구현해봅시다.

**예제 5-11** 기존 로직을 어노테이션을 사용하여 축소
/com/web/controller/LoginController.java

---

```
import com.web.domain.User;
import org.springframework.stereotype.Controller;
import org.springframework.web.bind.annotation.GetMapping;
```

```java
@Controller
public class LoginController {

    @GetMapping("/login")
    public String login() {
        return "login";
    }

    @GetMapping(value = "/{facebook|google|kakao}/complete")
    public String loginComplete(@SocialUser User user) {
        return "redirect:/board/list";
    }
}
```

[예제 5-10]에 비해 코드 길이가 확연히 줄었습니다. @SocialUser User user 형식의 간단한 방법으로 인증된 User 객체를 가져올 수 있게 되었습니다. 게다가 코드의 재사용성에 있어서도 큰 이득을 얻게 됩니다. 단지 컨트롤러의 파라미터에 @SocialUser 어노테이션이 있고 타입이 User면 됩니다.

그럼 [예제 5-11]이 정상적으로 작동하는 코드가 되도록 파라미터로 AOP를 구현해보겠습니다. 파라미터로 AOP를 구현하는 데에는 두 가지 방법이 있습니다. 하나는 직접 AOP 로직을 작성하는 방법이고, 다른 하나는 스프링의 전략 인터페이스 중 하나인 HandlerMethodArgument Resolver를 사용하는 방법입니다.

여기서는 HandlerMethodArgumentResolver 인터페이스를 사용할 겁니다. 이 인터페이스는 전략 패턴[3]의 일종으로 컨트롤러 메서드에서 특정 조건에 해당하는 파라미터가 있으면 생성한 로직을 처리한 후 해당 파라미터에 바인딩해주는 전략 인터페이스입니다. 따라서 AOP로 모든 메서드를 일일이 찾아보면서 파라미터에 바인딩하는 방법보다 훨씬 빠르고 만들기도 편리합니다. 이미 인터페이스가 있으니 이제 알맞은 구현체를 만들면 됩니다.

먼저 HandlerMethodArgumentResolver 인터페이스가 어떻게 생겼는지 살펴보겠습니다.

---

**3** 특정 전략을 인터페이스로 만들고 이를 여러 전략 객체로 구현합니다. 그리고 현재 클래스 레벨에서 전략 인터페이스를 의존하도록 합니다. 이런 식으로 느슨하게 연결된 전략 클래스를 찾아 의존하도록 하는 방식이 전략 패턴입니다.

**예제 5-12** HandlerMethodArgumentResolver 인터페이스 코드
spring-web-4.3.18.RELEASE.jar/org/springframework/web/method/support/
HandlerMethodArgumentResolver.java

```java
public interface HandlerMethodArgumentResolver {

    boolean supportsParameter(MethodParameter parameter);

    Object resolveArgument(MethodParameter parameter,
            ModelAndViewContainer mavContainer, NativeWebRequest webRequest,
            WebDataBinderFactory binderFactory) throws Exception;

}
```

HandlerMethodArgumentResolver 인터페이스는 다음 두 메서드를 제공합니다.

- supportsParameter() 메서드 : HandlerMethodArgumentResolver가 해당하는 파라미터를 지원할지 여부를 반환합니다. true를 반환하면 resolveArgument 메서드가 수행됩니다.
- resolveArgument() 메서드 : 파라미터의 인잣값에 대한 정보를 바탕으로 실제 객체를 생성하여 해당 파라미터 객체에 바인딩합니다.

HandlerMethodArgumentResolver 인터페이스를 구현하여 현재 커뮤니티 애플리케이션에 적용해보겠습니다. HandlerMethodArgumentResolver를 구현한 UserArgumentResolver 클래스를 다음과 같이 생성합니다.

**예제 5-13** HandlerMethodArgumentResolver 인터페이스를 구현한 UserArgumentResolver 클래스 생성하기
/com/web/resolver/UserArgumentResolver.java

```java
import org.springframework.core.MethodParameter;
import org.springframework.stereotype.Component;
import org.springframework.web.bind.support.WebDataBinderFactory;
import org.springframework.web.context.request.NativeWebRequest;
import org.springframework.web.method.support.HandlerMethodArgumentResolver;
import org.springframework.web.method.support.ModelAndViewContainer;

@Component
public class UserArgumentResolver implements HandlerMethodArgumentResolver {

    public boolean supportsParameter(MethodParameter parameter) {
        return false;
    }
```

```
    public Object resolveArgument(MethodParameter parameter,
            ModelAndViewContainer mavContainer, NativeWebRequest webRequest,
            WebDataBinderFactory binderFactory) throws Exception {
        return null;
    }

}
```

UserArgumentResolver를 필터에서 동작할 수 있도록 등록해보겠습니다. BootWebApllication
클래스에 다음 코드를 추가합니다.

**예제 5-14** UserArgumentResolver 등록하기
/com/web/BootWebApllication.java

```
...
import com.web.resolver.UserArgumentResolver;
import org.springframework.beans.factory.annotation.Autowired;
import org.springframework.web.method.support.HandlerMethodArgumentResolver;
import org.springframework.web.servlet.config.annotation.WebMvcConfigurerAdapter;
import java.util.List;
...

@SpringBootApplication
public class BootWebApplication extends WebMvcConfigurerAdapter {

    public static void main(String[] args) {
        SpringApplication.run(BootWebApplication.class, args);
    }

    @Autowired
    private UserArgumentResolver userArgumentResolver;

    @Override
    public void addArgumentResolvers(List<HandlerMethodArgumentResolver>
            argumentResolvers) {
        argumentResolvers.add(userArgumentResolver);
    }

    @Bean
    public CommandLineRunner runner(UserRepository userRepository,
            BoardRepository boardRepository) throws Exception {
        return (args) -> {
```

```
        User user = userRepository.save(User.builder()
            .name("havi")
            .password("test")
            .email("havi@gmail.com")
            .createdDate(LocalDateTime.now())
            .build());

    ...
}
```

[예제 5-14]에서 UserArgumentResolver 클래스를 적용하려면 WebMvcConfigurerAdapter를 상속받아야 합니다. WebMvcConfigurerAdapter의 내부에 구현된 addArgumentResolvers() 메서드를 오버라이드히여 UserArgumentResolver를 추가시켰습니다.

UserArgumentResolver를 등록했으니 내부 로직을 구현해보겠습니다. 먼저 @SocialUser라는 어노테이션을 만들겠습니다. User 타입만 검사하도록 만들 수도 있지만, 소셜 미디어에 인증된 User를 가져온다는 사실을 더 명확하게 표현하기 위해 파라미터용 어노테이션을 추가적으로 생성하겠습니다.

**예제 5-15** 소셜 미디어 인증용 SocialUser 어노테이션 생성
/com/web/annotation/SocialUser.java

```
import java.lang.annotation.ElementType;
import java.lang.annotation.Retention;
import java.lang.annotation.RetentionPolicy;
import java.lang.annotation.Target;

@Target(ElementType.PARAMETER)
@Retention(RetentionPolicy.RUNTIME)
public @interface SocialUser {
}
```

SocialUser 어노테이션이 UserArgumentResolver의 supportsParameter() 메서드에서 @SocialUser를 명시했는지 체크하도록 수정합니다.

**예제 5-16** supportsParameter() 메서드에 해당하는 어노테이션 타입이 명시되어 있는지 확인하는 로직 추가
**/com/web/resolver/UserArgumentResolver.java**

```java
import com.web.annotation.SocialUser;
import com.web.domain.User;
...

@Component
public class UserArgumentResolver implements HandlerMethodArgumentResolver {

    public boolean supportsParameter(MethodParameter parameter) {
        return parameter.getParameterAnnotation(SocialUser.class) != null &&
            parameter.getParameterType().equals(User.class);
    }

    Object resolveArgument(MethodParameter parameter,
            ModelAndViewContainer mavContainer, NativeWebRequest webRequest,
            WebDataBinderFactory binderFactory) throws Exception {
        return null;
    };
}
```

MethodParamter로 해당 파라미터의 정보를 받게 됩니다. 이제 파라미터에 **@SocialUser 어노테이션이 있고 타입이 User인 파라미터만 true를 반환**할 겁니다. supportsParameter() 메서드에서 처음 한 번 체크된 부분은 캐시되어 이후의 동일한 호출 시에는 체크되지 않고 캐시된 결괏값을 바로 반환합니다.

resolveArgument() 메서드는 검증이 완료된 파라미터 정보를 받습니다. 이미 검증이 되어 세션에 해당 User 객체가 있으면 User 객체를 구성하는 로직을 수행하지 않도록 세션을 먼저 확인하는 코드를 구현하겠습니다. 세션은 RequestContextHolder를 사용해서 가져올 수 있습니다.

**예제 5-17** 세션에서 User 객체를 가져오는 resolveArgument() 메서드 구현
**/com/web/resolver/UserArgumentResolver.java**

```java
import org.springframework.web.context.request.RequestContextHolder;
import org.springframework.web.context.request.ServletRequestAttributes;
import javax.servlet.http.HttpSession;
...
```

```
@Component
public class UserArgumentResolver implements HandlerMethodArgumentResolver {

    ...
    public Object resolveArgument(MethodParameter parameter,
            ModelAndViewContainer mavContainer, NativeWebRequest webRequest,
            WebDataBinderFactory binderFactory) throws Exception {
        HttpSession session = ((ServletRequestAttributes) RequestContextHolder.
            currentRequestAttributes()).getRequest().getSession();
        User user = (User) session.getAttribute("user");
        return getUser(user, session);
    }
    ...

}
```

세션에서 인증된 User 객체를 가져옵니다. getUser() 메서드를 만들어 세션에서 가져온 User
객체가 없으면 새로 생성하고 이미 있다면 바로 사용하도록 반환할 겁니다. getUser() 메서
드는 인증된 User 객체를 만들어 권한까지 부여하는 코드이므로 [예제 5-17]에서는 제외시켰
습니다. 또한 각 소셜 미디어마다 다른 네이밍 방식을 취하고 있기 때문에 코드가 좀 더 길어지
겠지만 차근차근 구현해보겠습니다.

**예제 5-18** 인증된 소셜 미디어 회원의 정보를 가져와 User 객체 만들기
/com/web/resolver/UserArgumentResolver.java

```
...
import com.web.domain.enums.SocialType;
import com.web.repository.UserRepository;

import org.springframework.security.authentication.
        UsernamePasswordAuthenticationToken;
import org.springframework.security.core.authority.AuthorityUtils;
import org.springframework.security.core.authority.SimpleGrantedAuthority;
import org.springframework.security.core.context.SecurityContextHolder;
import org.springframework.security.oauth2.provider.OAuth2Authentication;

import java.time.LocalDateTime;
import java.util.HashMap;
import java.util.Map;

import static com.web.domain.enums.SocialType.FACEBOOK;
```

```
import static com.web.domain.enums.SocialType.GOOGLE;
import static com.web.domain.enums.SocialType.KAKAO;
...


@Component
public class UserArgumentResolver implements HandlerMethodArgumentResolver {

    private UserRepository userRepository;

    public UserArgumentResolver(UserRepository userRepository) {
        this.userRepository = userRepository;
    }

    ...


    public Object resolveArgument(MethodParameter parameter,
            ModelAndViewContainer mavContainer, NativeWebRequest webRequest,
            WebDataBinderFactory binderFactory) throws Exception {
        HttpSession session = ((ServletRequestAttributes) RequestContextHolder.
                currentRequestAttributes()).getRequest().getSession();
        User user = (User) session.getAttribute("user");
        return getUser(user, session);
    }

    private User getUser(User user, HttpSession session) {  ❶
        if(user == null) {
            try {
                OAuth2Authentication authentication = (OAuth2Authentication)
                        SecurityContextHolder.getContext().getAuthentication();
                Map<String, String> map = (HashMap<String, String>)
                        authentication.getUserAuthentication().getDetails();
                User convertUser = convertUser(String.valueOf(authentication.
                        getAuthorities().toArray()[0]), map);

                user = userRepository.findByEmail(convertUser.getEmail());
                if (user == null) { user = userRepository.save(convertUser); }

                setRoleIfNotSame(user, authentication, map);
                session.setAttribute("user", user);
            } catch (ClassCastException e) {
                return user;
            }
        }
        return user;
```

```java
    }

    private User convertUser(String authority, Map<String, String> map) {  ❷
        if(FACEBOOK.isEquals(authority)) return getModernUser(FACEBOOK, map);
        else if(GOOGLE.isEquals(authority)) return getModernUser(GOOGLE, map);
        else if(KAKAO.isEquals(authority)) return getKakaoUser(map);
        return null;
    }

    private User getModernUser(SocialType socialType, Map<String, String> map) {  ❸
        return User.builder()
            .name(map.get("name"))
            .email(map.get("email"))
            .principal(map.get("id"))
            .socialType(socialType)
            .createdDate(LocalDateTime.now())
            .build();
    }

    private User getKakaoUser(Map<String, String> map) {  ❹
        HashMap<String, String> propertyMap = (HashMap<String, String>)(Object)
                map.get("properties");
        return User.builder()
            .name(propertyMap.get("nickname"))
            .email(map.get("kaccount_email"))
            .principal(String.valueOf(map.get("id")))
            .socialType(KAKAO)
            .createdDate(LocalDateTime.now())
            .build();
    }

    private void setRoleIfNotSame(User user, OAuth2Authentication authentication,
            Map<String, String> map) {  ❺
        if(!authentication.getAuthorities().contains(new
                SimpleGrantedAuthority(user.getSocialType().getRoleType()))) {
            SecurityContextHolder.getContext().setAuthentication(new
                    UsernamePasswordAuthenticationToken(map, "N/A",
                    AuthorityUtils.createAuthorityList(user.getSocialType().
                    getRoleType())));
        }
    }
}
```

❶ getUser( ) 메서드는 인증된 User 객체를 만드는 메인 메서드입니다.

❷ convertUser( ) 메서드는 사용자의 인증된 소셜 미디어 타입에 따라 빌더를 사용하여 User 객체를 만들어 주는 가교 역할을 합니다. 카카오의 경우에는 별도의 메서드를 사용합니다.

❸ getModernUser( ) 메서드는 페이스북이나 구글과 같이 공통되는 명명규칙을 가진 그룹을 User 객체로 매핑해줍니다.

❹ getKakaoUser( ) 메서드는 (키의 네이밍값이 타 소셜 미디어와 다른) 카카오 회원을 위한 메서드입니다. getModernUser( ) 메서드와 동일하게 User 객체로 매핑해줍니다.

❺ setRoleIfNotSame( ) 메서드는 인증된 authentication이 권한을 갖고 있는지 체크하는 용도로 쓰입니다. 만약 저장된 User 권한이 없으면 SecurityContextHolder를 사용하여 해당 소셜 미디어 타입으로 권한을 저장합니다.

getUser( ) 메서드의 로직을 상세히 살펴보겠습니다. 세션에서 가져온 User 객체가 null일 경우에만 로직이 수행됩니다. SecurityContextHolder를 사용해 인증된 OAuth2Authentication 객체를 가져옵니다. 불러온 OAuth2Authentication 객체에서 getDetails( ) 메서드를 사용해 사용자 개인정보를 Map 타입으로 매핑합니다. 여기서는 소셜에서 항상 이메일 정보를 제공한다는 조건하에 작성합니다. 이메일을 사용해 이미 DB에 저장된 사용자라면 바로 User 객체를 반환하고, 저장되지 않은 사용자라면 User 테이블에 저장하는 로직을 수행합니다.

convertUser( ) 메서드의 로직을 상세히 살펴보겠습니다. socialType, 즉 어떤 소셜 미디어로 인증을 받았는지 String.valueOf(authentication.getAuthorities( ).toArray( )[0]) 으로 불러옵니다. 이전에 넣어주었던 권한이 하나뿐이라서 배열의 첫 번째 값만 불러오도록 작성했습니다.

## 5.4.4 인증 동작 확인하기

사용자 인증 처리까지 완료했으니 인증용 페이지를 만들어 실제로 잘 동작하는지 확인해보겠습니다. 인증용 페이지는 다음과 같습니다.

**예제 5-19 로그인 화면 구성**
/resources/templates/login.html

```
<!DOCTYPE html>
<html lang="en" xmlns:th="http://www.thymeleaf.org">
<head>
```

```html
        <meta http-equiv="Content-Type" content="text/html; charset=UTF-8" />
        <title>login</title>
        <link rel="stylesheet" th:href="@{/css/base.css}" />
        <link rel="stylesheet" th:href="@{/css/bootstrap.min.css}" />
    </head>
    <body>
        <div th:replace="layout/header::header"></div>

        <div class="container" style="text-align: center;">
            <br/>
            <h2>로그인</h2><br/><br/>
            <a href="javascript:;" class="btn_social" data-social="facebook"><img
                    th:src="@{/images/facebook.png}" width="40px" height="40px"/></a>
            <a href="javascript:;" class="btn_social" data-social="google"><img
                    th:src="@{/images/google.png}" width="40px" height="40px"/></a>
            <a href="javascript:;" class="btn_social" data-social="kakao"><img
                    th:src="@{/images/kakao.png}" width="40px" height="40px"/></a>
        </div>

        <div th:replace="layout/footer::footer"></div>

        <script th:src="@{/js/jquery.min.js}"></script>
        <script>
            $('.btn_social').click(function () {
                var socialType = $(this).data('social');
                location.href="/login/"+socialType;
            });
        </script>

    </body>
    </html>
```

로그인 페이지는 인증용 소셜 미디어 버튼 3개와 이를 비동기로 실행시켜주는 간단한 jQuery 클릭 이벤트로 구현했습니다. 이 내용은 이 책의 주제를 벗어나므로 자세한 설명은 하지 않겠습니다.

로그인 페이지 작성 후 애플리케이션을 작동시켜 http://localhost:8080/login 경로로 들어가면 다음과 같은 페이지가 보일 겁니다.

**그림 5-6** 인증할 소셜 미디어 선택 페이지

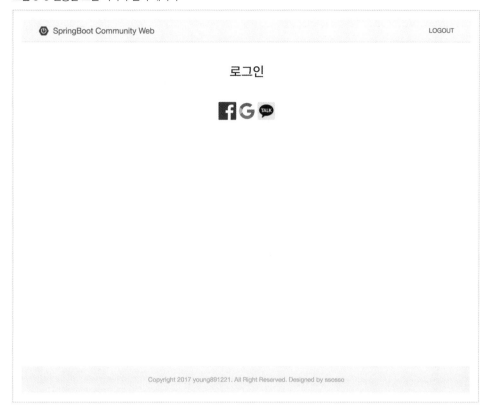

원하는 소셜 미디어 로그인 버튼을 선택하여 인증을 수행할 수 있습니다.

## 5.4.5 페이지 권한 분리하기

페이스북, 구글, 카카오의 사용자 권한에 따라 접속할 수 있는 페이지를 제한해보겠습니다. 이를 위해 간단한 시큐리티 설정과 권한 테스트에 사용할 테스트 페이지를 작성할 겁니다. 먼저 시큐리티 설정에 코드 몇 줄을 추가해야 합니다.

예제 5-20 권한 설정 추가
/com/web/config/SecurityConfig.java

```java
@Configuration
@EnableWebSecurity
@EnableOAuth2Client
public class SecurityConfig extends WebSecurityConfigurerAdapter {
    ...
    @Override
    protected void configure(HttpSecurity http) throws Exception {
        CharacterEncodingFilter filter = new CharacterEncodingFilter();
        http
            .authorizeRequests()
                .antMatchers("/", "/login/**",  "/css/**", "/images/**", "/js/**",
                        "/console/**").permitAll()
                .antMatchers("/facebook").hasAuthority(FACEBOOK.getRoleType())
                .antMatchers("/google").hasAuthority(GOOGLE.getRoleType())
                .antMatchers("/kakao").hasAuthority(KAKAO.getRoleType())
                .anyRequest().authenticated()
            .and()
            ...
    }
    ...
}
```

antMatchers( ) 메서드로 각각의 소셜 미디어용 경로를 지정합니다. hasAuthority( ) 메서드의 파라미터로 원하는 권한을 전달하여 해당 권한을 지닌 사용자만 경로를 사용할 수 있도록 통제할 수 있습니다.

권한 설정은 쉽게 끝났습니다. 이를 테스트할 컨트롤러를 따로 생성하겠습니다.

예제 5-21 권한에 따른 페이지 구성
/com/web/controller/AuthorityTestController.java

```java
import org.springframework.web.bind.annotation.GetMapping;
import org.springframework.web.bind.annotation.RestController;

@RestController
public class AuthorityTestController {

    @GetMapping("/facebook")
    public String facebook() {
```

```
        return "facebook";
    }

    @GetMapping("/google")
    public String google() {
        return "google";
    }

    @GetMapping("/kakao")
    public String kakao() {
        return "kakao";
    }
}
```

간단하게 RestController로 만들어서 경로만 받고 해당하는 경로의 소셜 미디어 타입값만 반환하도록 처리했습니다. 잘 실행되는지 직접 애플리케이션을 구동하여 테스트해보겠습니다 (인텔리제이에서 실행하면 자동 컴파일됩니다).

애플리케이션 구동 후 http://localhost:8080/login 인증을 진행합니다. 만약 페이스북 계정으로 인증을 완료했다면 http://localhost:8080/facebook으로 접속 시 다음과 같이 간단한 메시지를 보여주며 정상적으로 접근할 겁니다.

**그림 5-7** 접근 가능한 페이스북 페이지

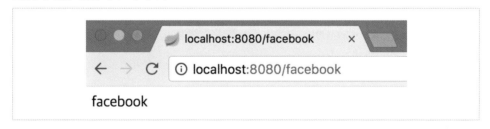

권한이 없는 구글, 카카오 경로에 접근하면 다음과 같이 403 AccessDenied Exception이 발생합니다.

**그림 5-8** 접근 불가능한 카카오 페이지

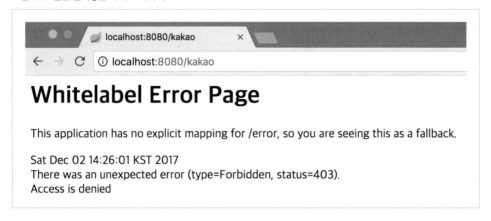

이상으로 권한을 분리하여 페이지별로 접근 권한을 제한하는 시큐리티 설정도 살펴봤습니다.

# 5.5 스프링 부트 2.0 기반의 OAuth2 설정하기

이제까지의 OAuth2 인증 구현은 스프링 부트 1.5 버전으로 진행했습니다. 지금부터는 이를 스프링 부트 2.0 버전으로 업그레이드하겠습니다. 2.0 버전에는 많은 변화가 있지만 그중에서 시큐리티와 OAuth2 인증 부분에 여러 변화가 생겼습니다. 따라서 직접 버전업을 수행해보며 현재 구현했던 프로젝트 내에서 어떤 부분의 코드를 수정해야 하는지, 개념적으로 어떠한 부분이 변경되었는지 알아보겠습니다.

> **NOTE_** 깃허브에서 자세한 코드를 확인할 수 있습니다. 해당 내용의 깃허브 주소는 아래와 같으며 브랜치명은 'step2'입니다.
>
> https://github.com/young891221/Spring-Boot-Community-Web/tree/step2

## 5.5.1 스프링 부트 2.0 버전으로 의존성 업그레이드

스프링 부트의 장점은 역시 빠른 버전 업그레이드입니다. build.gradle에서 스프링 부트 2.0으로 올려보겠습니다.

**예제 5-22** 스프링 부트 2.0으로 버전 업그레이드

build.gradle

```gradle
buildscript {
    ext {
        springBootVersion = '2.0.3.RELEASE'
    }
    repositories {
        mavenCentral()
    }
    dependencies {
        classpath("org.springframework.boot:spring-boot-gradle-plugin:
                ${springBootVersion}")
    }
}

apply plugin: 'java'
apply plugin: 'eclipse'
apply plugin: 'org.springframework.boot'
apply plugin: 'io.spring.dependency-management'

version = '0.0.1-SNAPSHOT'
sourceCompatibility = 1.8

repositories {
    mavenCentral()
}

...
}
```

스프링 부트 버전을 2.0.3.RELEASE로 수정했습니다. 2.0에서는 더 이상 dependency-management 플러그인을 자동으로 지원하지 않습니다. 따라서 [예제 5-22]와 같이 수동으로 플러그인을 등록해주어야 합니다. dependency-management 플러그인은 그레이들에서 의존성 관리 제어를 위해 필요한 플러그인입니다.

이번에는 의존성 설정을 2.0 버전으로 변경해보겠습니다.

```
dependencies {
    compile('org.springframework.security:spring-security-oauth2-client')
    compile('org.springframework.security:spring-security-oauth2-jose')
    compile('org.springframework.boot:spring-boot-starter-security')
    compile('org.springframework.boot:spring-boot-starter-web')
    compile('org.springframework.boot:spring-boot-starter-thymeleaf')
    compile('org.springframework.boot:spring-boot-starter-data-jpa')

    runtime('com.h2database:h2')
    runtime('org.springframework.boot:spring-boot-devtools')
    compileOnly('org.projectlombok:lombok')
    testCompile('org.springframework.boot:spring-boot-starter-test')
}
```

기존에는 spring-security-oauth2만 설정해주어도 OAuth2 관련 모든 설정이 끝났지만 2.0 부터는 설정이 세분화되었습니다. 기본적인 OAuth2 인증 관련 객체들이 시큐리티로 이전되 었습니다. 2.0에서는 클라이언트 자동 인증 설정을 위해 spring-security-oauth2-client를 추가합니다. 2.0에서 JWT[JSON Web Tokens]와 관련한 권한을 안전하게 전송하기 위한 프레임워크 인 JOSE[Javascript Object Signing and Encryption]가 추가되었습니다. JWT에는 자신의 리소스에 접근할 수 있는 권한 정보가 들어있는데 JOSE는 JWT의 암호화/복호화 및 일정한 기능을 제공합니다.

1.5에서는 타임리프에 spring-boot-starter-web에 대한 설정도 포함되어 있었지만 2.0부터 는 포함되지 않아 추가했습니다. 또한 2.0부터는 타임리프의 java8time 설정이 타임리프 스타 터 설정에 포함되었기 때문에 제거했습니다.

## 5.5.2 스프링 부트 2.0 방식의 OAuth2 인증 재설정

인증을 2.0 버전에서 지원하는 방식으로 재설정하겠습니다. [예제 5-23]과 같이 설정하고 다시 빌드하면 프로젝트 내부 소스 여러 곳에 빨간색 에러 표시가 나타날 겁니다. 지금부터 우리 미션 은 이러한 에러를 모두 해결하고 새로운 OAuth2 버전을 적용하는 겁니다. 먼저 2.0 버전에서 제거된 객체를 삭제하겠습니다. spring-security-oauth2를 의존성에서 제거했기 때문에 다 음의 관련 객체들을 삭제합니다.

```
/com/web/oauth/ClientResources.java
/com/web/oauth/UserTokenService.java
```

이제 새롭게 소셜 정보를 제공해줄 객체를 생성하겠습니다. 시큐리티의 OAuth2 스펙에서는 여러 소셜 정보를 기본값으로 제공해주고 있습니다. 다음 소스 코드를 사용해 확인해봅시다.

**예제 5-24** 구글, 페이스북 등의 인증 프로퍼티 정보를 담고 있는 enum 객체
spring-security-config-5.0.6.RELEASE.jar/org/springframework/security/config/oauth2/client/
CommonOAuth2Provider.java

```java
public enum CommonOAuth2Provider {

    GOOGLE {

        @Override
        public Builder getBuilder(String registrationId) {
            ClientRegistration.Builder builder = getBuilder(registrationId,
                    ClientAuthenticationMethod.BASIC, DEFAULT_LOGIN_REDIRECT_URL);
            builder.scope("openid", "profile", "email");
            builder.authorizationUri("https://accounts.google.com/o/oauth2/v2/
                    auth");
            builder.tokenUri("https://www.googleapis.com/oauth2/v4/token");
            builder.jwkSetUri("https://www.googleapis.com/oauth2/v3/certs");
            builder.userInfoUri("https://www.googleapis.com/oauth2/v3/userinfo");
            builder.userNameAttributeName(IdTokenClaimNames.SUB);
            builder.clientName("Google");
            return builder;
        }
    },

    FACEBOOK {

        @Override
        public Builder getBuilder(String registrationId) {
            ClientRegistration.Builder builder = getBuilder(registrationId,
                    ClientAuthenticationMethod.POST, DEFAULT_LOGIN_REDIRECT_URL);
            builder.scope("public_profile", "email");
            builder.authorizationUri("https://www.facebook.com/v2.8/dialog/
                    oauth");
            builder.tokenUri("https://graph.facebook.com/v2.8/oauth/access_
                    token");
            builder.userInfoUri("https://graph.facebook.com/me");
```

```
            builder.userNameAttributeName("id");
            builder.clientName("Facebook");
            return builder;
        }
    },
...
```

[예제 5-24]와 같이 구글, 페이스북에 대한 기본 정보는 스프링 부트 시큐리티 OAuth2 API에서 제공합니다. 즉, 이전에 [예제 5-4]과 같이 일일이 등록했던 부분을 시큐리티 OAuth2 API가 제공합니다. 그러므로 ID와 Secret만 등록해주면 됩니다. ID와 Secret은 프로퍼티로 등록합니다.

**예제 5-25** 소셜별 ID, Secret 정보 입력
/resources/application.yml

```
spring:
    ...
    security:
        oauth2:
            client:
                registration:
                    google:
                        client-id:
                        client-secret:
                    facebook:
                        client-id:
                        client-secret:
```

ID와 Secret은 'security.oauth2.client.registration.{소셜명}' 경로로 프로퍼티 등록이 가능합니다. 각 소셜 미디어별로 제공되는 ID와 Secret을 등록합니다. 만약 [예제 5-24]에 기본으로 등록되어 있는 정보를 수정하고 싶다면 프로퍼티에 새로 등록하는 방법으로 오버라이드하여 변경할 수 있습니다.

구글과 페이스북은 범용적인 소셜 그룹이라 시큐리티에서 제공하지만 카카오와 같이 국내에서만 사용되는 소셜은 어떻게 처리해야 할까요?

카카오는 살짝 편법을 사용하여 등록하겠습니다. 사실 OAuth2 API에서 제공하는 방법과 동일하게 제공할 겁니다. 다음과 같이 카카오만을 위한 정보를 담은 객체를 생성합니다.

```java
import org.springframework.security.oauth2.client.registration.ClientRegistration;
import org.springframework.security.oauth2.core.AuthorizationGrantType;
import org.springframework.security.oauth2.core.ClientAuthenticationMethod;

public enum CustomOAuth2Provider {

    KAKAO {
        @Override
        public ClientRegistration.Builder getBuilder(String registrationId) {
            ClientRegistration.Builder builder = getBuilder(registrationId,
                    ClientAuthenticationMethod.POST, DEFAULT_LOGIN_REDIRECT_URL);
            builder.scope("profile");
            builder.authorizationUri("https://kauth.kakao.com/oauth/authorize");
            builder.tokenUri("https://kauth.kakao.com/oauth/token");
            builder.userInfoUri("https://kapi.kakao.com/v1/user/me");
            builder.userNameAttributeName("id");
            builder.clientName("Kakao");
            return builder;
        }
    };

    private static final String DEFAULT_LOGIN_REDIRECT_URL =
            "{baseUrl}/login/oauth2/code/{registrationId}";

    protected final ClientRegistration.Builder getBuilder(String registrationId,
            ClientAuthenticationMethod method, String redirectUri) {
        ClientRegistration.Builder builder = ClientRegistration.
                withRegistrationId(registrationId);
        builder.clientAuthenticationMethod(method);
        builder.authorizationGrantType(AuthorizationGrantType.AUTHORIZATION_CODE);
        builder.redirectUriTemplate(redirectUri);
        return builder;
    }

    public abstract ClientRegistration.Builder getBuilder(String registrationId);

}
```

[예제 5-26]의 코드를 사용해 이제 카카오의 OAuth2 로그인 정보를 빌더로 생성하여 제공할
수 있게 되었습니다.

카카오는 클라이언트 ID 값만 필요하기 때문에 임의로 custom.oauth2.kakao.client-id의 값을 참조할 수 있도록 프로퍼티에 다음과 같이 추가합니다.

**예제 5-27** 카카오의 클라이언트 ID 프로퍼티값 추가
/resources/application.yml

```
spring:
    ...
    security:
        oauth2:
            client:
                registration:
                    google:
                        client-id:
                        client-secret:
                    facebook:
                        client-id:
                        client-secret:
custom:
    oauth2:
        kakao:
            client-id:
```

이제 2.0 방식으로 시큐리티 + OAuth2 설정을 변경해보도록 하겠습니다. 설정은 다음과 같이 수정하면 끝입니다(취소선은 삭제해야 하는 부분입니다).

**예제 5-28** 변경된 시큐리티 + OAuth2 설정
/com/web/config/SecurityConfig.java

```
@Configuration
@EnableWebSecurity

@EnableOAuth2Client
public class SecurityConfig extends WebSecurityConfigurerAdapter {

    @Autowired
    private OAuth2ClientContext oAuth2ClientContext;

    @Override
    protected void configure(HttpSecurity http) throws Exception {
        CharacterEncodingFilter filter = new CharacterEncodingFilter();
```

```
http
    .authorizeRequests()
        .antMatchers("/", "/oauth2/**", "/login/**", "/css/**",
            "/images/**", "/js/**", "/console/**").permitAll()
        .antMatchers("/facebook").hasAuthority(FACEBOOK.getRoleType())
        .antMatchers("/google").hasAuthority(GOOGLE.getRoleType())
        .antMatchers("/kakao").hasAuthority(KAKAO.getRoleType())
        .anyRequest().authenticated()
    .and()
        .oauth2Login()
        .defaultSuccessUrl("/loginSuccess")
        .failureUrl("/loginFailure")
    .and()
        .headers().frameOptions().disable()
    .and()
        .exceptionHandling()
        .authenticationEntryPoint(new LoginUrlAuthenticationEntryPoint(
            "/login"))
    .and()
        .formLogin()
        .successForwardUrl("/board/list")
    .and()
        .logout()
        .logoutUrl("/logout")
        .logoutSuccessUrl("/")
        .deleteCookies("JSESSIONID")
        .invalidateHttpSession(true)
    .and()
        .addFilterBefore(filter, CsrfFilter.class)
        .addFilterBefore(oauth2Filter(), BasicAuthenticationFilter.class)
        .csrf().disable();
}

public FilterRegistrationBean oauth2ClientFilterRegistration(
        OAuth2ClientContextFilter filter) { ... }

private Filter oauth2Filter() { ... }

private Filter oauth2Filter(ClientResources client, String path, SocialType
        socialType) { ... }

public ClientResources facebook() { ... }

public ClientResources google() { ... }
```

```
    public ClientResources kakao() { ... }

}
```

길게 작성되었던 OAuth2 관련 설정을 모두 삭제할 수 있게 되었습니다. 단지 시큐리티 설정에서 oauth2Login( )만 추가로 설정하면 기본적으로 제공되는 구글과 페이스북에 대한 OAuth2 인증 방식이 적용됩니다. OAuth2 인증이 성공했다는 URI와 실패했을 때의 URI를 defaultSuccessUrl( )과 failureUrl( )로 설정 가능합니다. OAuth2 API에서 인증 요청되는 URI가 '/oauth2/**'를 갖기 때문에 모든 사용자에게 권한을 허용하도록 설정했습니다.

[예제 5-28]에 카카오 로그인도 연동시켜보도록 하겠습니다. 원래는 시큐리티 스타터에서 자동으로 설정되는 부분이지만 카카오도 함께 설정되도록 하기 위해 다음과 같이 설정 코드를 추가합니다.

**예제 5-29** 카카오 로그인 연동을 위한 설정 코드 추가
/com/web/config/SecurityConfig.java

```
...
import com.web.oauth2.CustomOAuth2Provider;
import org.springframework.beans.factory.annotation.Value;
import org.springframework.boot.autoconfigure.security.oauth2.client.
        OAuth2ClientProperties;
import org.springframework.security.config.oauth2.client.CommonOAuth2Provider;
import org.springframework.security.oauth2.client.registration.ClientRegistration;
import org.springframework.security.oauth2.client.registration.
        ClientRegistrationRepository;
import org.springframework.security.oauth2.client.registration.
        InMemoryClientRegistrationRepository;
import java.util.Objects;
import java.util.stream.Collectors;

@Configuration
@EnableWebSecurity
public class SecurityConfig extends WebSecurityConfigurerAdapter {

    ...

    @Bean  ❶
    public ClientRegistrationRepository clientRegistrationRepository(
            OAuth2ClientProperties oAuth2ClientProperties, @Value(
            "${custom.oauth2.kakao.client-id}") String kakaoClientId) {
```

```java
        List<ClientRegistration> registrations = oAuth2ClientProperties.
                getRegistration().keySet().stream()
            .map(client -> getRegistration(oAuth2ClientProperties, client))  ❷
            .filter(Objects::nonNull)
            .collect(Collectors.toList());

        registrations.add(CustomOAuth2Provider.KAKAO.getBuilder("kakao")  ❸
            .clientId(kakaoClientId)
            .clientSecret("test")   // 필요 없는 값이지만 null이면 실행이 안 되므로
                                    // 임시값을 넣었음
            .jwkSetUri("test")      // 필요 없는 값이지만 null이면 실행이 안 되므로
                                    // 임시값을 넣었음

            .build());

        return new InMemoryClientRegistrationRepository(registrations);
    }

    private ClientRegistration getRegistration(OAuth2ClientProperties
            clientProperties, String client) {
        if ("google".equals(client)) {
            OAuth2ClientProperties.Registration registration = clientProperties.
                    getRegistration().get("google");
            return CommonOAuth2Provider.GOOGLE.getBuilder(client)
                .clientId(registration.getClientId())
                .clientSecret(registration.getClientSecret())
                .scope("email", "profile")
                .build();
        }
        if ("facebook".equals(client)) {
            OAuth2ClientProperties.Registration registration = clientProperties.
                    getRegistration().get("facebook");
            return CommonOAuth2Provider.FACEBOOK.getBuilder(client)
                .clientId(registration.getClientId())
                .clientSecret(registration.getClientSecret())
                .userInfoUri("https://graph.facebook.com/me?fields=id,name,email,
                        link")  ❹
                .scope("email")
                .build();
        }
        return null;
    }

}
```

❶ OAuth2ClientProperties와 [예제 5-27]에서 설정했던 카카오 클라이언트 ID를 불러옵니다. 다시 한번 설명하자면 @Configuration으로 등록되어 있는 클래스에서 @Bean으로 등록된 메서드의 파라미터로 지정된 객체들은 오토와이어링(autowiring)할 수 있습니다. OAuth2ClientProperties에는 구글과 페이스북의 정보가 들어 있고 카카오는 따로 등록했기 때문에 @Value 어노테이션을 사용하여 수동으로 불러옵니다.

❷ getRegistration( ) 메서드를 사용해 구글과 페이스북의 인증 정보를 빌드시켜줍니다.

❸ registrations 리스트에 카카오 인증 정보를 추가합니다. 실제 요청 시 사용하는 정보는 클라이언트 ID뿐이지만 clientSecret( )과 jwtSetUri( )가 null이면 안 되므로 임시값을 넣었습니다.

❹ 페이스북의 그래프 API의 경우 scope( )로는 필요한 필드를 반환해주지 않기 때문에 직접 id, name, email, link 등을 파라미터로 넣어 요청하도록 설정했습니다.

요청 URI와 요청 성공 시 반환되는 기본 URI에 따라 코드를 변경해야 합니다. [예제 5-28]의 시큐리티 설정에서 바꿀 수 있습니다. 먼저 요청이 성공했을 때의 경로를 지정하겠습니다. 기존에는 '/{facebook|google|kakao}/complete'로 설정했지만 지금은 '/loginSuccess'로 변경합니다.

**예제 5-30** 요청 성공 시 URI 변경
/com/web/controller/LoginController.java

```java
import com.web.annotation.SocialUser;
import com.web.domain.User;
import org.springframework.stereotype.Controller;
import org.springframework.web.bind.annotation.GetMapping;

@Controller
public class LoginController {

    @GetMapping("/login")
    public String login() {
        return "login";
    }

    @GetMapping("/loginSuccess")
    public String loginComplete(@SocialUser User user) {
        return "redirect:/board/list";
    }
}
```

기본 요청 URI가 '/oauth2/authorization/{소셜명}'으로 설정되어 있기 때문에 다음과 같이 요청 코드를 변경합니다.

**예제 5-31** 요청 스크립트 코드 변경

/resources/templates/login.html

```html
<!DOCTYPE html>
<html lang="en" xmlns:th="http://www.thymeleaf.org">
<head>
    <meta http-equiv="Content-Type" content="text/html; charset=UTF-8" />
    <title>login</title>
    <link rel="stylesheet" th:href="@{/css/base.css}" />
    <link rel="stylesheet" th:href="@{/css/bootstrap.min.css}" />
</head>
<body>

    ...

    <script th:src="@{/js/jquery.min.js}"></script>
    <script>
        $('.btn_social').click(function () {
            var socialType = $(this).data('social');
            location.href="/oauth2/authorization/"+socialType;
        });
    </script>

</body>
</html>
```

마지막으로 반환된 액세스 토큰값을 사용해서 User 정보를 가져오는 로직을 생성하겠습니다. 1.5 버전에서는 필터로 해당 로직을 통과하도록 수행했다면 이번에는 HandlerMethodArgumentResolver를 구현했던 UserArgumentResolver에서 통과하도록 만들어보겠습니다.

**예제 5-32** UserArgumentResolver 클래스에 User 정보를 받아오는 부분 추가

/com/web/resolver/UserArgumentResolver.java

```java
@Component
public class UserArgumentResolver implements HandlerMethodArgumentResolver {

    ...

    private User getUser(User user, HttpSession session) {
        if(user == null) {
            try {
```

```
            OAuth2AuthenticationToken authentication =
                    (OAuth2AuthenticationToken) SecurityContextHolder.
                    getContext().getAuthentication();  ❶
            Map<String, Object> map = authentication.getPrincipal().
                    getAttributes();  ❷
            User convertUser = convertUser(authentication.
                    getAuthorizedClientRegistrationId(), map);  ❸

            user = userRepository.findByEmail(convertUser.getEmail());
            if (user == null) { user = userRepository.save(convertUser); }

            setRoleIfNotSame(user, authentication, map);
            session.setAttribute("user", user);
        } catch (ClassCastException e) {
            return user;
        }
    }
    return user;
}


private User convertUser(String authority, Map<String, Object> map) {
    if(FACEBOOK.getValue().equals(authority)) return getModernUser(FACEBOOK,
            map);
    else if(GOOGLE.getValue().equals(authority)) return getModernUser(GOOGLE,
            map);
    else if(KAKAO.getValue().equals(authority)) return getKakaoUser(map);
    return null;
}


private User getModernUser(SocialType socialType, Map<String, Object> map) {
    return User.builder()
        .name(String.valueOf(map.get("name")))
        .email(String.valueOf(map.get("email")))
        .principal(String.valueOf(map.get("id")))
        .socialType(socialType)
        .createdDate(LocalDateTime.now())
        .build();
}


private User getKakaoUser(Map<String, Object> map) {
    HashMap<String, String> propertyMap = (HashMap<String, String>) map.
            get("properties");
    return User.builder()
        .name(propertyMap.get("nickname"))
```

```
            .email(String.valueOf(map.get("kaccount_email")))
            .principal(String.valueOf(map.get("id")))
            .socialType(KAKAO)
            .createdDate(LocalDateTime.now())
            .build();
    }

    private void setRoleIfNotSame(User user, OAuth2AuthenticationToken
            authentication, Map<String, Object> map) {
        if(!authentication.getAuthorities().contains(new
                SimpleGrantedAuthority(user.getSocialType().getRoleType()))) {
            SecurityContextHolder.getContext().setAuthentication(new
                    UsernamePasswordAuthenticationToken(map, "N/A", AuthorityUtils.
                    createAuthorityList(user.getSocialType().getRoleType())));
        }
    }
}
```

❶ 2.0 버전에서는 기존의 OAuth2Authentication이 아닌 액세스 토큰까지 제공한다는 의미에서 OAuth2AuthenticationToken을 지원합니다. SecurityContextHolder에서 OAuth2Authenti cationToken을 가져옵니다.

❷ 개인정보를 getAttributes() 메서드를 사용해 Map 타입으로 불러옵니다. 기존에는 Map<String, String>이었다면 이제는 Map<String, Object>를 제공하게끔 변경되었으므로 Map 객체를 사용하는 부분을 모두 Map<String, Object>로 변경합니다.

❸ 예전에는 getAuthorities() 메서드로 권한을 불러와서 인증된 소셜 미디어가 어디인지 알았다면 이제는 getAuthorizedClientRegistrationId() 메서드로 파악할 수 있습니다.

모든 설정이 스프링 부트 2.0 방식으로 업그레이드되었습니다. 5.4.5절 '페이지 권한 분리하기'에서 진행했던 방식대로 권한 테스트와 로그인 테스트를 해보세요.


# 5.6 마치며

인증과 권한 부여에 대해 살펴봤고, 스프링 부트에서 OAuth2 라이브러리를 사용하여 프로퍼티로 필요한 정보를 쉽게 바인딩하는 방법을 살펴봤습니다. 또한 전략 패턴을 사용하여 User의 세션 정보를 가져오고 저장 및 권한 처리 등을 해주는 HandlerMethodArgumentResolver 인터페이스를 따로 구현했습니다.

다음 장에서는 스프링 부트를 사용하여 REST API 서버를 만들 겁니다. 기존의 RestController 와 스프링 부트 데이터 레스트가 어떤 점이 다르게 구성되는지 비교하며 알아보겠습니다.

# CHAPTER 6

# 스프링 부트 데이터 레스트

다양한 브라우저와 모바일 기기가 탄생하고 있습니다. 그렇다면 모든 브라우저와 모바일 기기마다 각각 다른 서버를 만들어야 할까요? 아닙니다. 단일 서버로 데이터를 관리하며 유연하게 클라이언트 영역을 대응할 수 있는 방법이 있는데, 바로 REST 서버입니다. 클라이언트는 단지 REST 서버를 통해 데이터를 받아와서 각 기기별로 대응하면 됩니다.

REST<sup>Representational State Transfer</sup>는 웹의 장점을 극대화하는 통신 네트워크 아키텍처이며, REST의 구현 원칙을 제대로 지키는 시스템을 RESTful이라고 합니다(REST의 구현 원칙은 본문에서 알아봅니다). 현재 웹에서 사용하는 대부분의 데이터 통신이 REST API라고 해도 과언이 아닙니다.

그런데 REST API를 개발하는 작업은 반복적이며 지루합니다. 또한 원칙을 제대로 지키지 못하는 경우가 부지기수입니다. 다행히도 스프링 부트는 REST API의 규격을 지키면서 빠르게 REST API를 개발할 수 있는 스타터를 제공합니다.

이제부터 REST API를 기존의 MVC 패턴으로 만들어보고, 스프링 부트 데이터 레스트를 사용하여 개발해본 후 어떻게 다른지 장단점을 비교해보겠습니다.

**이 장의 내용**
- 배경지식
- 설계하기
- 스프링 부트 MVC 패턴으로 REST API 만들기
- 스프링 부트 데이터 레스트로 REST API 만들기

# 6.1 배경지식

본격적인 개발에 앞서 REST와 RESTful에 대해 알아보겠습니다.

## 6.1.1 REST 소개

REST는 웹과 같은 분산 하이퍼미디어 시스템에서 사용하는 통신 네트워크 아키텍처로, 네트워크 아키텍처의 원리 모음입니다.

웹은 전송 방식으로 HTTP를, 식별 방법으로 URI[1]를 사용합니다. HTTP는 웹에서 GET, POST, PUT, DELETE 등의 메서드를 사용하여 정보를 주고받는 프로토콜입니다. REST는 HTTP와 URI의 단순하고 간결한 장점을 계승한 네트워크 아키텍처입니다. 따라서 다양한 요구사항에 대응하여 때로는 단순하게, 때로는 서버와 클라이언트가 서로 통신하는 리소스에 대해 복잡한 방식으로 상호작용할 수 있습니다. REST는 다음과 같은 목적으로 만들어졌습니다.

- 구성요소 상호작용의 규모 확장성
- 인터페이스의 범용성
- 구성요소의 독립적인 배포
- 중간적 구성요소를 이용한 응답 지연 감소, 보안 강화, 레거시 시스템 인캡슐레이션

## 6.1.2 RESTful 제약 조건

앞서 REST의 구현 원칙을 제대로 지키면서 REST 아키텍처를 만드는 것을 RESTful이라고 설명했습니다. 이 절과 다음 절에서 구현 원칙에 대해 자세히 살펴볼 겁니다. 다음은 RESTful 제약 조건입니다.

---

1 URI(Uniform Resource Identifier, 통합 자원 식별자)는 인터넷에서 특정 자원을 나타내는 유일한 주솟값입니다. REST API는 URI를 사용하여 자원을 처리합니다.

- **클라이언트-서버(client-server)**

  이 제약 조건의 기본 원칙은 관심사의 명확한 분리입니다. 관심사의 명확한 분리가 선행되면 서버의 구성요소
  가 단순화되고 확장성이 향상되어 여러 플랫폼을 지원할 수 있습니다.

- **무상태성(stateless)**

  서버에 클라이언트의 상태 정보를 저장하지 않는 것을 말합니다. 단순히 들어오는 요청만 처리하여 구현을 더
  단순화합니다. 단, 클라이언트의 모든 요청은 서버가 요청을 알아듣는 데 필요한 모든 정보를 담고 있어야 합
  니다.

- **캐시 가능(cacheable)**

  클라이언트의 응답을 캐시할 수 있어야 합니다. 앞에서 HTTP의 장점을 그대로 계승한 아키텍처가 REST라
  고 했습니다. 따라서 HTTP의 캐시 기능도 적용할 수 있습니다.

- **계층화 시스템(layered system)**

  서버는 중개 서버(게이트웨이, 프록시)나 로드 밸런싱, 공유 캐시 등의 기능을 사용하여 확장성 있는 시스템을
  구성할 수 있습니다.

- **코드 온 디맨드(code on demand)**

  클라이언트는 서버에서 자바 애플릿, 자바스크립트 실행 코드를 전송받아 기능을 일시적으로 확장할 수 있습
  니다. 이 제약 조건은 선택 가능합니다.

- **인터페이스 일관성(uniform interface)**

  URI(통합 자원 식별자)로 지정된 리소스에 균일하고 통일된 인터페이스를 제공합니다. 아키텍처를 단순하게
  분리하여 독립적으로 만들 수 있습니다.

## 인터페이스 일관성

인터페이스 일관성은 세부 원칙을 갖고 있습니다. 인터페이스 일관성이 잘 지켜졌는지에 따라
REST를 제대로 사용했는지 판단할 수 있습니다. 인터페이스 일관성에는 다음 4가지 프로퍼티
가 존재합니다.

1 자원 식별
2 메시지를 통한 리소스 조작
3 자기 서술적 메시지
4 애플리케이션 상태에 대한 엔진으로서의 하이퍼미디어(hypermedia as the engine of application state, HATEOAS)

'자원 식별'은 웹 기반의 REST에서 리소스 접근은 주로 URI를 사용한다는 것을 나타냅니다. 즉,
각각의 리소스는 요청에서 식별 가능합니다. 예를 들어 아래의 URI에서 정보는 'resource', 유
일한 구분자는 '1'로 식별합니다.

```
http://localhost:8080/resource/1
```

'메시지를 통한 리소스 조작'에 대해 알아보겠습니다. 클라이언트가 특정 메시지나 메타데이터를 가지고 있으면 자원을 수정, 삭제하는 충분한 정보를 갖고 있는 것으로 볼 수 있습니다. 예를 들어 코드에서 content-type은 리소스가 어떤 형식인지 지정합니다. 리소스는 HTML, XML, JSON 등 다양한 형식으로 전송됩니다. 다음 예제에서는 형식을 JSON으로 지정했습니다.

```
http://localhost:8080/resource/1
content-type: application/json
```

'자기 서술적 메시지'에 대해 알아보겠습니다. 가 메시지는 자신을 어떻게 처리해야 하는지 충분한 정보를 포함해야 합니다. 웹 기반 REST에서는 HTTP Method와 Header를 활용합니다. 다음 예제에서는 GET 메서드를 활용하여 /resource/1의 정보를 받아온다는 것을 표현했습니다.

```
GET http://localhost:8080/resource/1
content-type: application/json
```

HATEOAS(애플리케이션 상태에 대한 엔진으로서의 하이퍼미디어)에 대해 알아보겠습니다. 이는 클라이언트에 응답할 때 단순히 결과 데이터만 제공해주기보다는 URI를 함께 제공해야 한다는 원칙입니다. 하이퍼텍스트 링크처럼 관련된 리소스 정보를 포함합니다. 이에 대한 예제는 6.3.2절 'REST API 구현하기'에서 확인하겠습니다.

REST의 제약 조건들을 제대로 지키면서 REST 아키텍처를 만드는 것을 **RESTful**이라고 합니다. 특히 제약 조건 중 하이퍼텍스트를 포함하고 자기 서술적self-descriptive이며 인터페이스 일관성uniform interface을 통해 리소스에 접근하는 API여야 RESTful하다 할 수 있습니다. 더 쉽게 말해 인터페이스가 일관된 표준이 있어야 합니다. 자기 자신이 어떻게 처리되는지에 대한 충분한 정보, 관련된 리소스를 하이퍼텍스트 링크로 포함시켜야 '이제 RESTful하구나'라고 생각할 수 있습니다. 여기서 HATEOAS는 응답 데이터와 관련된 하이퍼미디어 링크를 추가하여 사이트의 REST 인터페이스를 동적으로 탐색하도록 도와줍니다. 더 자세히 말하면 다음과 같습니다.

- 클라이언트는 관련된 특정 동작에 따라 탐색할 만한 URI 값을 알 수 있습니다. URI는 resource까지 포함하므로 더 명확하며 예측 가능합니다.
- 키값이 변하지 않는 한 URI가 변경되더라도 동적으로 사용할 수 있습니다. 따라서 서버쪽 코드가 변하더라도 클라이언트 코드를 따로 수정할 필요가 없습니다.

위 설명이 아직 명확하게 이해되지 않더라도 걱정할 필요 없습니다. 앞으로 위에서 말한 제약 조건을 지키고 표현하는 예제를 다룰 겁니다.

## 6.1.3 REST API 설계하기

서버 한 대가 여러 클라이언트에 대응하려면 REST API가 필요합니다. REST API는 다음과 같이 구성해야 합니다.

- 자원(resource) : URI
- 행위(verb) : HTTP 메서드
- 표현(representations) : 리소스에 대한 표현(HTTP Message Body)

## URI 설계

URI는 URL[2]을 포함하는 개념입니다. 다음은 URL이 웹상의 파일 위치를 표현하는 예입니다.

```
http://localhost:8080/api/book.pdf
```

반면 URI는 웹에 있는 자원의 이름과 위치를 식별합니다.

```
http://localhost:8080/api/book/1
```

따라서 URL은 URI의 하위 개념입니다. URL이 리소스를 가져오는 방법에 대한 위치라면 URI는 문자열을 식별하기 위한 표준입니다.

URI는 명사를 사용해야 하며 동사를 피해야 합니다. 예를 들어 다음 URI에는 동사가 포함되어 있습니다.

---

2 URL(Uniform Resource Locator, 파일 식별자)은 인터넷상에서 자원, 즉 특정 파일이 어디에 위치하는지 식별하는 방법입니다.

```
http://localhost:8080/api/read/books
```

동사를 포함하지 않는다는 조건에 어긋나는 URI로 볼 수 있습니다. 이처럼 동사를 표현할 때는 HTTP 메서드인 GET, POST, PUT, DELETE 등으로 다음과 같이 대체해야 합니다.

```
GET http://localhost:8080/api/books
content-type: application/json
```

위와 같이 동사를 항상 HTTP 메서드로 표현하라고 명시하였지만 모든 경우에 완벽하게 호환되지는 않습니다. 세부적인 동사의 경우 URI에 포함될 수밖에 없습니다. 가령 모바일 결제라는 REST API를 설계한다고 가정한 경우 OTP 발행, 결제 진행, 기타 API 동작에 대해 HTTP 메서드만으로는 대응하기 힘듭니다. 앞의 URI 설계에 대한 원칙은 어디까지나 불필요한 동사를 URI에 포함하는 것을 지양해야 한다는 것이지 완전히 배제시킨다는 것은 아닙니다.

## 복수형을 사용하라

URI에서는 명사에 단수형보다는 복수형을 사용해야 합니다. /book도 물론 명사고 사용 가능하지만 /books로 리소스를 표현하면 컬렉션collection으로 명확하게 표현할 수 있어 확장성 측면에서 더 좋습니다(참고로 자바 컬렉션은 객체의 그룹을 만들고 조작하는 자바 아키텍처를 뜻합니다. 주로 사용되는 인터페이스는 Set, List, Queue, Deque입니다. 이러한 컬렉션은 객체의 단일 단위, 즉 그룹을 나타냅니다).

```
{
    books: [
        {
            book: ...
        },
        {
            book: ...
        },
        {
            book: ...
        },
    ]
}
```

그리고 컬렉션으로 URI를 사용할 경우 컬렉션을 한번 더 감싼 중첩<sup>nested</sup> 형식으로 사용하는 것이 좋습니다. 만약 중첩하지 않고 바로 컬렉션을 반환하면 추후 수정할 때나 확장할 때 번거롭게 됩니다. 예를 들어 중첩하지 않고 하나의 books 컬렉션만 보내는 도중 다른 요구사항이 있다고 가정합시다. 요구사항은 성격이 전혀 다른 stores 컬렉션을 추가하는 겁니다. 기존의 형태가 '키값 + 컬렉션'으로 중첩된 형태가 아니기 때문에 stores 컬렉션을 추가하기 위해 기존의 형태가 깨지게 됩니다. 그렇게 되면 서버에서 API 스펙을 수정하게 되고 클라이언트도 수정된 API 스펙에 맞게 코드를 수정해야 합니다.

다음은 위 예시에 대한 결과물입니다. 중첩된 형태로 _embedded 내부에 기존 컬렉션의 키값이 유지되게 보낼 경우 서버의 API 스펙이 변경되더라도 클라이언트는 따로 코드를 수정할 필요가 없습니다.

중첩할 경우 아래와 같이 JSON 형태로 _embedded(key 값 이름은 임시로) 안에 컬렉션 데이터를 넣어서 반환하면 됩니다.

```
{
    _embedded: [
        {
            books: ...
        },
        {
            stores: ...
        },
        {...}
    ]
}
```

이렇게 확장성을 나타내는(중첩 형태를 나타내는) '_embedded'로 데이터를 감싸 여러 키값을 한번에 보낼 수 있습니다. 이런 형식을 유지하면 뒤늦게 어떠한 데이터가 추가되어도 기존에 제공한 books 데이터와 관련된 부분을 수정하지 않아도 됩니다.

## 행위 설계

books의 동사 부분을 HTTP 메서드를 사용하여 표현하면 다음과 같습니다(다음 표는 스프링 부트 데이터 레스트에 표현된 방식을 기준으로 작성했습니다).

**표 6-1** HTTP 기본 메서드 표현

| Resource | GET(read) | POST(create) | PUT(update) | DELETE(delete) |
|----------|-----------|--------------|-------------|----------------|
| /books | book 목록 보기 | 해당 book 추가 | – | – |
| /books/1 | ID가 1인 book 보기 | – | ID가 1인 book 수정 | ID가 1인 book 삭제 |

/books의 경우 book의 목록을 표현한다는 기본 전제가 깔려 있습니다. 따라서 /books로 URI를 표현하면 기본적으로 복수를 나타내며 작게는 하나의 단위를 나타낼 수 있게 됩니다. 즉, 'books/{단일값}'은 books의 목록 중 특정 book을 사용합니다. 이제 원하는 행위에 따라 동사를 선택적으로 사용합니다.

/books 자체가 복수의 book을 의미하므로 books를 게시판에 표현할 때 페이징을 처리하는 값을 추가로 제공할 수도 있습니다. 추가 값으로 페이지, 크기, 정렬 등의 파라미터를 지정할 수 있습니다. 아래와 같이 JPA의 Pageable의 프로퍼티값을 그대로 사용할 수 있습니다.

```
GET http://localhost:8080/api/books?page=0&size=10&sort=desc
content-type: application/json
```

page, size, sort 파라미터를 따로 지정하지 않으면 서버에서 기본으로 설정한 값으로 반환됩니다.

POST는 book 하나를 새로 생성하여 저장하는 역할을 수행합니다. 생성할 book 객체에는 아직 ID 값이 없으므로 /books에서 POST를 요청하는 형태로 API가 설계됩니다. 생성 이후 해당 book 객체를 수정할 때는 ID 값이 존재하므로 ID 값을 대상으로 PUT을 요청합니다. 마찬가지로 book 객체를 삭제할 때도 ID 값을 대상으로 DELETE를 요청합니다. 지금까지 REST API 설계와 동작에 대해 이론적으로 알아봤습니다. 실제로 구현하는 방법은 프로젝트를 실행해보면서 살펴보겠습니다.

## 6.2 설계하기

여기서는 REST API를 MVC 패턴을 이용한 방법과 스프링 부트 데이터 레스트를 사용하는 방법으로 구현합니다. 두 방법을 모두 다루는 이유는 각 방식의 장단점을 체험하며 비교해보기 위해서입니다.

개발할 REST API는 다음과 같습니다.

**그림 6-1** 커뮤니티 게시판과 연동되는 REST API 설계

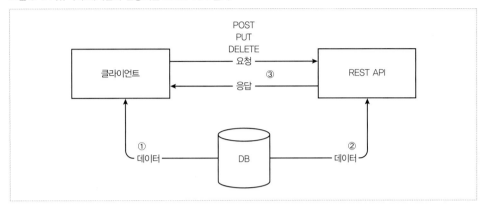

생동감 있는 프로젝트 진행을 위해 4장에서 다룬 커뮤니티 게시판 프로젝트에서 미완으로 남겨두었던 생성/수정/삭제 기능을 REST API로 개발하여 서로 연동하겠습니다.

> **NOTE_** [그림 6-1]의 ①, ②, ③은 순서와는 무관합니다. 단지 설명을 위한 위치 표시입니다.

[그림 6-1]을 보면 클라이언트와 DB가 기존에는 ①과 같이 직접 데이터를 주고받았습니다. REST API를 사용하면 ②, ③과 같이 클라이언트와 DB 사이를 REST API가 중계하게 됩니다. 이러한 구조는 REST API에서 노출하고 싶은 데이터만 노출할 수 있으며 데이터를 캐시하여 성능도 향상되는 구조까지 가질 수 있습니다. 따라서 기존에 직접 데이터를 주고받던 과정은 사라집니다. 즉, ①의 흐름은 없어집니다.

## 6.2.1 MVC 패턴을 활용하는 방법

MVC 패턴으로 프로젝트를 생성하면 컨트롤러, 서비스, 리포지토리로 나누어 데이터의 운반 처리를 세부적으로 조작할 수 있습니다. 기존의 웹과 거의 차이가 없고 단지 데이터의 반환 형태가 HTML이냐 JSON, XML 등의 형태냐의 차이입니다. 내부 구성을 도식화하면 다음과 같습니다.

**그림 6-2** MVC 패턴을 활용한 REST API 애플리케이션 설계

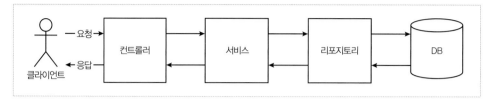

## 6.2.2 스프링 부트 데이터 레스트를 활용하는 방법

스프링 부트 데이터 레스트는 리포지토리 하나만 생성하면 됩니다. MVC 패턴을 활용한 방식과 달리 컨트롤러와 서비스 단계가 없습니다. 필요하다면 생성하여 사용할 수도 있는데 이는 6.3절 '스프링 부트 MVC 패턴으로 REST API 구현하기'에서 자세히 설명하겠습니다.

스프링 부트 데이터 레스트는 REST URL 요청을 리포지토리 내부의 CRUD 메서드와 매핑하여 처리합니다. 즉, [그림 6-2]에서 처리했던 영역들이 스프링 부트 데이터 레스트 라이브러리 내부에 미리 만들어져 있어 컨트롤러와 서비스 영역을 자동화할 수 있습니다. 따라서 다음과 같이 간단하게 REST API를 사용하는 애플리케이션을 설계할 수 있습니다.

**그림 6-3** 스프링 부트 데이터 레스트를 활용하는 REST API 애플리케이션 설계

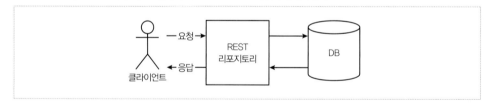

# 6.3 스프링 부트 MVC 패턴으로 REST API 구현하기

커뮤니티 게시판을 만들었던 4장의 MVC 구조와 비슷하게 REST API를 만들겠습니다. 구현 절차는 다음과 같습니다.

1 클라이언트와 REST API의 통신을 위한 클라이언트 쪽 스크립트 코드 추가
2 REST API 개발 환경 설정

**3** CORS 허용 및 시큐리티 설정

**4** 생성, 수정, 삭제 기능 구현


## 6.3.1 준비하기

커뮤니티 게시판과 연동하려면 클라이언트 쪽에 자바스크립트로 통신용 코드를 구현해야 합니다. 여기서 생성/수정/삭제에 대한 요청을 Ajax<sup>Asynchronous JavaScript and XML</sup>로 하면 비동기로 서버와 통신할 수 있으므로 페이지 변화 없이 데이터를 요청하여 응답받고 대응하는 코드를 추가할 수 있습니다. 다음과 같이 Ajax로 코드를 작성하겠습니다.

**예제 6-1** 커뮤니티 게시판의 /board/form.html Ajax 통신용 스크립트 코드 추가
/resources/templates/board/form.html

```html
<!DOCTYPE html>
...

    <div class="container">
        <div class="page-header">
            <h1>게시글 등록</h1>
        </div>
        <br/>
        <input id="board_idx" type="hidden" th:value="${board?.idx}"/>
        <input id="board_create_date" type="hidden" th:value=
            "${board?.createdDate}"/>  ❶

        ...

            <button th:if="!${board?.idx}" type="button" class="btn btn-primary"
                id="insert">저장</button>
            <button th:if="${board?.idx}" type="button" class="btn btn-info"
                id="update">수정</button>
            <button th:if="${board?.idx}" type="button" class="btn btn-danger"
                id="delete">삭제</button>
        </div>
    </div>

    <div th:replace="layout/footer::footer"></div>

    <script th:src="@{/js/jquery.min.js}"></script>
    <script th:if="!${board?.idx}">  ❷
```

```
$('#insert').click(function() {
    var jsonData = JSON.stringify({
        title: $('#board_title').val(),
        subTitle: $('#board_sub_title').val(),
        content: $('#board_content').val(),
        boardType: $('#board_type option:selected').val()
    });
    $.ajax({
        url: "http://localhost:8081/api/boards",
        type: "POST",
        data: jsonData,
        contentType: "application/json",
        dataType: "json",
        success: function() {
            alert('저장 성공!');
            location.href = '/board/list';
        },
        error: function() {
            alert('저장 실패!');
        }
    });
});
</script>
<script th:if="${board?.idx}">  ❸
    $('#update').click(function() {
        var jsonData = JSON.stringify({  ❹
            title: $('#board_title').val(),
            subTitle: $('#board_sub_title').val(),
            content: $('#board_content').val(),
            boardType: $('#board_type option:selected').val(),
            createdDate: $('#board_create_date').val()
        });
        $.ajax({
            url: "http://localhost:8081/api/boards/" + $('#board_idx').val(),
            type: "PUT",
            data: jsonData,
            contentType: "application/json",
            dataType: "json",
            success: function() {
                alert('수정 성공!');
                location.href = '/board/list';
            },
            error: function() {
                alert('수정 실패!');
```

```
                    }
                });
            });
            $('#delete').click(function() {    ❺
                $.ajax({
                    url: "http://localhost:8081/api/boards/" + $('#board_idx').val(),
                    type: "DELETE",
                    success: function() {
                        alert('삭제 성공!');
                        location.href = '/board/list';
                    },
                    error: function() {
                        alert('삭제 실패!');
                    }
                });
            });
        </script>
    </body>
</html>
```

---

기존 코드에서 변경된 사항 위주로 알아봅니다.

- ❶ 기존 코드에서는 thymeleaf-extras-java8time 라이브러리를 사용하여 자바 8의 날짜값을 보기 편한 형식으로 변환했습니다. 그리고 Ajax 통신에 사용하는 created_date 값을 hidden 타입의 input 필드로 추가했습니다.

- ❷ board의 idx 값이 없으면 생성되지 않은 board를 추가합니다. 따라서 저장을 위한 Ajax 코드만 포함되도록 설정했습니다. 별도로 실행되는 REST API(localhost:8081)에 입력된 데이터를 JSON으로 만들어 POST로 요청하는 구문입니다.

- ❸ board의 idx 값이 있으면 이미 생성된 board를 참조합니다. 수정과 삭제가 가능한 스크립트가 포함되도록 설정했습니다.

- ❹ 수정 시에는 JSON 형식으로 데이터를 만들고 "http://localhost:8081/api/boards/" + $('#board_idx').val()에서 idx를 기준으로 PUT을 요청하여 해당 board 객체를 수정하도록 합니다.

- ❺ 삭제 시에는 따로 데이터를 만들 필요 없이 idx 값을 기준으로 DELETE를 요청하여 데이터를 삭제합니다.

이전에 진행했던 웹 프로젝트는 H2를 사용하여 메모리에 데이터를 저장하고 가져왔습니다. 이번에는 MySQL과 연동해서 REST API와 함께 사용하겠습니다. build.gradle 파일에 MySQL 런타임 의존성을 추가합니다.

**예제 6-2** MySQL 런타임 의존성 추가
build.gradle

```
...

dependencies {
    compile('org.springframework.security.oauth:spring-security-oauth2')
    compile('org.springframework.boot:spring-boot-starter-thymeleaf')
    compile('org.springframework.boot:spring-boot-starter-data-jpa')
    compile('org.thymeleaf.extras:thymeleaf-extras-java8time')
    runtime('com.h2database:h2')

    runtime('mysql:mysql-connector-java')
    runtime('org.springframework.boot:spring-boot-devtools')
    compileOnly('org.projectlombok:lombok')
    testCompile('org.springframework.boot:spring-boot-starter-test')
}
```

스프링 부트는 간단하게 MySQL을 연동시킬 수 있습니다. YAML 파일에 MySQL 관련 설정을 [예제 6-3]과 같이 추가합니다. jpa.hibernate.ddl-auto 프로퍼티값을 create로 두었습니다. 이 옵션은 애플리케이션이 구동될 때마다 기존 테이블을 삭제하고 다시 생성합니다.

**예제 6-3** MySQL을 사용하도록 설정
/resources/application.yml

```
spring:
    datasource:
        url: jdbc:mysql://127.0.0.1:3306/{DB명}
        username: {아이디}
        password: {패스워드}
        driver-class-name: com.mysql.jdbc.Driver
    jpa:
        hibernate:
            ddl-auto: create
    h2:
        console:
            enabled: false
        path: /console
    devtools:
        livereload:
            enabled: true
...
```

REST API 프로젝트는 멀티 모듈로 구성하여 6.3절 '스프링 부트 MVC 패턴으로 REST API 구현하기'에서 개발하는 MVC 패턴을 사용하는 방식은 rest-web 모듈로, 6.4절 '스프링 부트 데이터 레스트로 REST API 구현하기'에서 개발하는 스프링 부트 데이터 레스트 방식은 data-rest 모듈로 환경을 구성하겠습니다. 성격이 같고 공통된 의존성이 존재하니 멀티 모듈로 구성하며 비교 및 분석합시다.

프로젝트명을 boot-rest로 하여 기본 경로에 새로운 프로젝트를 생성합니다. 생성 이후 멀티 모듈로 프로젝트를 구성(2.3.2절 '그레이들 멀티 프로젝트 구성하기' 참조)하고 필요한 의존성을 주입하겠습니다. 구성할 모듈은 MVC 패턴의 'rest-web'과 데이터 레스트 방식의 'data-rest'로 이름을 정하여 설정할 겁니다. [예제 6-4]와 같이 'boot-rest'라는 프로젝트 내부에 2개의 모듈을 생성하겠습니다.

**예제 6-4** settings.gradle 설정
settings.gradle

```
rootProject.name = 'boot-rest'

include 'data-rest'
include 'rest-web'
```

**예제 6-5** build.gradle 설정
build.gradle

```
buildscript {
    ext {
        springBootVersion = '2.0.3.RELEASE'
    }
    repositories {
        mavenCentral()
    }
    dependencies {
        classpath("org.springframework.boot:spring-boot-gradle-
                plugin:${springBootVersion}")
    }
}

subprojects {
    apply plugin: 'java'
    apply plugin: 'eclipse'
    apply plugin: 'org.springframework.boot'
```

```
apply plugin: 'io.spring.dependency-management'

group = 'com.rest'
version = '0.0.1-SNAPSHOT'
sourceCompatibility = 1.8

repositories {
    mavenCentral()
}

dependencies {  ❶
    compile('org.springframework.boot:spring-boot-starter-data-jpa')
    compile('org.springframework.boot:spring-boot-starter-security')
    compile('com.fasterxml.jackson.datatype:jackson-datatype-jsr310')

    runtime('org.springframework.boot:spring-boot-devtools')
    runtime('mysql:mysql-connector-java')
    runtime('com.h2database:h2')
    compileOnly('org.projectlombok:lombok')
    testCompile('org.springframework.boot:spring-boot-starter-test')
    testCompile('org.springframework.security:spring-security-test')
    }
}

project(':data-rest') {  ❷
    dependencies {
        compile('org.springframework.boot:spring-boot-starter-data-rest') {
            exclude module: "jackson-databind"
        }
    }
}

project(':rest-web') {  ❸
    dependencies {
        compile('org.springframework.boot:spring-boot-starter-web') {
            exclude module: "jackson-databind"
        }
        compile('org.springframework.boot:spring-boot-starter-hateoas')
    }
}
```

❶ 공통된 의존성을 담았습니다. 한 가지 특별한 점은 `jackson-datatype-jsr310` 모듈을 넣어서 LocalDateTime 타입의 값도 JSON 형식으로 직렬화와 역직렬화가 가능하도록 설정했다는 겁니다.

❷ 스프링 부트 데이터 레스트 프로젝트명을 'data-rest'로 설정하여 데이터 레스트 스타터 의존성을 부여했습니다. jackson 라이브러리의 최신 의존성 부여를 위해 기존 스타터에 포함된 의존성은 제외했습니다.

❸ ❷와 동일하게 jackson 라이브러리 의존성을 제외한 web 스타터 의존성을 설정했습니다. 스프링 부트 데이터 레스트에는 자동으로 포함되어 있는 HATEOAS 제약 조건에 따라 링크를 생성하는 HATEOAS 스타터도 설정했습니다.

완료될 프로젝트의 디렉토리 구조는 다음과 같습니다.

**그림 6-4** REST API 프로젝트 디렉토리 구조

```
├──data-rest
│   └──src
│       ├──main
│       │   ├──java
│       │   │   └──com
│       │   │       └──community
│       │   │           └──rest
│       │   │               ├──domain
│       │   │               │   ├──enums
│       │   │               │   └──projection
│       │   │               ├──event
│       │   │               └──repository
│       │   └──resources
│       └──test
│           └──java
│               └──com
│                   └──community
│                       └──rest
└──rest-web
    └──src
        ├──main
        │   ├──java
        │   │   └──com
        │   │       └──community
        │   │           └──rest
        │   │               ├──controller
        │   │               ├──domain
        │   │               │   └──enums
        │   │               └──repository
        │   └──resources
        └──test
            └──java
                └──com
                    └──community
                        └──rest
```

## 6.3.2 REST API 구현하기

이 절에서는 DB 설정 프로퍼티인 datasource를 설정하고, 실질적인 REST API의 연결 통로가 되는 RestController를 생성하여 REST API를 구현하겠습니다. 그러기 위해 DataSource 설정, 도메인 설정, Repository 설정, RestController 생성, 확인 작업을 진행합니다.

기존의 커뮤니티 게시판(8080번 포트)과 REST API 각각 애플리케이션을 실행할 것이기 때문에 REST API의 포트를 8081번으로 설정하겠습니다. 동시에 Web 설정에서 진행했던 것처럼 DB와의 연결을 위해 DataSource를 설정합니다.

**예제 6-6** DataSource 및 포트 설정
/rest-web/src/main/resources/application.yml

```
spring:
    datasource:
        url: jdbc:mysql://127.0.0.1:3306/{DB명}
        username: {아이디}
        password: {패스워드}
        driver-class-name: com.mysql.jdbc.Driver
server:
    port: 8081
```

[예제 6-7] ~ [예제 6-10]은 4장에서 진행했던 커뮤니티 게시판의 코드를 그대로 사용하겠습니다. 자세한 설명은 4.3.3절 '도메인 매핑하기'를 참조하세요.

**예제 6-7** BoardType Enum 생성
/rest-web/src/main/java/com/community/rest/domain/enums/BoardType.java

```
public enum BoardType {
    notice("공지사항"),
    free("자유게시판");

    private String value;

    BoardType(String value) {
        this.value = value;
    }

    public String getValue() {
```

```java
        return this.value;
    }
}
```

**예제 6-8** Board 클래스 생성
/rest-web/src/main/java/com/community/rest/domain/Board.java

```java
import com.community.rest.domain.enums.BoardType;
import java.io.Serializable;
import java.time.LocalDateTime;
import javax.persistence.*;

import lombok.Builder;
import lombok.Getter;
import lombok.NoArgsConstructor;

@Getter
@NoArgsConstructor
@Entity
@Table
public class Board implements Serializable {

    @Id
    @Column
    @GeneratedValue(strategy = GenerationType.IDENTITY)
    private Long idx;

    @Column
    private String title;

    @Column
    private String subTitle;

    @Column
    private String content;

    @Column
    @Enumerated(EnumType.STRING)
    private BoardType boardType;

    @Column
    private LocalDateTime createdDate;
```

```
    @Column
    private LocalDateTime updatedDate;

    @OneToOne
    private User user;

    @Builder
    public Board(String title, String subTitle, String content,
            BoardType boardType, LocalDateTime createdDate, LocalDateTime
            updatedDate, User user) {
        this.title = title;
        this.subTitle = subTitle;
        this.content = content;
        this.boardType = boardType;
        this.createdDate = createdDate;
        this.updatedDate = updatedDate;
        this.user = user;
    }
}
```

**예제 6-9** SocialType Enum 생성
/rest-web/src/main/java/com/community/rest/domain/enums/SocialType.java

```
public enum SocialType {
    FACEBOOK("facebook"),
    GOOGLE("google"),
    KAKAO("kakao");

    private final String ROLE_PREFIX = "ROLE_";
    private String name;

    SocialType(String name) {
        this.name = name;
    }

    public String getRoleType() { return ROLE_PREFIX + name.toUpperCase(); }

    public String getValue() { return name; }

    public boolean isEquals(String authority) {
        return this.getRoleType().equals(authority);
    }
}
```

```java
import com.community.rest.domain.enums.SocialType;
import java.io.Serializable;
import java.time.LocalDateTime;
import javax.persistence.*;

import lombok.Builder;
import lombok.Getter;
import lombok.NoArgsConstructor;

@Getter
@NoArgsConstructor
@Entity
@Table
public class User implements Serializable {

    @Id
    @Column
    @GeneratedValue(strategy = GenerationType.IDENTITY)
    private Long idx;

    @Column
    private String name;

    @Column
    private String password;

    @Column
    private String email;

    @Column
    private String principal;

    @Column
    @Enumerated(EnumType.STRING)
    private SocialType socialType;

    @Column
    private LocalDateTime createdDate;

    @Column
    private LocalDateTime updatedDate;
```

```java
@Builder
public User(String name, String password, String email, String principal,
        SocialType socialType, LocalDateTime createdDate, LocalDateTime
        updatedDate) {
    this.name = name;
    this.password = password;
    this.email = email;
    this.principal = principal;
    this.socialType = socialType;
    this.createdDate = createdDate;
    this.updatedDate = updatedDate;
}
}
```

그리고 앞에서 생성한 두 개의 도메인에 대해 간단한 Repository를 생성합니다. [예제 6-11]과 [예제 6-12]는 각각 JPA 사용을 위한 Board, User의 Respository입니다.

**예제 6-11** BoardRepository 생성
/rest-web/src/main/java/com/community/rest/repository/BoardRepository.java

```java
import com.community.rest.domain.Board;
import org.springframework.data.jpa.repository.JpaRepository;

public interface BoardRepository extends JpaRepository<Board, Long> {}
```

**예제 6-12** UserRepository 생성
/rest-web/src/main/java/com/community/rest/repository/UserRepository.java

```java
import com.community.rest.domain.User;
import org.springframework.data.jpa.repository.JpaRepository;

public interface UserRepository extends JpaRepository<User, Long> {}
```

따로 서비스에서 처리하는 로직이 없기 때문에 서비스는 제외하고 작성하겠습니다. 만약 실제로 돌아가는 서비스에서 복잡한 로직이 중간에 있어야 한다면 서비스가 반드시 있어야 합니다. 요청을 받는 관문인 컨트롤러를 작성하겠습니다. 일단 게시글을 10개씩 페이징 처리하여 가져왔던 데이터를 확장성 있게 중첩된 데이터로 표현할 것이며, HATEOAS를 적용하여 REST형으로 만들어보겠습니다.

```java
import com.community.rest.domain.Board;
import com.community.rest.repository.BoardRepository;

import org.springframework.data.domain.Page;
import org.springframework.data.domain.Pageable;
import org.springframework.data.web.PageableDefault;
import org.springframework.hateoas.PagedResources;
import org.springframework.hateoas.PagedResources.PageMetadata;
import org.springframework.http.MediaType;
import org.springframework.http.ResponseEntity;
import org.springframework.web.bind.annotation.GetMapping;
import org.springframework.web.bind.annotation.RequestMapping;
import org.springframework.web.bind.annotation.RestController;

import static org.springframework.hateoas.mvc.ControllerLinkBuilder.linkTo;
import static org.springframework.hateoas.mvc.ControllerLinkBuilder.methodOn;

@RestController
@RequestMapping("/api/boards")
public class BoardRestController {

    private BoardRepository boardRepository;

    public BoardRestController(BoardRepository boardRepository) {  ❶
        this.boardRepository = boardRepository;
    }

    @GetMapping(produces = MediaType.APPLICATION_JSON_VALUE)  ❷
    public ResponseEntity<?> getBoards(@PageableDefault Pageable pageable) {
        Page<Board> boards = boardRepository.findAll(pageable);
        PageMetadata pageMetadata = new PageMetadata(pageable.getPageSize(),
                boards.getNumber(), boards.getTotalElements());  ❸
        PagedResources<Board> resources = new PagedResources<>(boards.
                getContent(), pageMetadata);  ❹
        resources.add(linkTo(methodOn(BoardRestController.class).
                getBoards(pageable)).withSelfRel());  ❺
        return ResponseEntity.ok(resources);
    }
}
```

❶ @Autowired와 똑같이 의존성을 주입하는 생성자 주입 방식입니다.

❷ Get으로 '/api/boards' 호출 시 해당 메서드에 매핑됩니다. 반환값은 JSON 타입입니다.

❸ 현재 페이지 수, 총 게시판 수, 한 페이지의 게시판 수 등 페이징 처리에 관한 리소스를 만드는 PagedResources 객체를 생성하기 위해 PagedResources 생성자의 파라미터로 사용되는 PageMetadata 객체를 생성했습니다. PageMetadata는 전체 페이지 수, 현재 페이지 번호, 총 게시판 수로 구성됩니다.

❹ PagedResources 객체를 생성합니다. 이 객체를 생성하면 HATEOAS가 적용되며 페이징값까지 생성된 REST형의 데이터를 만들어줍니다.

❺ PagedResources 객체 생성 시 따로 링크를 설정하지 않았다면 이와 같이 링크를 추가할 수 있습니다. 여기서는 각 Board마다 상세정보를 불러올 수 있는 링크만 추가했습니다.

여기서 중요한 점은 PagedResources 객체를 생성하면 링크를 추가한 RESTful 데이터를 생성한다는 겁니다. 6.1.2절의 '인터페이스 일관성'에서 살펴보았던 HATEOAS를 적용하여 관련 리소스 정보를 추가합니다. 만약 게시판과 관련된 페이지의 링크들을 추가한다면 [예제 6-14]처럼 생성할 수 있습니다.

예제 6-14 HATEOAS 링크 예제

```
"_links": {
    "first": {
        "href": "http://localhost:8081/api/boards?page=0&size=10"
    },
    "self": {
        "href": "http://localhost:8081/api/boards{?page,size,sort,projection}"
    },
    "next": {
        "href": "http://localhost:8081/api/boards?page=1&size=10"
    },
    "last": {
        "href": "http://localhost:8081/api/boards?page=20&size=10"
    }
}
```

첫 페이지(first), 자기 자신의 URL의 파라미터 정보(self), 다음 페이지(next), 마지막 페이지(last) 등과 같이 페이지 처리에 관련된 정보를 키/값 형식으로 추가할 수 있습니다. 필요하면 얼마든지 다른 링크를 추가할 수 있습니다. 만약 클라이언트가 위 키값을 사용하여 게시판 페이지의 로직을 처리했다면 관련 URL이 버전업되거나 형식이 바뀌더라도 클라이언트에서

따로 로직을 수정할 필요가 없습니다. 따라서 REST의 클라이언트–서버<sup>client-server</sup> 제약 조건을 명확히 지키게 됩니다. 애플리케이션을 구동시켜 REST API에서 페이징 처리된 데이터가 어떻게 보이는지 확인합시다.

```
http://localhost:8081/api/boards
```

**결과 6-1** Board 객체의 페이징 처리된 데이터

```
{
    "_embedded": {  ❶
        "boardList": [
            {
                "idx": 1,
                "title": "게시글1",
                "subTitle": "순서1",
                "content": "콘텐츠",
                "boardType": "free",
                "createdDate": [...],
                "updatedDate": [...],
                "user": {
                    "idx": 1,
                    "name": "havi",
                    "password": "test",
                    "email": "havi@gmail.com",
                    "principal": null,
                    "socialType": null,
                    "createdDate": [...],
                    "updatedDate": null,
                    "handler": {},
                    "hibernateLazyInitializer": {}
                }
            },
            ... // 9개의 다른 board 데이터
        ]
    },
    "_links": {  ❷
        "self": {
            "href": "http://localhost:8081/api/boards"
        }
    },
```

```
      "page": {  ❸
          "size": 10,
          "totalElements": 205,
          "totalPages": 21,
          "number": 0
      }
  }
```

드디어 REST형 데이터를 뽑아내게 되었습니다. ❶ _embedded에는 호출한 목적 데이터가 중첩 형식으로 부여되어 있습니다. HATEOAS를 위한 ❷ _links에는 관련된 링크들이 있으며 마지막에는 ❸ 페이징 처리를 위한 값들이 제공됩니다.

사실 이 부분은 이미 클라이언트 쪽에서 직접 데이터를 내려받아 쓰도록 구현되어 있습니다. 앞서 구현하지 못했던 생성(POST), 수정(PUT), 삭제(DELETE)는 어떻게 연동하는지 살펴보겠습니다.

## 6.3.3 CORS 허용 및 시큐리티 설정

기존의 웹 프로젝트와 연동시켜 생성, 수정, 삭제 등의 기능을 구현하기 전에 반드시 설정해야 하는 사항이 있습니다. [예제 6-1]에서 추가한 Ajax 통신용 코드에서 <script></script> 태그로 둘러싸인 부분은 HTTP 요청 시 동일 출처 정책[same origin policy][3]이 적용됩니다. 따라서 우리가 설정한 웹의 localhost:8080과 REST API 프로젝트의 localhost:8081은 호스트는 동일할지라도 포트가 상이하기 때문에 Ajax 요청은 모두 실패하게 됩니다. 즉, 출처는 자원 + 도메인 + 포트 번호("http://localhst:8080")로 결합된 문자열입니다. 이 조합에서 한 글자라도 다르면 다른 출처로 판단됩니다. 이러한 교차 출처[cross-origin] HTTP 요청을 가능하게 해주는 메커니즘을 교차 출처 자원 공유[cross origin resource sharing, CORS]라고 합니다. CORS는 서로 다른 도메인의 접근을 허용하는 권한을 부여합니다.

---

**3** 한 출처(origin)에서 로드된 문서나 스크립트가 다른 출처 자원과 상호작용하지 못하도록 제약하는 정책

**그림 6-5** 교차 출처 방식의 시퀀스 다이어그램

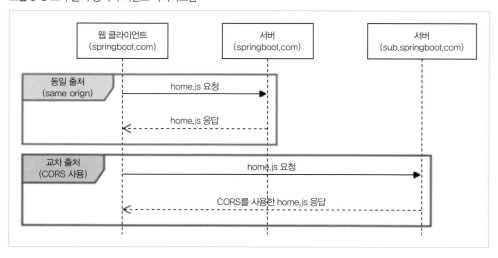

예를 들어 http://springboot.com에서 허용하는 교차 출처 자원 공유 정책은 다음과 같습니다.

**표 6-2** 교차 출처 자원 공유 정책 예

| URL | 결과 |
|---|---|
| http://springboot.com/find/task | 성공 |
| http://springboot.com:8080 | 실패(포트 다름) |
| https://springboot.com | 실패(프로토콜 다름) |
| http://study.springboot.com | 실패(호스트 다름) |

스프링 시큐리티를 이용해 쉽게 CORS를 설정할 수 있습니다. 다음은 모든 출처에 대해 허용
하도록 설정하는 코드입니다.

**예제 6-15** CORS 적용하기
**/rest-web/src/main/java/com/community/rest/RestWebApplication.java**

```java
import org.springframework.boot.SpringApplication;
import org.springframework.boot.autoconfigure.SpringBootApplication;
import org.springframework.context.annotation.Configuration;
import org.springframework.security.config.annotation.method.configuration.
        EnableGlobalMethodSecurity;
import org.springframework.security.config.annotation.web.builders.HttpSecurity;
import org.springframework.security.config.annotation.web.configuration.
        EnableWebSecurity;
```

```java
import org.springframework.security.config.annotation.web.configuration.
        WebSecurityConfigurerAdapter;
import org.springframework.web.cors.CorsConfiguration;
import org.springframework.web.cors.UrlBasedCorsConfigurationSource;

@SpringBootApplication
public class RestWebApplication {

    public static void main(String[] args) {
        SpringApplication.run(RestWebApplication.class, args);
    }

    @Configuration
    @EnableGlobalMethodSecurity(prePostEnabled = true)  ❶
    @EnableWebSecurity  ❷
    static class SecurityConfiguration extends WebSecurityConfigurerAdapter {

        @Override
        protected void configure(HttpSecurity http) throws Exception {
            CorsConfiguration configuration = new CorsConfiguration();
            configuration.addAllowedOrigin(CorsConfiguration.ALL);  ❸
            configuration.addAllowedMethod(CorsConfiguration.ALL);  ❸
            configuration.addAllowedHeader(CorsConfiguration.ALL);  ❸
            UrlBasedCorsConfigurationSource source =
                    new UrlBasedCorsConfigurationSource();
            source.registerCorsConfiguration("/**", configuration);  ❹

            http.httpBasic()
                .and().authorizeRequests()
                .anyRequest().permitAll()
                .and().cors().configurationSource(source)  ❺
                .and().csrf().disable();
        }
    }
}
```

❶ @PreAuthorize와 @PostAuthorize(6.4.7절 '각 메서드 권한 제한' 참조)를 사용하기 위해 붙이는 어노테이션입니다.

❷ 웹용 시큐리티를 활성화하는 어노테이션입니다.

❸ CorsConfiguration 객체를 생성하여 CORS에서 Origin, Method, Header별로 허용할 값을 설정할 수 있습니다. CorsConfiguration.ALL은 '*'과 같습니다. 모든 경로에 대해 허용합니다.

❹ 특정 경로에 대해 CorsConfiguration 객체에서 설정한 값을 CorsConfigurationSource 인터페이스를 구현한 UrlBasedCorsConfigurationSource에 적용시킵니다. 여기서는 모든 경로로 설정되어 있습니다.

❺ 스프링 시큐리티의 CORS 설정에서는 CorsConfigurationSource 인터페이스의 구현체를 파라미터로 받는 configurationSource가 있습니다. 여기에 설정한 UrlBasedCorsConfigurationSource 객체를 넣어주면 ❸, ❹에서 설정한 내용이 시큐리티 설정에 추가됩니다.

앞의 설정은 데모 버전이기 때문에 모든 상황과 경로에 대해 허용했지만 실제 서버에서는 상황에 따라 유동적으로 설정해야 합니다. 이로써 REST API 서버를 활용하여 다른 서버와 Ajax로 통신할 준비를 마쳤습니다.


## 6.3.4 생성, 수정, 삭제 구현

6.3.2절에서 RESTful API를 설계하고 개발하는 방법을 알아보았습니다. 이번에는 커뮤니티 게시판과 직접적인 연동을 통해 더 자세히 알아보겠습니다. REST API의 컨트롤러에 생성, 수정, 삭제에 사용하는 메서드 3개만 추가하면 됩니다.

예제 6-16 REST API 컨트롤러의 POST, PUT, DELETE 메서드
/rest-web/src/main/java/com/community/rest/controller/BoardRestController.java

```
...
import org.springframework.http.HttpStatus;
import org.springframework.web.bind.annotation.PathVariable;
import org.springframework.web.bind.annotation.RequestBody;
import org.springframework.web.bind.annotation.PathVariable;
import org.springframework.web.bind.annotation.RequestBody;
import org.springframework.web.bind.annotation.PathVariable;
import org.springframework.web.bind.annotation.RequestBody;

@RestController
@RequestMapping("/api/boards")
public class BoardRestController {

    ...

    @PostMapping    ❶
    public ResponseEntity<?> postBoard(@RequestBody Board board) {
        board.setCreatedDateNow();    ❷
```

```
        boardRepository.save(board);
        return new ResponseEntity<>("{}", HttpStatus.CREATED);
    }

    @PutMapping("/{idx}")  ❸
    public ResponseEntity<?> putBoard(@PathVariable("idx")Long idx,
            @RequestBody Board board) {
        Board persistBoard = boardRepository.getOne(idx);
        persistBoard.update(board);  ❹
        boardRepository.save(persistBoard);
        return new ResponseEntity<>("{}", HttpStatus.OK);
    }

    @DeleteMapping("/{idx}")  ❺
    public ResponseEntity<?> deleteBoard(@PathVariable("idx")Long idx) {
        boardRepository.deleteById(idx);
        return new ResponseEntity<>("{}", HttpStatus.OK);
    }
}
```

❶ POST 요청에 대한 매핑을 지원합니다.

❷ 서버 시간으로 생성된 날짜를 설정합니다.

❸ PUT 요청에 대한 매핑을 지원합니다. 어떤 board 객체를 수정할 것인지 idx 값을 지정해야 매핑됩니다.

❹ persistBoard에 변경된 board의 데이터를 반영합니다.

❺ DELETE 요청에 대한 매핑을 지원합니다. 어떤 board 객체를 삭제할 것인지 idx 값을 지정해야 매핑됩니다.

컨트롤러에 [예제 6-16] 코드를 추가합니다. 생성, 수정, 삭제를 위한 코드는 이걸로 끝입니다.

생각보다 간단하죠? 컨트롤러에 설정되어 있는 @RequestMapping("/api/boards")로 명사는 일치시켰고 생성, 수정, 삭제하는 동사만 달리했습니다. 물론 정상적으로 데이터가 넘어왔는지에 대한 유효성 검사를 하면 코드가 더 길어지지만 핵심 기능은 위 코드에 모두 담겨 있습니다.

Board의 상태 데이터를 수정하는 ❷, ❹ 부분을 위해 Board 클래스에 추가적인 작업이 필요합니다. Board 클래스에 setCreatedDateNow() 메서드와 update() 메서드를 생성해야 합니다. setCreatedDateNow() 메서드는 현재 시간을 LocalDateTime을 통해 생성하고, update() 메서드는 수정되는 부분들을 매칭시켜 변경해줍니다.

```java
import com.community.rest.domain.enums.BoardType;
import com.fasterxml.jackson.annotation.JsonIgnoreProperties;
import java.io.Serializable;
import java.time.LocalDateTime;
import javax.persistence.*;

import lombok.Builder;
import lombok.Getter;
import lombok.NoArgsConstructor;

@Getter
@NoArgsConstructor
@Entity
@Table
public class Board implements Serializable {
    ...

    public void setCreatedDateNow() {
        this.createdDate = LocalDateTime.now();
    }

    public void setUpdatedDateNow() {
        this.updatedDate = LocalDateTime.now();
    }

    public void update(Board board) {
        this.title = board.getTitle();
        this.subTitle = board.getSubTitle();
        this.content = board.getContent();
        this.boardType = board.getBoardType();
        this.updatedDate = LocalDateTime.now();
    }
}
```

## 6.3.5 동작 확인

REST API도 생성, 수정, 삭제에 대한 준비가 되었으니 API와 커뮤니티 게시판 모두를 실행
하여 추가된 기능이 정상 동작하는지 확인합시다. API는 8081번 포트로, 커뮤니티 게시판은
8080번 포트로 실행됩니다.

애플리케이션을 실행해서 먼저 게시글을 저장합시다. 데이터는 모두 임의로 간단히 넣고 저장 버튼을 누릅니다.

**그림 6-6** 게시글 저장하기 화면

다음과 같이 나오면 게시글 등록에 성공한 겁니다.

**그림 6-7** 게시글 저장하기 결과

이번에는 기존 게시글을 수정합시다. 저장한 글을 선택한 뒤 임의로 내용을 수정하고 수정 버튼을 누릅니다.

**그림 6-8** 게시글 수정하기 화면

다음과 같이 나오면 게시글 수정에 성공한 겁니다.

**그림 6-9** 게시글 수정하기 결과

마지막으로 게시글을 삭제합시다. 수정한 글을 선택한 뒤 삭제 버튼을 누릅니다.

**그림 6-10** 게시글 삭제하기 화면

다음과 같이 나오면 게시글 삭제에 성공한 겁니다.

**그림 6-11** 게시글 삭제하기 결과

## 6.4 스프링 부트 데이터 레스트로 REST API 구현하기

6.3절 '스프링 부트 MVC 패턴으로 REST API 구현하기'에서 진행했던 API 프로젝트는 MVC 패턴 기반입니다. 그래서 컨트롤러를 사용했습니다. MVC 패턴을 이용해 컨트롤러와 서비스 영역을 두면 세부적인 처리가 가능하고 복잡한 서비스도 처리할 수 있습니다. 하지만 복잡한 로직 없이 단순 요청을 받아 데이터를 있는 그대로 반환할 때는 비용 낭비가 될 수 있습니다.

스프링 부트 데이터 레스트는 이러한 단점을 보완한 방법으로서, MVC 패턴에서 VC를 생략했습니다. 즉, 도메인과 리포지토리로만 REST API를 제공하기 때문에 빠르고 쉽게 프로젝트를 진행할 수 있습니다.

6.3절에서 제공한 기능과 동일한 기능을 스프링 부트 데이터 레스트로 만들어보겠습니다. 구현 절차는 다음과 같습니다.

   1 스프링 부트 데이터 레스트로 REST API 구현하기
   2 @RepositoryRestController를 사용하여 REST API 구현하기
   3 프로젝션, 롤, 이벤트 바인딩 등 세부적인 설정 처리
   4 HAL 브라우저 적용하기

### 6.4.1 준비하기

본격적으로 스프링 부트 데이터 레스트를 시작하기 전에 DB와 REST API 환경 설정을 진행하겠습니다. [예제 6-5]에서 의존성을 설정했고, [그림 6-4]에서 프로젝트 구조를 확인했습니다. 그럼 [예제 6-4]에서 미리 구현한 data-rest 모듈을 사용해 개발해봅시다. application.yml 파일을 생성해 DB 연동과 API 관련 설정을 진행하겠습니다.

예제 **6-18** application.yml 생성
/data-rest/src/main/resources/application.yml

```
spring:
  datasource:
    url: jdbc:mysql://127.0.0.1:3306/{DB명}
    username: {아이디}
    password: {패스워드}
    driver-class-name: com.mysql.jdbc.Driver
```

```
    data:
        rest:
            base-path: /api  ❶
            default-page-size: 10  ❷
            max-page-size: 10  ❸
server:
    port: 8081
```

❶ spring.data.rest.base-path : API의 모든 요청의 기본 경로를 지정합니다.

❷ spring.data.rest.default-page-size : 클라이언트가 따로 페이지 크기를 요청하지 않았을 때 적용할 기본 페이지 크기를 설정합니다.

❸ spring.data.rest.max-page-size : 최대 페이지 수를 설정합니다.

스프링 부트 데이터 레스트는 위 세 설정 외에도 다음과 같은 프로퍼티 설정도 가능합니다.

표 6-3 스프링 부트 데이터 레스트 프로퍼티

| 이름 | 설명 |
| --- | --- |
| page-param-name | 페이지를 선택하는 쿼리 파라미터명을 변경합니다. |
| limit-param-name | 페이지 아이템 수를 나타내는 쿼리 파라미터명을 변경합니다. |
| sort-param-name | 페이지의 정렬값을 나타내는 쿼리 파라미터명을 변경합니다. |
| default-media-type | 미디어 타입을 지정하지 않았을 때 사용할 기본 미디어 타입을 설정합니다. |
| return-body-on-create | 새로운 엔티티를 생성한 이후에 응답 바디(Response Body) 반환 여부를 설정합니다. |
| return-body-on-update | 엔티티를 수정한 이후에 응답 바디 반환 여부를 설정합니다. |
| enable-enum-translation | 'rest-messages'라는 프로퍼티 파일을 만들어서 지정한 enum 값을 사용하게 해줍니다. 적합한 enum 값(DEAFAULT, ALL, VISIBILITY, ANNOTATED)을 키로 사용합니다. |
| detection-strategy | 리포지토리 노출 전략을 설정하는 프로퍼티값입니다. RepositoryDetection Strategy 인터페이스 내부에 구현된 enum 값으로 설정합니다. |

## 6.4.2 기본 노출 전략 살펴보기

스프링 부트 데이터 레스트에서 제공하는 프로퍼티 중 detection-strategy에 RepositoryDetectionStrategy를 사용하여 리포지토리의 REST 리소스 노출 여부를 설정할 수 있습니다. RepositoryDetectionStrategy에 주어진 enum 값은 다음과 같습니다.

- ALL : 모든 유형의 리포지토리를 노출합니다.
- DEFAULT : public으로 설정된 모든 리포지토리를 노출합니다. 여기서 @(Repository)RestResource가 'exported'로 설정된 flag 값이 고려되어 노출됩니다(@(Repository)RestResource에 대한 내용은 다음 절에서 살펴봅니다).
- ANNOTATION : @(Repository)RestResource가 설정된 리포지토리만 노출합니다. 여기서 @(Repository)RestResource가 'exported'로 설정된 flag 값이 false가 아니어야 합니다.
- VISIBILITY : public으로 설정된 인터페이스만 노출합니다.

## 6.4.3 스프링 부트 데이터 레스트로 REST API 구현하기

도메인 클래스는 앞서 작성했던 [예제 6-7] ~ [예제 6-10], [예제 6-17]의 코드를 동일하게 사용하겠습니다. repository 패키지를 생성하여 BoardRepository, UserRepository 인터페이스를 추가합니다.

BoardRepository는 이전에 생성했던 일반적인 JpaRepository와 비슷한 역할을 합니다. 차이점은 @RepositoryRestResource라는 어노테이션을 사용한다는 점인데 @RepositoryRestResource는 스프링 부트 데이터 레스트에서 지원하는 어노테이션으로 별도의 컨트롤러와 서비스 영역 없이 미리 내부적으로 정의되어 있는 로직을 따라 처리됩니다. 그 로직은 해당 도메인의 정보를 매핑하여 REST API를 제공하는 역할을 합니다.

**예제 6-19** BoardRepository 생성
/data-rest/src/main/java/com/community/rest/repository/BoardRepository.java

```
import com.community.rest.domain.Board;
import org.springframework.data.jpa.repository.JpaRepository;
import org.springframework.data.rest.core.annotation.RepositoryRestResource;

@RepositoryRestResource
public interface BoardRepository extends JpaRepository<Board, Long> {
}
```

UserRepository도 동일하게 @RepositoryRestResource 어노테이션을 사용하여 User 도메인의 REST API를 생성하도록 합시다.

예제 6-20 UserRepository 생성
/data-rest/src/main/java/com/community/rest/repository/UserRepository.java

```java
import com.community.rest.domain.User;
import org.springframework.data.jpa.repository.JpaRepository;
import org.springframework.data.rest.core.annotation.RepositoryRestResource;

@RepositoryRestResource
public interface UserRepository extends JpaRepository<User, Long> {
}
```

설정이 끝났습니다. 프로퍼티를 설정하고, 도메인과 리포지토리만 구현하면 다른 영역은 스프링 부트 데이터 레스트가 알아서 처리해줍니다. 그럼 브라우저에서 다음 URL로 접속하여 결과가 어떻게 출력되는지 살펴보겠습니다.

아래 명령을 터미널에서 실행합니다. 혹은 curl 명령어를 제외하고 URL로 브라우저에서 접속해도 결과를 확인할 수 있습니다.

```
$ curl http://localhost:8081/api/boards
```

결과 6-2 /api/boards를 호출한 결과 데이터

```json
{
    "_embedded": {
        "boards": [
            {
                "title": "게시글1",
                "subTitle": "순서1",
                "content": "콘텐츠",
                "boardType": "free",
                "createdDate": "2017-12-04T10:54:14",
                "updatedDate": "2017-12-04T10:54:14",
                "_links": {
                    "self": {
                        "href": "http://localhost:8081/api/boards/1"
                    },
                    "board": {
                        "href": "http://localhost:8081/api/boards/1{?projection}",
                        "templated": true
                    },
```

```
                            "user": {
                                "href": "http://localhost:8081/api/boards/1/user"
                            }
                        }
                    },
                    ...
                ]
            },
            "_links": {
                "first": {
                    "href": "http://localhost:8081/api/boards?page=0&size=10"
                },
                "self": {
                    "href": "http://localhost:8081/api/boards{?page,size,sort,projection}",
                    "templated": true
                },
                "next": {
                    "href": "http://localhost:8081/api/boards?page=1&size=10"
                },
                "last": {
                    "href": "http://localhost:8081/api/boards?page=19&size=10"
                },
                "profile": {
                    "href": "http://localhost:8081/api/profile/boards"
                }
            },
            "page": {
                "size": 10,
                "totalElements": 200,
                "totalPages": 20,
                "number": 0
            }
        }
```

호출해보니 HATEOAS를 지키며 MVC 패턴을 활용한 방법의 [결과 6-1]보다 더 많은 링크 정보를 제공하고 있습니다. boards 키의 내부 "_links"는 해당 Board와 관련된 링크 정보를 포함합니다. 외부 "_links"는 Board의 페이징 처리와 관련된 링크 정보를 포함합니다. 링크를 살펴보면 관련된 데이터를 어떻게 호출해야 할지 힌트를 얻을 수 있습니다. 내부 링크는 해당 Board에 대한 URI, 프로젝션을 통한 Board 호출 URI, 해당 Board를 작성한 User의 URI까지 알려줍니다. 외부 링크는 게시판의 첫 번째 리스트 URI("first"), 자기 자신의

URI("self"), 다음 페이지, 마지막 페이지, 프로파일 정보 등 관련 정보를 쉽게 파악할 수 있습니다.

이러한 정보는 키값(key: value) 형식으로 구성되어 있어서 클라이언트가 키를 참조하도록 코드를 설정한다면 서버에서 요청된 데이터의 정보가 바뀌더라도 클라이언트 입장에서는 코드를 수정할 필요가 없습니다. 예를 들어 서버에서는 이제 한 페이지의 게시글 수를 10이 아니라 20으로 설정하려고 합니다. 만약 클라이언트가 URL을 직접 호출하여 가져온다면 코드를 "http://localhost:8081/api/boards?page=0&size=20"과 같이 수정해야 합니다. 하지만 클라이언트가 "_links"의 "first" 값을 참조하고 있었다면 서버에서 제공하는 대로 값을 받아오기 때문에 따로 수정할 필요가 없습니다.

## 6.4.4 @RepositoryRestController를 사용하여 REST API 구현하기

스프링 부트 데이터 레스트의 기본 설정을 사용해서 편리하게 정보를 구성했지만 모든 사람이 [결과 6-2]와 같은 데이터형을 원하지는 않을 겁니다. 또는 좀 더 최적화하고 싶은 사람도 있을 겁니다. 이럴 때는 스프링 부트 데이터 레스트에서 따로 제공해주는 @RepositoryRestController 어노테이션을 사용하면 좋습니다. 이는 @RestController를 대체하는 용도로 사용하며 두 가지 주의사항이 있습니다. 첫째, 매핑하는 URL 형식이 스프링 부트 데이터 레스트에서 정의하는 REST API 형식에 맞아야 합니다. 둘째, 기존에 기본으로 제공하는 URL 형식과 같게 제공해야 해당 컨트롤러의 메서드가 기존의 기본 API를 오버라이드합니다.

[결과 6-2]의 데이터에서 boards 내부 객체들의 링크값을 제외하고 결괏값을 출력합시다. @RepositoryRestController를 사용하여 다음과 같이 레스트 컨트롤러를 추가하면 됩니다.

**예제 6-21** @RepositoryRestController를 사용한 레스트 컨트롤러 작성
**/data-rest/src/main/java/com/community/rest/controller/BoardRestController.java**

```
import com.community.rest.domain.Board;
import com.community.rest.repository.BoardRepository;

import org.springframework.data.domain.Page;
import org.springframework.data.domain.Pageable;
import org.springframework.data.rest.webmvc.RepositoryRestController;
import org.springframework.data.web.PageableDefault;
```

```java
import org.springframework.hateoas.PagedResources;
import org.springframework.hateoas.PagedResources.PageMetadata;
import org.springframework.hateoas.Resources;
import org.springframework.web.bind.annotation.GetMapping;
import org.springframework.web.bind.annotation.ResponseBody;

import static org.springframework.hateoas.mvc.ControllerLinkBuilder.linkTo;
import static org.springframework.hateoas.mvc.ControllerLinkBuilder.methodOn;

@RepositoryRestController
public class BoardRestController {

    private BoardRepository boardRepository;

    public BoardRestController(BoardRepository boardRepository) {
        this.boardRepository = boardRepository;
    }

    @GetMapping("/boards")    ❶
    public @ResponseBody Resources<Board> simpleBoard(@PageableDefault Pageable
            pageable) {
        Page<Board> boardList = boardRepository.findAll(pageable);

        PageMetadata pageMetadata = new PageMetadata(pageable.getPageSize(),
                boardList.getNumber(), boardList.getTotalElements());    ❷
        PagedResources<Board> resources = new PagedResources<>(boardList.
                getContent(), pageMetadata);    ❸
            resources.add(linkTo(methodOn(BoardRestController.class).
                    simpleBoard(pageable)).withSelfRel());    ❹
        return resources;
    }
}
```

❶ /api/boards로 스프링 부트 데이터 레스트에서 기본적으로 제공해주는 URL 형식을 오버라이드합니다.

❷ 전체 페이지 수, 현재 페이지 번호, 총 게시판 수 등의 페이지 정보를 담는 PageMetadata 객체를 생성합니다.

❸ 컬렉션의 페이지 리소스 정보를 추가적으로 제공해주는 PagedResources 객체를 만들어 반환값으로 사용합니다.

❹ 필요한 링크를 추가합니다. 사실 여러 링크를 추가하는 것은 상당히 반복적인 작업입니다. 예제에서는 요청된 각각의 Board를 나타내는 'self' 하나만 임시로 추가하겠습니다.

[예제 6-21]의 코드를 작성했다면 다시 애플리케이션을 구동하고 /api/boards로 접속합니다.

```
$ curl http://localhost:8081/api/boards
```

**결과 6-3** 최적화한 /api/boards를 호출한 결과 데이터

```json
{
    "_embedded": {
        "boards": [
            {
                "title": "게시글1",
                "subTitle": "순서1",
                "content": "콘텐츠",
                "boardType": "free",
                "createdDate": "2017-12-04T10:54:14",
                "updatedDate": "2017-12-04T10:54:14"
            },
            ...
        ]
    },
    "_links": {
        "self": {
            "href": "http://localhost:8081/boards"
        }
    },
    "page": {
        "size": 10,
        "totalElements": 200,
        "totalPages": 20,
        "number": 0
    }
}
```

[결과 6-3]의 데이터를 확인해보면 [결과 6-2]에서 제공해주던 여러 링크가 삭제된 것을 알 수 있습니다. 위 코드와 결과를 통해 우리는 몇 가지 사실을 파악할 수 있습니다.

- 스프링 부트 데이터 레스트에서 제공해주는 기본 URL은 @RepositoryRestController를 사용하여 오버라이드 가능합니다.
- 코드로 모든 링크를 추가하는 일은 굉장히 번거롭습니다. 스프링 부트 데이터 레스트는 이러한 반복 작업을 일괄적으로 제공해주기 때문에 링크를 추가하는 코드를 구현할 필요가 없습니다.

## 6.4.5 생성, 수정, 삭제 연동 테스트

지금까지 만든 게시판을 테스트해보겠습니다. 스프링 데이터 부트 레스트를 사용하면 출력 결과를 손쉽게 확인할 수 있습니다. 먼저 6.3.3절 'CORS 허용 및 시큐리티 설정'에서 사용한 8080 번 포트로 웹 서버를 동작시켜 REST API를 호출하는 방식으로 테스트하고, 다음으로 스프링 데이터 부트 레스트로 테스트합니다.

우선 [예제 6-15]의 코드를 DataRestApplication.java에 붙여 넣습니다. CORS가 적용되었으니 생성, 수정, 삭제 테스트를 진행하겠습니다. 6.3.4절 '생성, 수정, 삭제 구현'에서 활용했던 일반적인 REST API 서버와 어떻게 다른지 비교하며 진행하겠습니다. 이미 코드 작성과 설정은 모두 했기 때문에 data-rest 모듈만 실행하여 6.3.4절과 동일하게 테스트하면 됩니다.

웹과 REST API 서버를 모두 띄우고 테스트를 해보면 [그림 6-6] ~ [그림 6-11]과 동일한 결과를 얻게 됩니다. 단, 생성 날짜와 수정 날짜는 6.4.8절 '이벤트 바인딩' 이후에 적용됩니다.

## 6.4.6 프로젝션으로 노출 필드 제한하기

생성, 수정, 삭제 구현을 완료했습니다. 그런데 GET으로 데이터를 가져올 때 항상 모든 값을 가져와야 할까요? 아닙니다. 특히 사용자 개인정보처럼 민감한 데이터를 다룰 때는 한정된 값만 사용하도록 제한을 걸어야 됩니다. 지금 이 상태로 User 데이터를 요청하면 다음과 같이 모든 필드를 조회하여 가져옵니다.

```
$ curl http://localhost:8081/api/users/1
```

**결과 6-4** User를 GET하여 얻은 결과

```
{
    "name": "havi",
    "password": "test",
    "email": "havi@gmail.com",
    "principal": null,
    "socialType": null,
    "createdDate": "2017-12-04T10:54:13",
    "updatedDate": null,
    "_links": {
```

```
          "self": {
              "href": "http://localhost:8081/api/users/1"
          },
          "user": {
              "href": "http://localhost:8081/api/users/1{?projection}",
              "templated": true
          }
      }
  }
```

스프링 부트 데이터 레스트는 반환값을 제어하는 3가지 방법을 제공합니다. 첫 번째는 도메인 필드에 @JsonIgnore를 추가하는 것이고, 두 번째는 @Projection을 사용하는 겁니다. 마지막 세 번째는 프로젝션을 수동으로 등록하는 겁니다.

@JsonIgnore를 추가하는 첫 번째 방법이 가장 간단합니다. User 도메인에 @JsonIgnore 어노테이션을 사용하면 해당 필드가 반환값에 포함되지 않습니다. User 도메인의 경우 다음과 같이 password 필드에 사용하면 적절할 겁니다.

**예제 6-22** @JsonIgnore 처리
/data-rest/src/main/java/com/community/rest/domain/User.java

```
...
@Column
@JsonIgnore
private String password;
...
```

상황에 따라 유동적으로 설정하고 싶은 필드가 있을 겁니다. @Projection을 사용하는 두 번째 방법은 이러한 상황에 적합합니다. 프로젝션을 설정하여 원하는 필드만 제한할 수 있습니다. 프로젝션은 사용자에게 제공되는 정보를 줄일 수도 있고 반대로 제공하지 않던 데이터를 가져올 수도 있습니다. 다음과 같은 사항에 유의해서 사용해야 합니다.

• 프로젝션 인터페이스 생성 시 반드시 해당 도메인 클래스와 같은 패키지 경로 또는 하위 패키지 경로에 생성해야 합니다.
• @RepositoryRestResource 어노테이션의 excerptProjection 프로퍼티로 관리되는 리소스 참조는 단일 참조 시 적용되지 않습니다.

첫 번째 주의사항은 라이브러리 내의 코드 구현이기 때문에 강제되는 규칙입니다. 두 번째 주의사항은 지금 당장은 이해가 쉽지 않을 겁니다. 예제를 구현해 결괏값을 살펴보며 자세히 설명하겠습니다. 그럼 직접 프로젝션을 적용시켜보겠습니다.

도메인 하위 경로에 프로젝션<sup>projection</sup> 패키지를 생성하고 원하는 노출 필드가 지정된 인터페이스를 하나 생성합니다. 여기에서는 User의 이름만 제공하는 UserOnlyContainName 인터페이스를 생성할 겁니다. UserOnlyContainName 인터페이스에 @Projection 어노테이션을 붙여주면 프로젝션 설정 인터페이스가 완성됩니다.

**예제 6-23** User의 이름만 노출하도록 UserOnlyContainName Projection 설정
**/data-rest/src/main/java/com/community/rest/domain/projection/UserOnlyContainName.java**

```java
import com.community.rest.domain.User;
import org.springframework.data.rest.core.config.Projection;

@Projection(name = "getOnlyName", types = { User.class })
public interface UserOnlyContainName {

    String getName();
}
```

[예제 6-23]에서 @Projection의 프로퍼티값으로 제공되는 name은 해당 프로젝션을 사용하기 위한 키값을 지정합니다. types는 해당 프로젝션이 어떤 도메인에 바인딩될지 나타냅니다.

생성한 프로젝션을 UserRepository에 적용합니다. excerptProjection 파라미터값에 생성한 프로젝션 클래스를 넣어주면 됩니다.

**예제 6-24** UserRepository에 Projection 적용
**/data-rest/src/main/java/com/community/rest/repository/UserRepository.java**

```java
import com.community.rest.domain.User;
import com.community.rest.domain.projection.UserOnlyContainName;
import org.springframework.data.jpa.repository.JpaRepository;
import org.springframework.data.rest.core.annotation.RepositoryRestResource;

@RepositoryRestResource(excerptProjection = UserOnlyContainName.class)
public interface UserRepository extends JpaRepository<User, Long> {
}
```

코드가 완성되었다면 애플리케이션을 다시 구동시킵니다. 그리고 아래 명령을 실행합니다.

```
$ curl http://localhost:8081/api/users
```

**결과 6-5** 프로젝션을 적용하여 User의 이름만 노출

```json
{
    "_embedded": {
        "users": [
            {
                "name": "havi",
                "_links": {
                    "self": {
                        "href": "http://localhost:8081/api/users/1"
                    },
                    "user": {
                        "href": "http://localhost:8081/api/users/1{?projection}",
                        "templated": true
                    }
                }
            }
        ]
    },
    "_links": {
        "self": {
            "href": "http://localhost:8081/api/users{?page,size,sort,projection}",
            "templated": true
        },
        "profile": {
            "href": "http://localhost:8081/api/profile/users"
        }
    },
    "page": {
        "size": 10,
        "totalElements": 2,
        "totalPages": 1,
        "number": 0
    }
}
```

결과 데이터를 보면 이름과 링크만 노출되었습니다. 그렇다면 http://localhost:8081/api/users/1로 한 User의 객체를 조회하면 어떻게 될까요? [결과 6-5]와 같이 User의 데이터에 name만 포함되는 결과가 아닌 User의 모든 정보가 노출됩니다. @RepositoryRestResource 어노테이션의 excerptProjection으로 관리되는 리소스 참조는 단일 참조 시 적용되지 않았습니다. 즉, /api/users 요청에는 적용되지만 /api/users/1에는 적용되지 않습니다. 이로써 두 번째 주의사항을 확인했습니다.

아울러 /api/users/1에도 프로젝션 적용을 원하는 경우에 대한 대책이 존재합니다. /api/users/1?projection=getOnlyName을 적용하면 됩니다. 또는 @JsonIgnore를 사용하여 특정 필드를 막은 후 상황에 따라 사용할 수 있게 @Projection으로 참조를 허용할 수도 있습니다. 하지만 이런 방식은 데이터가 복잡할수록 실수할 여지가 커집니다. 따라서 추천하지는 않습니다. 다른 대책으로 특정 경로에 따라 반환할 데이터가 명확한 방법인 @RepositoryRestController를 사용하는 것을 추천합니다.

두 번째는 excerptProjection을 설정하지 않고 수동으로 프로젝션을 등록하는 방법입니다. 단, 수동 등록 시에는 반드시 프로젝션 타깃이 될 도메인과 동일하거나 하위에 있는 패키지 경로로 들어가야 합니다.

다음과 같이 RepositoryRestConfigurerAdapter 클래스를 상속받아 configureRepositoryRestConfiguration 메서드를 오버라이드하여 프로젝션을 등록할 수 있습니다. 이 방법은 참고용으로만 알아두세요.

**예제 6-25** RepositoryRestConfiguration 클래스를 사용하여 수동으로 프로젝션 등록
/data-rest/src/main/java/com/community/rest/domain/projection/
CustomizedRestMvcConfiguration.java

```
import org.springframework.context.annotation.Configuration;
import org.springframework.data.rest.core.config.RepositoryRestConfiguration;
import org.springframework.data.rest.webmvc.config.RepositoryRestConfigurerAdapter;

@Configuration
public class CustomizedRestMvcConfiguration extends
RepositoryRestConfigurerAdapter {

    @Override
    public void configureRepositoryRestConfiguration(RepositoryRestConfiguration
            config) {
```

```
        config.getProjectionConfiguration().addProjection(UserOnlyContainName.
                class);
    }
}
```

## 6.4.7 각 메서드 권한 제한

현재까지 만든 커뮤니티 게시판에서는 GET, POST, PUT, DELETE 메서드를 사용할 수 있습니다.
지금은 데모 프로젝트라 상관없지만 실제 서비스에서는 사용자에 따라 다른 권한을 부여해야
합니다. 스프링 부트 데이터 레스트 프로젝트는 스프링 시큐리티와의 호환을 통해 이 문제를
해결합니다.

시큐리티 설정에서 추가했던 @EnableGlobalMethodSecurity(securedEnabled=true,
prePostEnabled=true) 어노테이션을 이용하면 권한을 관리할 수 있습니다. 여기에 secured
Enabled와 prePostEnabled를 true로 설정하면 @Secured와 @PreAuthorize 어노테이션을
사용할 수 있습니다.

가장 기본적인 방법은 @Secured 어노테이션입니다. @Secured는 순수하게 롤 기반으로 접근을
제한합니다. 대신 @Secured는 권한 지정에 있어서 유연성이 떨어집니다.

@PreAuthorize 어노테이션을 사용하면 @Secured보다 더 효율적으로 권한 지정을 할 수 있습니
다. 이 방식은 권한 지정 외에도 EL 태그를 사용하여 유연한 관리가 가능합니다. @PreAuthorize
는 메서드 레벨과 리포지토리 레벨 모두 사용할 수 있지만 두 가지를 혼합해 사용하는 방법은
추천하지 않습니다.

@PreAuthorize를 사용하여 ROLE_ADMIN 권한을 갖고 있어야만 Board를 저장할 수 있게끔 예제
를 구현해봅시다.

**예제 6-26** Board의 제목만 표시하는 프로젝션 생성
/data-rest/src/main/java/com/community/rest/domain/projection/BoardOnlyContationTitle.java

```
import com.community.rest.domain.Board;
import org.springframework.data.rest.core.config.Projection;

@Projection(name = "getOnlyTitle", types = { Board.class })
```

```
public interface BoardOnlyContainTitle {
    String getTitle();
}
```

**예제 6-27** @PreAuthorize로 save 메서드에 ADMIN 권한 지정하기
**/data-rest/src/main/java/com/community/rest/repository/BoardRepository.java**

```
...
import com.community.rest.domain.projection.BoardOnlyContainTitle;
import org.springframework.security.access.prepost.PreAuthorize;

@RepositoryRestResource(excerptProjection = BoardOnlyContainTitle.class)
public interface BoardRepository extends JpaRepository<Board, Long> {

    @Override
    @PreAuthorize("hasRole('ROLE_ADMIN')")
    <S extends Board> S save(S entity);
}
```

[예제 6-27]과 같이 JpaRepository 인터페이스에서 상속받는 메서드를 오버라이드하여 권한을 지정했습니다.

잘 동작하는지 테스트를 진행하겠습니다. 시큐리티 설정에 임시로 ADMIN 권한을 갖는 User를 생성하겠습니다.

**예제 6-28** 시큐리티 설정에 권한이 다른 User 추가
**/data-rest/src/main/java/com/community/rest/DataRestApplication.java**

```
...
import org.springframework.context.annotation.Bean;
import org.springframework.security.core.userdetails.User;
import org.springframework.security.core.userdetails.UserDetails;
import org.springframework.security.provisioning.InMemoryUserDetailsManager;

import java.util.ArrayList;
import java.util.List;

@SpringBootApplication
public class DataRestApplication {
    ...
```

```
@Configuration
@EnableGlobalMethodSecurity(prePostEnabled = true)
@EnableWebSecurity
static class SecurityConfiguration extends WebSecurityConfigurerAdapter {

    @Bean
    InMemoryUserDetailsManager userDetailsManager() {  ❶
        User.UserBuilder commonUser = User.withUsername("commonUser").
                password("{noop}common").roles("USER");
        User.UserBuilder havi = User.withUsername("havi").password("{noop}test").
                roles("USER", "ADMIN");  ❷

        List<UserDetails> userDetailsList = new ArrayList<>();
        userDetailsList.add(commonUser.build());
        userDetailsList.add(havi.build());  ❸

        return new InMemoryUserDetailsManager(userDetailsList);
    }

    ...
}
```

❶ 인메모리 방식으로 User 정보를 관리해주는 InMemoryUserDetailsManager를 선언합니다. 인메모리 방식은 애플리케이션이 실행될 때 메모리에서 User 정보를 관리하도록 하는 방식입니다. 만약 User에 관한 정보를 애플리케이션 실행 중에 수정하면 애플리케이션이 셧다운될 때 수정했던 정보가 사라집니다.

❷ 일반 User인 commonUser를 생성하고, 직접 테스트할 User인 havi도 생성하여 두 User에 각각 USER, ADMIN 권한을 부여합니다. 스프링 시큐리티에서 제공하는 UserBuilder를 사용하면 간편하게 User를 생성할 수 있습니다. 스프링 부트 2.0(Spring Security 5.0 이상)부터는 암호화 인코딩 방식을 지정해야 합니다. 예를 들어 sha256 방식은 {sha256}과 같이 지정해야 합니다. 예제에서는 인코딩 방식을 지정하지 않기 위해 {noop}으로 표기했습니다.

❸ InMemoryUserDetailsManager 생성 시 필요한 User 목록을 생성합니다. UserBuilder를 사용했으므로 build() 메서드로 User를 만들 수 있습니다.

REST API 서버에서의 테스트 환경이 모두 갖춰졌습니다. curl 명령어나 REST 리퀘스트 도구로 테스트를 진행할 수도 있지만 여기서는 지금까지 만든 커뮤니티 게시판 프로젝트를 사용해서 테스트합니다.

웹 프로젝트 form.html의 Ajax 요청 코드를 수정합시다. [예제 6-29]과 같이 코드를 추가하면 클라이언트는 헤더에 Authorization을 키값으로 하여 User 정보를 담아 저장 요청을 하게 됩니다. [예제 6-29]에서 "Basic " + btoa("havi" + ":" + "test")는 권한 인증에 대한 기본 형식입니다. btoa는 문자열을 base64로 인코딩해주는 함수입니다. 따라서 실제로 만들어지는 것은 '아이디 havi와 패스워드 test가 base64로 인코딩된 값'입니다.

우리는 [예제 6-28]에서 아이디가 'havi'인 User를 패스워드는 'test'로 권한은 'ADMIN'으로 설정했습니다. [예제 6-29]에서 클라이언트가 'havi' User 정보를 담아 요청했기 때문에 ADMIN으로 권한이 인증됩니다. 게시글 저장 요청은 [예제 6-27]에서 ADMIN만 저장할 수 있도록 설정했기 때문에 [예제 6-29]의 Ajax 요청은 정상적으로 동작하게 됩니다.

**예제 6-29** 저장 요청 시 헤더에 User 정보를 포함하도록 수정
/resources/templates/board/form.html

```
...
<script th:if="!${board?.idx}">
    $('#insert').click(function() {
        ...
      $.ajax({
          url: "http://localhost:8081/api/boards",
          type: "POST",
          data: jsonData,
          contentType: "application/json",
          headers: {
              "Authorization": "Basic " + btoa("havi" + ":" + "test")
          },
          dataType: "json",
          success: function() {
              alert('저장 성공!');
              location.href = '/board/list';
          },
          error: function() {
              alert('저장 실패!');
          }
      });
    });
</script>
...
```

이제 모든 환경 구성이 끝났습니다. 커뮤니티 게시판과 REST API 프로젝트를 다시 구동시키고 테스트해서 저장 요청이 정상적으로 동작하면 성공입니다. 만약 [예제 6-29]에서 작성한 코

드를 포함하지 않으면 401 에러(UnAuthorized)가 발생합니다. 즉, 인증되지 않은 상태라는 의미입니다. ADMIN 권한을 가진 'havi'가 아닌 'commonUser'로 요청을 보내면 Spring Boot에서는 403 에러(AccessDeniedException)가 발생할 것입니다.

## 6.4.8 이벤트 바인딩

REST API를 이용해서 게시글을 생성할 때는 REST API의 현재 시간을 생성 날짜로 정합니다. 클라이언트에서 제공하는 현재 시간이 맞지 않을 수도 있고, 네트워크 지연으로 시간이 달라질 수도 있기 때문입니다.

스프링 부트 데이터 레스트에서는 여러 메서드의 이벤트 발생 시점을 가로채서 원하는 데이터를 추가하거나 검사하는 이벤트 어노테이션을 제공합니다. 총 10개의 REST 관련 이벤트가 있습니다.

- BeforeCreateEvent : 생성하기 전의 이벤트
- AfterCreateEvent : 생성한 후의 이벤트
- BeforeSaveEvent : 수정하기 전의 이벤트
- AfterSaveEvent : 수정한 후의 이벤트
- BeforeDeleteEvent : 삭제하기 전의 이벤트
- AfterDeleteEvent : 삭제한 후의 이벤트
- BeforeLinkSaveEvent : 관계를 가진(1:1, M:M) 링크를 수정하기 전의 이벤트
- AfterLinkSaveEvent : 관계를 가진(1:1, M:M) 링크를 수정한 후의 이벤트
- BeforeLinkDeleteEvent : 관계를 가진(1:1, M:M) 링크를 삭제하기 전의 이벤트
- AfterLinkDeleteEvent : 관계를 가진(1:1, M:M) 링크를 삭제한 후의 이벤트

각 이벤트는 @Handle+이벤트명 형태로 지원됩니다. 이벤트를 생성한 클래스에는 @RepositoryEventHandler를 선언해주어 해당 클래스가 이벤트를 관리하는 용도라고 선언해야 합니다. 사실 어노테이션 기반 외에도 직접 이벤트를 등록하는 방법도 있습니다. 하지만 이 책에서는 더 편리한 어노테이션 기반 이벤트 처리만 다루겠습니다.

그럼 실제로 이벤트를 어떻게 사용하는지 예제를 통해 알아보겠습니다. event 패키지를 추가하고 게시글 생성 시 생성한 날짜와 수정한 날짜를 서버에서 설정하도록 하는 BoardEventHandler라는 클래스를 생성해봅시다.

**예제 6-30** 게시글 생성 시 생성 날짜, 수정 시 수정 날짜를 서버에서 생성하도록 설정
/data-rest/src/main/java/com/community/rest/event/BoardEventHandler.java

```java
import com.community.rest.domain.Board;
import org.springframework.data.rest.core.annotation.HandleBeforeCreate;
import org.springframework.data.rest.core.annotation.HandleBeforeSave;
import org.springframework.data.rest.core.annotation.RepositoryEventHandler;

@RepositoryEventHandler
public class BoardEventHandler {

    @HandleBeforeCreate
    public void beforeCreateBoard(Board board) {
        board.setCreatedDateNow();
    }

    @HandleBeforeSave
    public void beforeSaveBoard(Board board) {
        board.setUpdatedDateNow();
    }
}
```

@HandleBeforeCreate를 적용하여 게시글의 생성 날짜를 현재 시간으로 할당합니다. @Handle
BeforeSave는 게시글 수정 시 수정 날짜를 현재 시간으로 할당합니다. 코드에는 없지만 명시적
으로 Board에 관한 이벤트라고 알려주기 위해 @RepositoryEventHandler(Board.class)를
BoardEventHandler 클래스에 붙여 사용하는 것도 좋습니다. 이와 같이 어노테이션 기반 이벤
트 핸들링은 아주 간단하게 이벤트를 제어할 수 있습니다.

이제 선언한 이벤트를 적용하는 일만 남았습니다. 스프링 부트 데이터 레스트는 이벤트를 적용하
는 두 가지 방법을 제공합니다. 첫 번째는 수동으로 이벤트를 적용하는 ApplicationListener를
사용하는 방법입니다. AbstractRepositoryEventListener를 상속받고 관련 메서드를 오버
라이드하여 원하는 이벤트만 등록할 수 있습니다.

두 번째는 사용한 어노테이션을 기반으로 하는 이벤트 처리 방법입니다. 생성한 이벤트 핸들러
클래스에는 @RepositoryEventHandler 어노테이션이 선언되어 있어야 합니다. 이 어노테이
션은 BeanPostProcessor에 클래스가 검사될 필요가 있음을 알려줍니다. 그리고 이벤트 핸들
러를 등록하려면 @Component를 사용하거나 직접 ApplicationContext에 빈으로 등록해야 합
니다.

DataRestApplication 클래스에 직접 빈으로 등록하는 방법을 알아보겠습니다.

**예제 6-31** BoardEventHandler 빈으로 등록
**/data-rest/src/main/java/com/community/rest/DataRestApplication.java**

```java
import com.community.rest.event.BoardEventHandler;
...

@SpringBootApplication
public class DataRestApplication {

    public static void main(String[] args) {
        SpringApplication.run(DataRestApplication.class, args);
    }

    ...

    @Bean
    BoardEventHandler boardEventHandler() {
        return new BoardEventHandler();
    }
}
```

글을 생성하고 수정해보며 날짜 데이터가 정상적으로 저장되는지 테스트하겠습니다. 결과 데이터는 간단한 테스트 코드를 통해 확인해봅니다.

**예제 6-32** 게시판 글 생성, 수정에 대한 이벤트 테스트 작성
**/data-rest/src/test/java/com/community/rest/BoardEventTest.java**

```java
import com.community.rest.domain.Board;

import org.junit.Test;
import org.junit.runner.RunWith;
import org.springframework.boot.test.autoconfigure.jdbc.AutoConfigureTestDatabase;
import org.springframework.boot.test.context.SpringBootTest;
import org.springframework.boot.test.web.client.TestRestTemplate;
import org.springframework.test.context.junit4.SpringRunner;

import static org.junit.Assert.assertNotNull;

@RunWith(SpringRunner.class)
@SpringBootTest(classes = DataRestApplication.class, webEnvironment =
        SpringBootTest.WebEnvironment.DEFINED_PORT)  ❶
```

```
@AutoConfigureTestDatabase  ❷
public class BoardEventTest {
    private TestRestTemplate testRestTemplate = new TestRestTemplate("havi",
            "test");  ❸

    @Test
    public void 저장할때_이벤트가_적용되어_생성날짜가_생성되는가() {
        Board createdBoard = createBoard();  ❹
        assertNotNull(createdBoard.getCreatedDate());
    }

    @Test
    public void 수정할때_이벤트가_적용되어_수정날짜가_생성되는가() {
        Board createdBoard = createBoard();
        Board updatedBoard = updateBoard(createdBoard);  ❺
        assertNotNull(updatedBoard.getUpdatedDate());
    }

    private Board createBoard() {
        Board board = Board.builder().title("저장 이벤트 테스트").build();
        return testRestTemplate.postForObject("http://127.0.0.1:8081/api/boards",
                board, Board.class);
    }

    private Board updateBoard(Board createdBoard) {
        String updateUri = "http://127.0.0.1:8081/api/boards/1";
        testRestTemplate.put(updateUri, createdBoard);
        return testRestTemplate.getForObject(updateUri, Board.class);
    }
}
```

---

❶ 스프링 부트 데이터 레스트를 테스트하기 위해 시큐리티 설정이 들어 있는 DataRestApplication 클래스
를 주입합니다. 포트도 설정에 정의되어 있는 8081을 동일하게 사용하기 위해 DEFINED_PORT로 지정하여
사용합니다.

❷ @AutoConfigureTestDatabase 어노테이션은 H2가 build.gradle의 클래스 경로에 포함되어 있으면
자동으로 H2를 테스트 데이터베이스로 지정합니다. 만약 이 어노테이션을 사용하지 않는다면 테스트에서
Board를 저장할 때마다 실제 데이터베이스에 반영될 겁니다.

❸ TestRestTemplate은 RestTemplate을 래핑한 객체로서 GET, POST, PUT, DELETE와 같은
HttpRequest를 편하게 테스트하도록 도와줍니다. 예제에서처럼 시큐리티 설정에 ADMIN으로 생성한
'havi'의 정보를 파라미터로 넣어주면 해당 아이디로 권한 인증이 통과됩니다. 이와 같은 설정을 해주는 이유
는 우리가 6.4.7절 '각 메서드 권한 제한'에서 저장한 메서드에 권한을 ADMIN으로 설정했기 때문입니다.

❹ Board에 title 값만 부여하여 저장했습니다. 저장된 Board 객체의 createdDate 값이 null이 아니라면 [예제 6-30]에서 설정했던 beforeCreateBoard 메서드가 Board 객체가 저장되기 전에 제대로 실행된 겁니다.

❺ 수정 시 이벤트가 적용되는지 테스트하기 위해 createBoard 메서드를 재사용하여 Board 객체를 생성하고 updateBoard 메서드를 통해 PUT 방식으로 데이터를 수정하는 요청을 보냈습니다. 수정이 정상적으로 완료된 Board 객체의 updatedDate 값이 null이 아니라면 [예제 6-30]에서 설정했던 beforeSaveBoard 메서드가 수정되기 전에 제대로 실행된 겁니다.

[예제 6-32]의 테스트가 정상적으로 통과된다면 커뮤니티 웹과 REST API를 동시에 구동할 필요 없이 테스트를 끝마칠 수 있습니다.

## 6.4.9 URI 처리

URI 경로 관리에 대해 알아보겠습니다. 지금부터 진행하는 예제는 basePath를 '/api'로 설정한다고 가정합니다.

basePath만 설정하면 게시판의 기본 접속 URI는 다음과 같습니다.

```
http://localhost:8081/api/boards
```

현재 BoardRepository 클래스에 추가되어 있는 @RepositoryRestResource의 path 기본값은 'boards'입니다. @RepositoryRestResource의 기능 중에는 다음과 같이 path를 'notice'로 수정할 수 있는 방법도 있습니다.

```
@RepositoryRestResource(path = "notice")
```

URI로 요청하는 모든 검색 쿼리 메서드는 search 하위로 표현됩니다. 다음과 같은 기본 설정 URI를 갖고 있습니다.

```
http://localhost:8081/api/boards/search
```

일치하는 제목을 찾는 쿼리를 만들겠습니다. 다음과 같이 리포지토리에 해당 쿼리 메서드를 만들고 위 기본 검색 URI를 바탕으로 쿼리를 만들어 호출하면 됩니다.

**예제 6-33** 제목을 찾는 쿼리 메서드 생성

/data-rest/src/main/java/com/community/rest/repository/BoardRepository.java

```java
package com.community.rest.repository;

import com.community.rest.domain.Board;
import com.community.rest.domain.projection.BoardOnlyContainTitle;
import org.springframework.data.jpa.repository.JpaRepository;
import org.springframework.data.repository.query.Param;
import org.springframework.data.rest.core.annotation.RepositoryRestResource;
import org.springframework.data.rest.core.annotation.RestResource;
import org.springframework.security.access.prepost.PreAuthorize;

import java.util.List;

@RepositoryRestResource(excerptProjection = BoardOnlyContainTitle.class)
public interface BoardRepository extends JpaRepository<Board, Long> {

    @Override
    @PreAuthorize("hasRole('ROLE_ADMIN')")
    <S extends Board> S save(S entity);

    @RestResource
    List<Board> findByTitle(@Param("title") String title);

}
```

추가된 제목을 찾는 쿼리를 호출하는 URI를 다음과 같이 표현합니다.

```
http://localhost:8081/api/boards/search/findByTitle?title=게시글1
```

별도로 @RestResource의 path를 설정하지 않으면 기본값에 해당 메서드명이 적용됩니다. 다음과 같이 'query'로 값을 변경하여 path 값을 다르게 줄 수 있습니다.

**예제 6-34** 메서드에 path 설정

/data-rest/src/main/java/com/community/rest/repository/BoardRepository.java

```java
@RepositoryRestResource(excerptProjection = BoardOnlyContainTitle.class)
public interface BoardRepository extends JpaRepository<Board, Long> {

    @Override
```

```
@PreAuthorize("hasRole('ROLE_ADMIN')")
<S extends Board> S save(S entity);

@RestResource(path = "query")
List<Board> findByTitle(@Param("title") String title);

}
```

이제는 제목을 찾는 URI에서 기존의 메서드명인 findByTitle을 query로 변경하여 호출해야 기존의 쿼리 기능을 사용할 수 있습니다.

```
http://localhost:8081/api/boards/search/query?title=게시글1
```

특정 리포지토리, 쿼리 메서드, 필드를 노출하고 싶지 않은 상황도 있을 겁니다. 그럴 때는 다음과 같이 exported를 false로 지정하면 됩니다. @RestResource는 메서드와 도메인 필드에서도 사용할 수 있습니다.

```
@RepositoryRestResource(exported  = false)
@RestResource(exported = false)
```

일반적인 경우에는 6.4.6절 '프로젝션으로 노출 필드 제한하기'에서 알아본 프로젝션을 사용하는 방법이 더 효과적입니다. 프로젝션을 사용하기 힘든 상황이라면 exported를 false로 지정해서 노출을 제한하는 방법을 추천합니다.

## 6.4.10 HAL 브라우저 적용하기

크롬 JSON 뷰어 플러그인을 사용하면 온라인에서 JSON을 그래픽 기반으로 살펴볼 수 있습니다. 하지만 이보다 더 유용한 도구가 있습니다. HAL 브라우저를 사용하면 요청과 응답 데이터뿐만 아니라 모든 테스트를 GUI 화면에서 진행할 수 있습니다.

HAL 브라우저의 의존성 추가는 다음과 같은 코드 한 줄이면 적용할 수 있습니다.

build.gradle

```
compile('org.springframework.data:spring-data-rest-hal-browser')
```

REST API를 구동시키고 루트 경로로 들어가면 자연스럽게 HAL 브라우저 UI 창으로 리다이렉트됩니다. 다음과 같은 창이 보일 겁니다.

그림 6-12 HAL 브라우저 메인 페이지

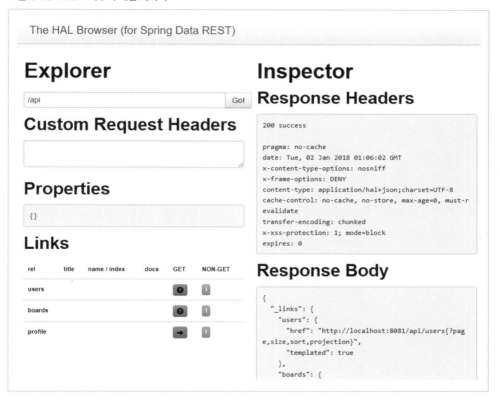

- **Explorer** : 검색할 URI를 지정합니다.
- **Custom Request Headers** : 검색을 요청할 때 헤더를 설정할 수 있습니다.
- **Properties** : 페이징 처리와 같은 부가적인 프로퍼티 정보를 표현합니다.
- **Links** : 응답 데이터에서 제공하는 링크(_links)값의 데이터를 표현합니다.
- **Response Headers** : 응답 헤더를 표현합니다.
- **Response Body** : 응답 바디를 JSON형으로 표현합니다.

[그림 6-12]에서 요청 정보와 설정한 정보 그리고 어떻게 응답이 왔는지 한눈에 확인할 수 있습니다. 요청마다 웹 서버를 구동시킬 필요도 별도로 REST 테스트 도구를 사용할 필요도 없습니다.

'Links' 항목의 GET 메뉴 버튼을 누릅니다.

**그림 6-13** GET 요청 시 필요한 파라미터와 정보 확인

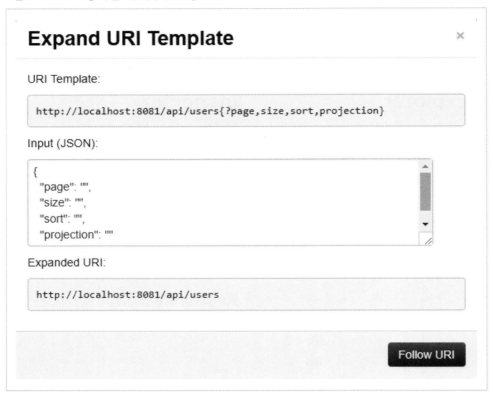

GET 요청 시 어떤 파라미터가 필요한지 알 수 있고, 적절한 값을 추가하여 URI를 요청할 수 있습니다. 이는 페이징 처리나 프로젝션 관련 파라미터를 추가할 때 용이합니다.

HAL 브라우저가 단순히 GET 요청에만 사용되는 것은 아닙니다. POST, PUT, PATCH 등 다양한 요청을 테스트할 수 있습니다.

이번에는 [그림 6-12]에서 NON-GET 메뉴 버튼을 누릅니다.

**그림 6-14** User 생성 및 수정을 위한 필드

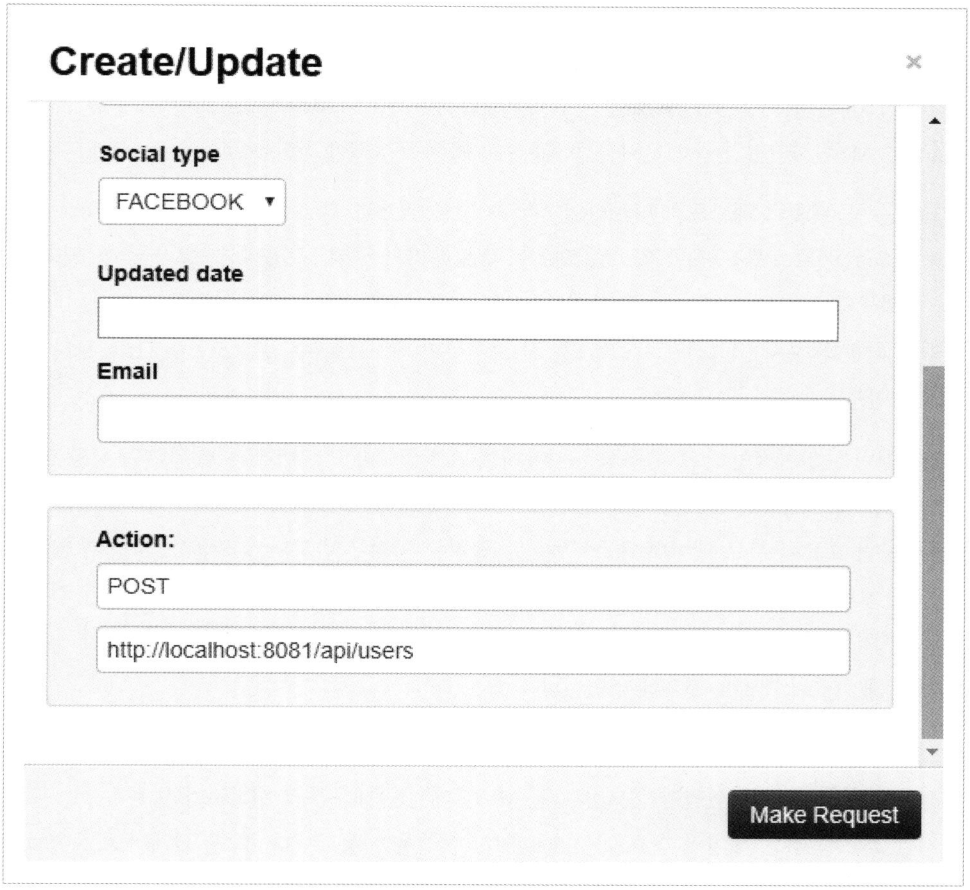

[그림 6-14]에 User의 모든 필드가 보이지 않지만 마우스로 이동하면 모든 필드를 확인할 수 있습니다. 만약 필드들이 제대로 매핑되지 않으면 박스 하나만 나옵니다. 이때는 수동으로 JSON 데이터를 만들어 요청을 보내야 합니다. Action 필드를 보면 POST가 기본 메서드로 나타나며 다른 메서드로 수정하여 요청할 수 있습니다.

# 6.5 마치며

이 장에서는 REST에 대한 개념과 사용 방법을 익혔습니다. REST가 무엇인지, 어떻게 설계해야 RESTful API를 구성할 수 있는지 살펴보았습니다. RESTful의 핵심 제약 조건 중 하나인 HATEOAS를 지키려면 관련 URI를 포함하여 API를 구성해야 한다는 것도 확인했습니다.

스프링 부트 데이터 레스트의 다양한 설정과 기능을 익혔습니다. 노출 전략 설정, @RepositoryRestController를 사용한 커스텀 레스트 컨트롤러의 구성, 프로젝션으로 노출할 필드 제한, 메서드의 권한을 제한하는 롤 부여, 메서드가 실행되기 전과 후에 이벤트 바인딩, URI를 어떻게 최적화하는지, UI적으로 REST를 잘 보여주며 테스트할 수 있는 도구인 HAL 브라우저 등을 알아보았습니다.

MVC 패턴은 일반적인 스프링 구성을 사용하여 개발합니다. 그러므로 디테일한 구성을 할 수 있습니다. 하지만 모든 API를 일일이 신경 써서 개발해야 하며 반복되는 작업을 피할 수 없습니다. 반면 스프링 부트 데이터 레스트에서 제공하는 방식은 반복되는 작업을 피할 수 있습니다. 불필요한 컨트롤러와 서비스 영역을 제거하여 코드를 단축시킬 수 있습니다. 또한 컨트롤러 쪽 영역을 생성하여 최적화할 수 있습니다. 하지만 상세한 구성에 제약이 있으며 어느 정도 정해진 틀에 맞춰 개발을 진행해야 합니다.

두 방식 모두 장단점이 명확히 존재합니다. 만약 두 방식 중 하나를 선택해야 하는 상황이라면 전적으로 상황에 따른 선택이 중요합니다. MVC 패턴은 대부분의 개발자가 범용적으로 알고 있지만 스프링 부트 데이터 레스트는 따로 익혀야 사용 가능합니다. 다만 실제 서비스에서는 예상치 못한 요구사항이 쏟아져 나오는 경우가 많을 것이며 분명 대응하기 어려운 부분도 있습니다. 개발 환경에 따라 적절한 방식을 선택하여 진행하는 것이 현명합니다.

# CHAPTER 7

# 스프링 부트 배치

지금까지 개발한 커뮤니티 게시판을 실제로 운영한다고 가정합시다. 점점 서비스는 커지고 시간이 흘러 사용자도 많아졌습니다. 하지만 오랫동안 접속하지 않은 사용자도 꽤 늘었습니다. 이런 사용자들은 휴면회원으로 전환해야겠습니다. 휴면회원으로 백엔드에서 일괄 전환하는 기능을 지금까지 만든 프로젝트 중 어딘가에 추가해볼까 생각하니 각자의 역할이 따로 있어서 마땅한 프로젝트가 없습니다.

스프링 배치는 백엔드의 배치 처리[1] 기능을 구현하는 데 사용하는 프레임워크입니다. 스프링 부트 배치는 스프링 배치의 설정 요소들을 간편화시켜 스프링 배치를 빠르게 설정하는 데 도움을 줍니다. 휴면회원 전환 기능은 일괄로 처리하는 것이 적절하므로 스프링 부트 배치를 활용하여 구현해보겠습니다.

이 장에서는 스프링 부트 배치를 간단히 소개하고, 스프링 배치를 써야 하는 이유와 스프링 부트 배치 2.0에 강화된 기능에 대해 알아봅니다. 끝으로 휴면회원 전환 기능을 직접 개발해봅니다.

**이 장의 내용**
- 배경지식
- 스프링 부트 배치 이해하기
- 스프링 부트 휴면회원 배치 설계하기
- 스프링 부트 배치 설정하기

---

**1** 배치(batch)는 '프로그램의 흐름에 따라 순차적으로 자료를 처리한다'는 뜻입니다. 배치 처리(batch processing)는 '일괄 처리'와 같은 말입니다.

- 스프링 부트 휴면회원 배치 구현하기
- 스프링 배치 심화학습
- 멀티 스레드로 여러 개의 Step 실행하기

# 7.1 배경지식

스프링 부트 배치는 스프링 본부인 피보탈<sup>Pivotal</sup>과 컨설팅 회사인 액센츄어<sup>Accenture</sup>가 공동으로 개발했습니다. 스프링에 관한 기술력을 갖고 있는 피보탈과 배치 처리 경험 및 노하우로 효과적인 아키텍처를 구현할 수 있는 액센츄어의 합작품이죠.

## 7.1.1 배치 처리에 스프링 부트 배치를 써야 하는 이유

스프링 부트 배치의 장점은 다음과 같습니다.

- 대용량 데이터 처리에 최적화되어 고성능을 발휘합니다.
- 효과적인 로깅, 통계 처리, 트랜잭션 관리 등 재사용 가능한 필수 기능을 지원합니다.
- 수동으로 처리하지 않도록 자동화되어 있습니다.
- 예외사항과 비정상 동작에 대한 방어 기능이 있습니다.
- 스프링 부트 배치의 반복되는 작업 프로세스를 이해하면 비즈니스 로직에 집중할 수 있습니다.

백엔드에서 일어나는 배치 처리에 대한 대부분의 고민은 이미 스프링 부트 배치에서 기능으로 제공합니다. 따라서 우리는 스프링 부트 배치의 기능을 잘 이해하고 효과적으로 사용하며 비즈니스 로직을 더욱 견고하게 작성하면 됩니다.

## 7.1.2 스프링 부트 배치 2.0

스프링 부트 배치 2.0은 최신 버전(2018년 3월 기준)인 스프링 배치 4.0을 기반으로 합니다. 스프링 배치 4.0은 다음 세 가지 특징이 있습니다.

- 기본적으로 자바 8 이상에서 동작합니다. 자바 8은 함수형 인터페이스와 람다를 지원해 한층 더 편리한 개발이 가능합니다.

- 스프링 프레임워크 5로 진화하면서 새롭게 재배열된 의존성 트리를 지원합니다.
- ItemReaders, ItemProcessors, ItemWriters에 대한 빌더를 제공합니다.

### 7.1.3 스프링 부트 배치 주의사항

스프링 부트 배치는 스프링 배치를 간편하게 사용할 수 있게 래핑한 프로젝트입니다. 따라서 스프링 부트 배치와 스프링 배치 모두에서 다음과 같은 주의사항을 염두에 두기 바랍니다.

1 가능하면 단순화해서 복잡한 구조와 로직을 피해야 합니다.
2 데이터를 직접 사용하는 작업이 빈번하게 일어나므로 데이터 무결성을 유지하는 유효성 검사 등의 방어책이 있어야 합니다.
3 배치 처리 시 시스템 I/O 사용을 최소화해야 합니다. 잦은 I/O로 데이터베이스 커넥션과 네트워크 비용이 커지면 성능에 영향을 줄 수 있기 때문입니다. 따라서 가능하면 한번에 데이터를 조회하여 메모리에 저장해두고 처리를 한 다음, 그 결과를 한번에 데이터베이스에 저장하는 것이 좋습니다.
4 일반적으로 같은 서비스에 사용되는 웹, API, 배치, 기타 프로젝트들은 서로 영향을 줍니다. 따라서 배치 처리가 진행되는 동안 다른 프로젝트 요소에 영향을 주는 경우가 없는지 주의를 기울여야 합니다.
5 스프링 부트 배치는 스케줄러를 제공하지 않습니다. 배치 처리 기능만 제공하며 스케줄링 기능은 스프링에서 제공하는 쿼츠 프레임워크(Quartz Framework), IBM 티볼리(Tivoli) 스케줄러, BMC 컨트롤-M(Control-M) 등을 이용해야 합니다. 리눅스 crontab 명령은 가장 간단히 사용할 수 있지만 이는 추천하지 않습니다. crontab의 경우 각 서버마다 따로 스케줄링을 관리해야 하며 무엇보다 클러스터링 기능이 제공되지 않습니다. 반면에 쿼츠와 같은 스케줄링 프레임워크를 사용한다면 클러스터링뿐만 아니라 다양한 스케줄링 기능, 실행 이력 관리 등 여러 이점을 얻을 수 있습니다.

## 7.2 스프링 부트 배치 이해하기

스프링 부트 배치가 2.0(스프링 배치 4.0.0.RELEASE)으로 업그레이드되었지만 여전히 일반적인 배치 처리 절차를 따릅니다. 배치의 일반적인 시나리오는 다음과 같은 3단계로 이뤄집니다.

1 **읽기(read)** : 데이터 저장소(일반적으로 데이터베이스)에서 특정 데이터 레코드를 읽습니다.
2 **처리(processing)** : 원하는 방식으로 데이터를 가공/처리합니다.
3 **쓰기(write)** : 수정된 데이터를 다시 저장소(데이터베이스)에 저장합니다.

즉, 배치 처리는 읽기 → 처리 → 쓰기 흐름을 갖습니다. 그렇다면 스프링에서는 이러한 배치 처리의 흐름을 어떻게 구현했는지 알아보겠습니다. 다음 그림은 배치 처리와 관련된 객체의 관계를 보여줍니다.

**그림 7-1** 배치 관련 객체 관계도

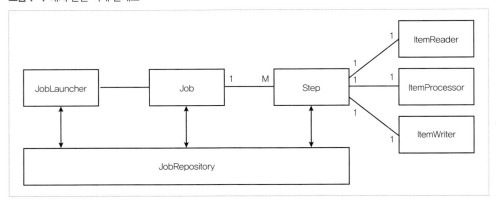

Job과 Step은 1:M, Step과 ItemReader, ItemProcessor, ItemWriter는 1:1의 관계를 가집니다. 즉, Job이라는 하나의 큰 일감(Job)에 여러 단계(Step)를 두고, 각 단계를 배치의 기본 흐름대로 구현합니다.

그럼 각 구성요소의 역할을 살펴보겠습니다.


## 7.2.1 Job

Job은 배치 처리 과정을 하나의 단위로 만들어 표현한 객체입니다. 또한 전체 배치 처리에 있어 항상 최상단 계층에 있습니다. 위에서 하나의 Job(일감) 안에는 여러 Step(단계)이 있다고 설명했던 바와 같이 스프링 배치에서 Job 객체는 여러 Step 인스턴스[2]를 포함하는 컨테이너입니다.

---

2 객체 지향 프로그래밍(OOP)에서 해당 클래스의 구조로 컴퓨터 저장공간에 할당된 실체를 의미합니다. OOP에서 객체는 클래스와 인스턴스를 포함한 개념입니다.

Job 객체를 만드는 빌더는 여러 개 있습니다. 여러 빌더를 통합 처리하는 공장인 JobBuilder
Factory로 원하는 Job을 손쉽게 만들 수 있습니다. JobBuilderFactory의 get() 메서드로
JobBuilder를 생성하고 이를 이용합니다. JobBuilderFactory부터 봅시다. 내부 코드를 통해
작동 방식을 알아보겠습니다.

**예제 7-1** JobBuilderFactory 클래스
spring-batch-core-4.0.1.RELEASE.jar/org/springframework/batch/core/Configuration/annotation/
JobBuilderFactory.java

```
public class JobBuilderFactory {
    private JobRepository jobRepository;

    public JobBuilderFactory(JobRepository jobRepository) {
        this.jobRepository = jobRepository;
    }

    public JobBuilder get(String name) {
        JobBuilder builder = new JobBuilder(name).repository(jobRepository);
        return builder;
    }
}
```

JobBuilderFactory는 JobBuilder를 생성할 수 있는 get() 메서드를 포함하고 있습니다.
get() 메서드 내부를 들여다보면 JobBuilderFactory가 새로운 JobBuilder를 생성해서 반
환하는 것을 확인할 수 있습니다. JobBuilderFactory에 get() 메서드를 호출할 때마다 새
로운 빌더가 생성되는 겁니다. 게다가 새로운 JobBuilder를 생성할 때마다 당초 JobBuilder
Factory가 생성될 때 주입받은 JobRepository를 JobBuilder에서 사용할 리포지토리로 설정
합니다. 해당 JobBuilderFactory에서 생성되는 모든 JobBuilder가 동일한 리포지토리를 사
용하는 겁니다. JobRepository에 대한 내용은 7.2.3절 'JobRepository'에서 다룹니다.

JobBuilderFactory는 앞서 설명한 바와 같이 JobBuilder를 생성하는 역할만 수행합니다. 이
렇게 생성된 JobBuilder를 이용해서 Job을 생성해야 하는데, 그렇다면 JobBuilder의 역할은
무엇인지 JobBuilder의 메서드를 통해 기능을 알아보겠습니다.

**예제 7-2** JobBuilder의 메서드

spring-batch-core-4.0.1.RELEASE.jar/org/springframework/batch/core/job/builder/JobBuilder.java

```java
...

public SimpleJobBuilder start(Step step) {    ❶
    return new SimpleJobBuilder(this).start(step);
}

public JobFlowBuilder start(Flow flow) {    ❷
    return new FlowJobBuilder(this).start(flow);
}

public JobFlowBuilder flow(Step step) {    ❸
    return new FlowJobBuilder(this).start(step);
}

...
```

❶ Step을 추가해서 가장 기본이 되는 SimpleJobBuilder를 생성합니다.

❷ Flow를 실행할 JobFlowBuilder를 생성합니다(Flow에 관한 자세한 설명은 7.6.8절 'Step의 흐름을 제어하는 Flow'에서 확인할 수 있습니다).

❸ Step을 실행할 JobFlowBuilder를 생성합니다.

JobBuilder의 메서드를 살펴보니 모두 반환 타입이 빌더입니다. JobBuilder는 직접적으로 Job을 생성하는 것이 아니라 별도의 구체적인 빌더를 생성하여 반환합니다. 왜 이렇게 별도의 빌더를 생성하게끔 구현되어 있을까요? 경우에 따라 Job 생성 방법이 모두 다르기 때문에 별도의 구체적인 빌더를 구현하고 이를 통해 Job 생성이 이루어지게 하려는 의도로 파악됩니다. 중간에 빌더를 한번 더 반환받아 사용해야 하므로 불편할 수 있다는 생각이 들지도 모르겠지만 메서드 체인 방식을 활용하면 구체적인 빌더의 존재를 생각하지 않아도 될 만큼 손쉽게 처리할 수 있습니다.

메서드를 좀 더 자세히 살펴보면 Job을 생성하기 위한 Step 또는 Flow를 파라미터로 받아 구체적인 빌더를 생성합니다. Job은 Step 또는 Flow 인스턴스의 컨테이너 역할을 하기 때문에 생성하기 전에 인스턴스를 전달받습니다.

그럼 JobBuilder로 가장 간단하게 만들 수 있는 빌더인 SimpleJobBuilder를 이용해 Job을 생성해봅시다. 다음은 SimpleJob이라는 Job을 생성하는 코드입니다.

```
@Autowired
private JobBuilderFactory jobBuilderFactory;

@Bean
public Job simpleJob() {
    return jobBuilderFactory.get("simpleJob")
        .start(simpleStep());
        .build();
}
```

JobBuilderFactory의 get() 메서드에 "simpleJob" 문자열을 파라미터로 넘기면 'simpleJob'이라는 이름을 가진 Job을 생성할 수 있는 JobBuilder 객체 인스턴스가 반환됩니다. 여기서 simpleStep() 메서드는 아주 간단한 Step 인스턴스를 생성하여 반환하는 메서드라 가정하면 결국 start() 메서드로 인해 생성되는 빌더는 SimpleJobBuilder입니다. 마지막으로 SimpleJobBuilder의 build() 메서드를 호출하여 빌드하면 비로소 'simpleJob'이라는 이름을 가진 Job이 생성되어 반환됩니다.

## JobInstance

JobInstance는 배치에서 Job이 실행될 때 하나의 Job 실행 단위입니다. 만약 하루에 한 번씩 배치의 Job이 실행된다면 어제와 오늘 실행한 각각의 Job을 JobInstance라고 부를 수 있습니다. 그렇다면 각각의 JobInstance는 하나의 JobExecution(여기서 JobExecution은 JobInstance에 대한 한 번의 실행을 나타내는 객체입니다. 자세한 내용은 다음 절에서 이어집니다)을 갖고 있을까요? 아닙니다. 오늘 Job을 실행했는데 실패했다면 다음날 동일한 JobInstance를 가지고 또 실행합니다. Job 실행이 실패하면 JobInstance가 끝난 것으로 간주하지 않기 때문입니다. 그러면 JobInstance는 어제의 실패한 JobExecution과 오늘의 성공한 JobExecution 두 개를 가지게 됩니다. 즉, JobExecution을 여러 개 가질 수 있습니다.

## JobExecution

JobExecution은 JobInstance에 대한 한 번의 실행을 나타내는 객체입니다. 앞에서 JobInstance를 설명하면서 사용했던 예제를 다시 가져오겠습니다. 만약 오늘의 Job이 실패해

내일 다시 동일한 Job을 실행하면 오늘/내일의 실행 모두 같은 JobInstance를 사용할 겁니다. 대신 오늘/내일의 실행은 각기 다른 JobExecution을 생성합니다.

실제로 JobExecution 인터페이스를 보면 Job 실행에 대한 정보를 담고 있는 도메인 객체라는 것을 알 수 있습니다. JobExecution은 JobInstance, 배치 실행 상태, 시작 시간, 끝난 시간, 실패했을 때의 메시지 등의 정보를 담고 있습니다. JobExecution 객체 안에 어떤 실행 정보들을 포함하고 있는지 직접 예제를 통해 살펴보겠습니다.

**예제 7-4** JobExecution 인터페이스
**spring-batch-core-4.0.1.RELEASE.jar/org/springframework/batch/core/JobExecution.java**

```java
public class JobExecution extends Entity {

    private final JobParameters jobParameters;
    private JobInstance jobInstance;
    private volatile Collection<StepExecution> stepExecutions = Collections.
            synchronizedSet(new LinkedHashSet<>());
    private volatile BatchStatus status = BatchStatus.STARTING;
    private volatile Date startTime = null;
    private volatile Date createTime = new Date(System.currentTimeMillis());
    private volatile Date endTime = null;
    private volatile Date lastUpdated = null;
    private volatile ExitStatus exitStatus = ExitStatus.UNKNOWN;
    private volatile ExecutionContext executionContext = new ExecutionContext();
    private transient volatile List<Throwable> failureExceptions = new
            CopyOnWriteArrayList<>();
    private final String jobConfigurationName;
    ...
}
```

- jobParameters : Job 실행에 필요한 매개변수 데이터입니다.

- jobInstance : Job 실행의 단위가 되는 객체입니다.

- stepExecutions : StepExecution을 여러 개 가질 수 있는 Collection 타입입니다.

- status : Job의 실행 상태를 나타내는 필드입니다. 상탯값은 COMPLETED, STARTING, STARTED, STOPPING, STOPPED, FAILED, ABANDONED, UNKNOWN 등이 있으며 기본값은 STARTING입니다.

- startTime : Job이 실행된 시간입니다. null이면 시작하지 않았다는 것을 나타냅니다.

- createTime : JobExecution이 생성된 시간입니다.

- endTime : JobExecution이 끝난 시간입니다.

- lastUpdated : 마지막으로 수정된 시간입니다.
- exitStatus : Job 실행 결과에 대한 상태를 나타냅니다. 상탯값은 UNKNOWN, EXECUTING, COMPLETED, NOOP, FAILED, STOPPED 등이 있으며 기본값은 UNKNOWN입니다.
- executionContext : Job 실행 사이에 유지해야 하는 사용자 데이터가 들어 있습니다.
- failureExceptions : Job 실행 중 발생한 예외를 List 타입으로 저장합니다.
- jobConfigurationName : Job 설정 이름을 나타냅니다.

## JobParameters

JobParameters는 Job이 실행될 때 필요한 파라미터들을 Map 타입으로 저장하는 객체입니다.

JobParameters는 JobInstance를 구분하는 기준이 되기도 합니다. 예를 들어 Job 하나를 생성할 때 시작 시간 등의 정보를 파라미터로 해서 하나의 JobInstance를 생성합니다. 즉, JobInstance와 JobParameters는 1:1 관계입니다. 파라미터의 타입으로는 String, Long, Date, Double을 사용할 수 있습니다.

## 7.2.2 Step

Step은 실질적인 배치 처리를 정의하고 제어하는 데 필요한 모든 정보가 들어 있는 도메인 객체입니다. Job을 처리하는 실질적인 단위로 쓰입니다. 모든 Job에는 1개 이상의 Step이 있어야 합니다.

## StepExecution

Job에 JobExecution이라는 Job 실행 정보가 있다면 Step에는 StepExecution이라는 Step 실행 정보를 담는 객체가 있습니다. 각각의 Step이 실행될 때마다 StepExecution이 생성됩니다. 다음은 StepExecution 클래스입니다. JobExecution에서 살펴본 것처럼 어떤 실행 정보들을 포함하고 있는지 확인해보겠습니다.

```java
public class StepExecution extends Entity {

    private final JobExecution jobExecution;
    private final String stepName;
    private volatile BatchStatus status = BatchStatus.STARTING;
    private volatile int readCount = 0;
    private volatile int writeCount = 0;
    private volatile int commitCount = 0;
    private volatile int rollbackCount = 0;
    private volatile int readSkipCount = 0;
    private volatile int processSkipCount = 0;
    private volatile int writeSkipCount = 0;
    private volatile Date startTime = new Date(System.currentTimeMillis());
    private volatile Date endTime = null;
    private volatile Date lastUpdated = null;
    private volatile ExecutionContext executionContext = new ExecutionContext();
    private volatile ExitStatus exitStatus = ExitStatus.EXECUTING;
    private volatile boolean terminateOnly;
    private volatile int filterCount;
    private transient volatile List<Throwable> failureExceptions = new
            CopyOnWriteArrayList<Throwable>();
    ...
}
```

- jobExecution : 현재의 JobExecution 정보를 담고 있는 필드입니다.

- stepName : Step의 이름을 가지고 있는 필드입니다.

- status : Step의 실행 상태를 나타내는 필드입니다. 상탯값은 COMPLETED, STARTING, STARTED, STOPPING, STOPPED, FAILED, ABANDONED, UNKNOWN 등이 있으며 기본값은 STARTING입니다.

- readCount : 성공적으로 읽은 레코드 수입니다.

- writeCount : 성공적으로 쓴 레코드 수입니다.

- commitCount : Step의 실행에 대해 커밋된 트랜잭션 수입니다.

- rollbackCount: Step의 실행에 대해 롤백된 트랜잭션 수입니다.

- readSkipCount : 읽기에 실패해 건너뛴 레코드 수입니다.

- processSkipCount : 프로세스가 실패해 건너뛴 레코드 수입니다.

- writeSkipCount : 쓰기에 실패해 건너뛴 레코드 수입니다.

- startTime : Step이 실행된 시간입니다. null이면 시작하지 않았다는 것을 나타냅니다.

- endTime : Step의 실행 성공 여부와 관련 없이 Step이 끝난 시간입니다.
- lastUpdated : 마지막으로 수정된 시간입니다.
- executionContext : Step 실행 사이에 유지해야 하는 사용자 데이터가 들어 있습니다.
- exitStatus : Step 실행 결과에 대한 상태를 나타냅니다. 상탯값은 UNKNOWN, EXECUTING, COMPLETED, NOOP, FAILED, STOPPED 등이 있으며 기본값은 UNKNOWN입니다.
- terminateOnly : Job 실행 중지 여부입니다.
- filterCount : 실행에서 필터링된 레코드 수입니다.
- failureExceptions : Step 실행 중 발생한 예외를 List 타입으로 저장합니다.

## 7.2.3 JobRepository

JobRepository는 배치 처리 정보를 담고 있는 메커니즘$^{mechanism}$[3]입니다. 어떤 Job이 실행되었으며 몇 번 실행되었고 언제 끝났는지 등 배치 처리에 대한 메타데이터를 저장합니다. 예를 들어 Job 하나가 실행되면 JobRepository에서는 배치 실행에 관련된 정보를 담고 있는 도메인인 JobExecution을 생성합니다.

JobRepository는 Step의 실행 정보를 담고 있는 StepExecution도 저장소에 저장하며 전체 메타데이터를 저장/관리하는 역할을 수행합니다.

## 7.2.4 JobLauncher

JobLauncher는 Job, JobParameters와 함께 배치를 실행하는 인터페이스입니다. 인터페이스의 메서드는 run( ) 하나입니다.

**예제 7-6** JobLauncher 인터페이스
**spring-batch-core-4.0.1.RELEASE.jar/org/springframework/batch/core/launch/JobLauncher.java**

```
public interface JobLauncher {
    public JobExecution run(Job job, JobParameters jobParameters) throws ...
}
```

---

**3** 어떠한 사물의 구조, 또는 그것이 작동하는 원리입니다.

[예제 7-6]의 run() 메서드는 매개변수로 Job과 JobParameters를 받아 JobExecution을 반환합니다. 만약 매개변수가 이전과 동일하면서 이전에 JobExecution이 중단된 적이 있다면 동일한 JobExecution을 반환합니다.

## 7.2.5 ItemReader

ItemReader는 Step의 대상이 되는 배치 데이터를 읽어오는 인터페이스입니다. FILE, XML, DB 등 여러 타입의 데이터를 읽어올 수 있습니다.

**예제 7-7** ItemReader 인터페이스
**spring-batch-infrastructure-4.0.1.RELEASE.jar/org/springframework/batch/item/ItemReader.java**

```
public interface ItemReader<T> {
    T read() throws Exception, UnexpectedInputException, ParseException,
            NonTransientResourceException;
}
```

ItemReader에서 read() 메서드의 반환 타입을 제네릭으로 구현했기 때문에 직접 타입을 지정할 수 있습니다.

## 7.2.6 ItemProcessor

ItemProcessor는 ItemReader로 읽어온 배치 데이터를 변환하는 역할을 수행합니다. 굳이 ItemWriter에 변환하는 로직을 넣을 수도 있는데 왜 ItemProcessor를 따로 제공할까요? 그 이유는 두 가지입니다. 첫 번째 이유는 비즈니스 로직을 분리하기 위해서입니다. ItemWriter는 저장만 수행하고, ItemProcessor는 로직 처리만 수행해 역할을 명확하게 분리합니다. 두 번째 이유는 읽어온 배치 데이터와 쓰여질 데이터의 타입이 다를 경우에 대응하기 위해서입니다. 명확한 인풋과 아웃풋을 ItemProcessor로 구현해놓는다면 더 직관적인 코드가 될 겁니다.

[예제 7-8]은 ItemProcessor 인터페이스 코드입니다. 제네릭을 사용해 인풋, 아웃풋 타입을 정의하고 비즈니스 로직을 구현합니다.

**예제 7-8** ItemProcessor 인터페이스

spring-batch-infrastructure-4.0.1.RELEASE.jar/org/springframework/batch/item/ItemProcessor.java

```java
public interface ItemProcessor<I, O> {
    O process(I item) throws Exception;
}
```

## 7.2.7 ItemWriter

ItemWriter는 배치 데이터를 저장합니다. 일반적으로 DB나 파일에 저장합니다.

**예제 7-9** ItemWriter 인터페이스

spring-batch-infrastructure-4.0.1.RELEASE.jar/org/springframework/batch/item/ItemWriter.java

```java
public interface ItemWriter<T> {
    void write(List<? extends T> items) throws Exception;
}
```

ItemWriter도 ItemReader와 비슷한 방식으로 구현하면 됩니다. 제네릭으로 원하는 타입을 받습니다. write( ) 메서드는 List 자료구조를 사용해 지정한 타입의 리스트를 매개변수로 받습니다. 리스트의 데이터 수는 설정한 청크<sup>chunk</sup>[4] 단위로 불러옵니다. write( ) 메서드의 반환값은 따로 없고 매개변수로 받은 데이터를 저장하는 로직을 구현하면 됩니다.

# 7.3 스프링 부트 휴면회원 배치 설계하기

커뮤니티에 가입한 회원 중 1년이 지나도록 상태 변화가 없는 회원을 휴면회원으로 전환하는 배치를 만들겠습니다. 7.2절 '스프링 부트 배치 이해하기'에서 살펴봤던 Job과 Step을 모두 사용해 구조를 만들 겁니다.

Job과 Step은 개발자가 어떻게 구성하느냐에 따라 아주 간단한 로직일 수도 있고 복잡한 비즈니스 로직을 담을 수도 있습니다. 최대한 간단한 로직을 담은 배치를 구성해봅시다.

---

**4** 청크란 아이템이 트랜잭션에서 커밋되는 수를 말합니다.

**그림 7-2** 전체 배치 프로세스

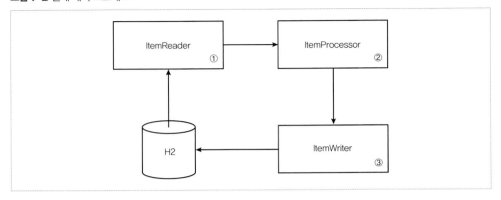

① H2 DB에 저장된 데이터 중 1년간 업데이트되지 않은 사용자를 찾는 로직을 `ItemReader`로 구현합니다.

② 대상 사용자 데이터의 상탯값을 휴면회원으로 전환하는 프로세스를 `ItemProcessor`에 구현합니다.

③ 상탯값이 변한 휴면회원을 실제로 DB에 저장하는 `ItemWriter`를 구현합니다.

이 장에서 진행할 프로젝트의 디렉토리 구조는 다음과 같습니다.

**그림 7-3** 디렉토리 구조

```
├──.gradle
├──.idea
├──gradle
└──src
    ├──main
    │   ├──java
    │   │   └──com
    │   │       └──community
    │   │           └──batch
    │   │               ├──domain
    │   │               │   └──enums
    │   │               ├──jobs
    │   │               │   └──readers
    │   │               └──repository
    │   └──resources
    └──test
        └──java
            └──com
                └──community
                    └──batch
```

# 7.4 스프링 부트 배치 설정하기

본격적으로 코드를 보면서 휴면전환 배치를 설정합시다. 먼저 배치 프로젝트를 생성합니다. 프로젝트명은 'Spring-Boot-Community-Batch'로 하겠습니다.

> **NOTE_** 깃허브에서 자세한 코드를 확인할 수 있습니다. 해당 내용의 깃허브 주소는 아래와 같으며 브랜치명은 'step1'입니다.
>
> https://github.com/young891221/Spring-Boot-Community-Batch/tree/step1

**예제 7-10** build.gardle 의존성 설정
**build.gradle**

```
buildscript {
    ext {
        springBootVersion = '2.0.3.RELEASE'
    }
    repositories {
        mavenCentral()
    }
    dependencies {
        classpath("org.springframework.boot:spring-boot-gradle-
                plugin:${springBootVersion}")
    }
}

apply plugin: 'java'
apply plugin: 'eclipse'
apply plugin: 'org.springframework.boot'
apply plugin: 'io.spring.dependency-management'

group = 'com.community'
version = '0.0.1-SNAPSHOT'
sourceCompatibility = 1.8

repositories {
    mavenCentral()
}

dependencies {
    compile('org.springframework.boot:spring-boot-starter-batch')
```

```
        compile('org.springframework.boot:spring-boot-starter-data-jpa')
        runtime('com.h2database:h2')
        compileOnly('org.projectlombok:lombok')
        testCompile('org.springframework.boot:spring-boot-starter-test')
        testCompile('org.springframework.batch:spring-batch-test')
    }
```

배치 설정을 제외하고는 앞 장의 build.gradle 설정(예제 6-5)과 유사합니다. 중복된 내용은
제외하고 알아보겠습니다.

스프링 부트의 배치 스타터를 사용하면 배치 생성에 필요한 많은 설정을 자동으로 적용할 수
있습니다. 2.2.2절 '커뮤니티 버전에서 스프링 부트 사용하기'에서 다룬 스프링 이니셜라이저를
이용하면 spring-batch-test도 함께 생성됩니다. 배치 처리 대부분에 대해 테스트를 실행해
봐야 하니 꼭 추가하기 바랍니다.

휴면회원 배치 처리에 사용될 도메인을 설정합니다. 앞서 사용했던 User 객체를 그대로 가져
옵니다. 다만 휴면 여부를 판별하는 UserStatus Enum을 추가합니다. ACTIVE는 활성회원,
INACTIVE는 휴면회원입니다. SocialType Enum은 앞서 진행한 코드(예제 6-9)와 동일하므
로 중복 설명은 하지 않겠습니다. 모든 Enum은 다음과 같습니다.

**예제 7-11** UserStatus, SocialType Enum
/com/community/batch/domain/enums

```
public enum UserStatus {
    ACTIVE, INACTIVE
}

public enum SocialType {
    FACEBOOK("facebook"),
    GOOGLE("google"),
    KAKAO("kakao");

    private final String ROLE_PREFIX = "ROLE_";
    private String name;

    SocialType(String name) {
        this.name = name;
    }

    public String getRoleType() {
```

```
            return ROLE_PREFIX + name.toUpperCase();
        }

        public String getValue() {
            return name;
        }

        public boolean isEquals(String authority) {
            return this.getRoleType().equals(authority);
        }
    }
}
```

회원의 등급을 나타내는 Grade Enum을 작성합니다.

**예제 7-12** Grade Enum

**/com/community/batch/domain/enums/Grade.java**

```
public enum Grade {
    VIP, GOLD, FAMILY
}
```

다음은 코드가 조금 수정된 User 클래스입니다.

**예제 7-13** User 클래스

**/com/community/batch/domain/User.java**

```
import com.community.batch.domain.enums.SocialType;
import com.community.batch.domain.enums.UserStatus;

import java.io.Serializable;
import java.time.LocalDateTime;

import javax.persistence.Column;
import javax.persistence.*;

import lombok.Builder;
import lombok.EqualsAndHashCode;
import lombok.Getter;
import lombok.NoArgsConstructor;

@Getter
@EqualsAndHashCode(of = {"idx", "email"})  ❶
```

```
@NoArgsConstructor
@Entity
@Table
public class User implements Serializable {

    @Id
    @GeneratedValue(strategy = GenerationType.IDENTITY)
    private Long idx;

    @Column
    private String name;

    @Column
    private String password;

    @Column
    private String email;

    @Column
    private String principal;

    @Column
    @Enumerated(EnumType.STRING)
    private SocialType socialType;

    @Column
    @Enumerated(EnumType.STRING)
    private UserStatus status;  ❷

    @Column
    @Enumerated(EnumType.STRING)
    private Grade grade;  ❸

    @Column
    private LocalDateTime createdDate;

    @Column
    private LocalDateTime updatedDate;

    @Builder
    public User(String name, String password, String email, String principal,
            SocialType socialType, UserStatus status, LocalDateTime createdDate,
            LocalDateTime updatedDate) {
        this.name = name;
        this.password = password;
```

```
                this.email = email;
                this.principal = principal;
                this.socialType = socialType;
                this.status = status;
                this.createdDate = createdDate;
                this.updatedDate = updatedDate;
        }

        public User setInactive() {  ❹
            status = UserStatus.INACTIVE;
            return this;
        }
}
```

❶ 객체의 동등성을 비교하는 Equals( )와 HashCode( ) 메서드를 구현하는 어노테이션인 @EqualsAnd
  HashCode를 추가했습니다. 비교할 필드값으로 유니크한 값인 idx와 email을 설정했습니다.

❷ [예제 7-11]에서 작성한 UserStatus Enum 필드를 추가했습니다.

❸ 회원의 등급을 나타내는 Grade Enum 필드를 추가했습니다.

❹ User가 휴면회원으로 판정된 경우 status 필드값을 휴면으로 전환하는 메서드를 추가했습니다.


## 7.5 스프링 부트 휴면회원 배치 구현하기

7.2절 '스프링 부트 배치 이해하기'에서 배치에 관한 장황한 설명을 했지만 읽고, 처리하고, 쓰
는 기본적인 프로세스만 알면 쉽게 배치 로직을 구현할 수 있습니다. 구현 순서는 다음과 같습
니다.

  1 휴면회원 배치 테스트 코드 생성
  2 휴면회원 배치 정보 설정
  3 SQL로 테스트 데이터 주입하기


### 7.5.1 휴면회원 배치 테스트 코드 생성

먼저 JobLauncherTestUtils를 빈으로 등록해 테스트 설정 클래스를 작성합니다. JobLaunch
erTestUtils는 배치의 Job을 실행해 테스트하는 유틸리티 클래스입니다.

**예제 7-14** JobLauncherTestUtils 설정

/test/java/com/community/batch/TestJobConfig.java

```
import org.springframework.batch.core.configuration.annotation.
        EnableBatchProcessing;
import org.springframework.batch.test.JobLauncherTestUtils;
import org.springframework.context.annotation.Bean;
import org.springframework.context.annotation.Configuration;

@EnableBatchProcessing  ❶
@Configuration
public class TestJobConfig {

    @Bean
    public JobLauncherTestUtils jobLauncherTestUtils() {
        return new JobLauncherTestUtils();  ❷
    }
}
```

❶ @EnableBatchProcessing은 스프링 부트 배치 스타터에 미리 정의된 설정들을 실행시키는 마법의 어노테
이션입니다. 배치에 필요한 JobBuilder, StepBuilder, JobRepository, JobLauncher 등 다양한 설정
이 자동으로 주입됩니다.

❷ Job 실행에 필요한 JobLauncher를 필드값으로 갖는 JobLauncherTestUtils를 빈으로 등록합니다.

휴면회원 전환 기능을 구현하기 전에 휴면 전환이 올바르게 되었는지 확인하는 테스트 코드를
먼저 작성합니다.

**예제 7-15** 휴면회원 전환 테스트 코드

/test/java/com/community/batch/InactiveUserJobTest.java

```
import com.community.batch.domain.enums.UserStatus;
import com.community.batch.repository.UserRepository;
import org.junit.Test;
import org.junit.runner.RunWith;
import org.springframework.batch.core.BatchStatus;
import org.springframework.batch.core.JobExecution;
import org.springframework.batch.test.JobLauncherTestUtils;
import org.springframework.beans.factory.annotation.Autowired;
import org.springframework.boot.test.context.SpringBootTest;
import org.springframework.test.context.junit4.SpringRunner;

import java.time.LocalDateTime;
```

```
import static org.junit.Assert.assertEquals;

@RunWith(SpringRunner.class)
@SpringBootTest
public class InactiveUserJobTest {

    @Autowired
    private JobLauncherTestUtils jobLauncherTestUtils;

    @Autowired
    private UserRepository userRepository;

    @Test
    public void 휴면_회원_전환_테스트() throws Exception {
        JobExecution jobExecution = jobLauncherTestUtils.launchJob();  ❶

        assertEquals(BatchStatus.COMPLETED, jobExecution.getStatus());  ❷
        assertEquals(0, userRepository.findByUpdatedDateBeforeAndStatusEquals(
                LocalDateTime.now().minusYears(1), UserStatus.ACTIVE).size());  ❸
    }

}
```

❶ launchJob( ) 메서드로 Job을 실행시켰습니다. launchJob( ) 메서드의 반환값으로 실행 결과에 대한 정보를 담고 있는 JobExecution이 반환됩니다.

❷ getStatus( ) 값이 *COMPLETED*로 출력되면 Job의 실행 여부 테스트는 성공입니다.

❸ 업데이트된 날짜가 1년 전이며 User 상탯값이 *ACTIVE*인 사용자들이 없어야 휴면회원 배치 테스트가 성공입니다.

테스트 코드를 먼저 작성했습니다. [예제 7-15]에서 배경이 음영으로 표시된 부분에 해당하는 객체를 찾을 수 없다고 경고가 표시될 겁니다. 필요한 객체를 하나씩 추가해가며 휴면회원 전환 기능을 구현해보겠습니다.

제일 먼저 휴면회원의 대상이 되는 User 리스트를 불러와야 합니다. 휴면회원의 대상은 수정된지 1년이 지났으며 상탯값이 *ACTIVE*인 사용자입니다. 이 조건을 실행하는 쿼리 메서드를 UserRepository를 생성해 추가하겠습니다.

**예제 7-16** 타깃 휴면회원 검색 쿼리 생성
/com/community/batch/repository/UserRepository.java

```java
import com.community.batch.domain.User;
import com.community.batch.domain.enums.UserStatus;
import org.springframework.data.jpa.repository.JpaRepository;

import java.time.LocalDateTime;
import java.util.List;

public interface UserRepository extends JpaRepository<User, Long> {
    List<User> findByUpdatedDateBeforeAndStatusEquals(LocalDateTime localDateTime,
            UserStatus status);
}
```

findByUpdatedDateBeforeAndStatusEquals() 메서드는 인잣값으로 LocalDateTime, 즉 현재 기준 날짜값보다 1년 전의 날짜값을 받고 두 번째 인잣값으로 UserStatus 타입을 받아 쿼리를 실행하는 메서드입니다.

이제 테스트 코드에서 빨간색 에러 표시가 없어졌을 겁니다. 그럼 코드를 실행해봅시다. 정상적으로 실행될까요? 아닙니다. 테스트 코드의 경고는 없어졌지만 제일 중요한 Job에 대한 설정이 아직 없습니다.

## 7.5.2 휴면회원 배치 정보 설정

7.2절 '스프링 부트 배치 이해하기'에서 배웠던 이론을 기반으로 Job 설정을 만들어봅시다. 순서는 다음과 같습니다.

1 휴면회원 Job 설정
2 휴면회원 Step 설정
3 휴면회원 Reader, Processor, Writer 설정

배치 정보는 @Configuration 어노테이션을 사용하는 설정 클래스에 빈으로 등록합니다. jobs 패키지를 새로 만들어 InactiveUserJobConfig 클래스를 생성합니다.

**예제 7-17** 휴면회원 배치 Job 빈으로 등록(휴면회원 배치 Job 생성 메서드 추가)
/com/community/batch/jobs/InactiveUserJobConfig.java

```java
import lombok.AllArgsConstructor;
import org.springframework.batch.core.Job;
import org.springframework.batch.core.Step;
import org.springframework.batch.core.configuration.annotation.JobBuilderFactory;
import org.springframework.context.annotation.Bean;
import org.springframework.context.annotation.Configuration;

@AllArgsConstructor
@Configuration
public class InactiveUserJobConfig {

    @Bean
    public Job inactiveUserJob(JobBuilderFactory jobBuilderFactory,
            Step inactiveJobStep) {  ❶
        return jobBuilderFactory.get("inactiveUserJob")
            .preventRestart()  ❷
            .start(inactiveJobStep)  ❸
            .build();
    }

}
```

❶ Job 생성을 직관적이고 편리하게 도와주는 빌더인 JobBuilderFactory를 주입했습니다. 빈에 주입할 객체를 파라미터로 명시하면 @Autowired 어노테이션을 쓰는 것과 같은 효과가 있습니다.

❷ JobBuilderFactory의 get("inactiveUserJob")은 'inactiveUserJob'이라는 이름의 JobBuilder를 생성하며, preventRestart()는 Job의 재실행을 막습니다.

❸ start(inactiveJobStep)은 파라미터에서 주입받은 휴면회원 관련 Step인 inactiveJobStep을 제일 먼저 실행하도록 설정하는 부분입니다. inactiveJobStep은 앞선 inactiveUserJob과 같이 InactiveUserJobConfig 클래스에 빈으로 등록할 겁니다.

기본적인 Job 설정을 완료했습니다. 이제 Step을 설정합시다.

**예제 7-18** 휴면회원 배치 Step 빈으로 등록(휴면회원 배치 Step 생성 메서드 추가)
/com/community/batch/jobs/InactiveUserJobConfig.java

```java
...
import com.community.batch.domain.User;
import org.springframework.batch.core.configuration.annotation.StepBuilderFactory;
```

```
@AllArgsConstructor
@Configuration
public class InactiveUserJobConfig {

    ...

    @Bean
    public Step inactiveJobStep(StepBuilderFactory stepBuilderFactory) {
        return stepBuilderFactory.get("inactiveUserStep")  ❶
            .<User, User> chunk(10)  ❷
            .reader(inactiveUserReader())  ❸
            .processor(inactiveUserProcessor())
            .writer(inactiveUserWriter())
            .build();
    }

}
```

❶ StepBuilderFactory의 get("inactiveUserStep")은 'inactiveUserStep'이라는 이름의 StepBuilder를 생성합니다.

❷ 제네릭을 사용해 chunk()의 입력 타입과 출력 타입을 User 타입으로 설정했습니다. chunk의 인잣값은 10으로 설정했는데 쓰기 시에 청크 단위로 묶어서 writer() 메서드를 실행시킬 단위를 지정한 겁니다. 즉, 커밋의 단위가 10개입니다.

❸ Step의 reader, processor, writer를 각각 설정했습니다.

예제 7-19 휴면회원 배치 Reader 빈으로 등록(휴면회원 배치 Reader 생성 메서드 추가)
/com/community/batch/jobs/InactiveUserJobConfig.java

```
...
import com.community.batch.domain.enums.UserStatus;
import com.community.batch.repository.UserRepository;
import org.springframework.batch.core.configuration.annotation.StepScope;
import com.community.batch.jobs.readers.QueueItemReader;

@AllArgsConstructor
@Configuration
public class InactiveUserJobConfig {

    ...

    private UserRepository userRepository;

    ...
```

```
@Bean
@StepScope  ❶
public QueueItemReader<User> inactiveUserReader() {
    List<User> oldUsers =
            userRepository.findByUpdatedDateBeforeAndStatusEquals(
            LocalDateTime.now().minusYears(1), UserStatus.ACTIVE);  ❷
    return new QueueItemReader<>(oldUsers);  ❸
}

}
```

❶ 기본 빈 생성은 싱글턴이지만 @StepScope를 사용하면 해당 메서드는 Step의 주기에 따라 새로운 빈을 생성합니다. 즉, 각 Step의 실행마다 새로 빈을 만들기 때문에 지연 생성이 가능합니다. 주의할 사항은 @StepScope는 기본 프록시 모드가 반환되는 클래스 타입을 참조하기 때문에 @StepScope를 사용하면 반드시 구현된 반환 타입을 명시해 반환해야 한다는 겁니다. 예제에서는 반환 타입을 QueueItemReader<User>라고 명시했습니다.

❷ findByUpdatedDateBeforeAndStatusEquals( ) 메서드는 현재 날짜 기준 1년 전의 날짜값과 User의 상탯값이 ACTIVE인 User 리스트를 불러오는 쿼리입니다.

❸ QueueItemReader 객체를 생성하고 불러온 휴면회원 타깃 대상 데이터를 객체에 넣어 반환합니다.

QueueItemReader 객체를 굳이 만들어서 사용할 필요 없이 ListItemReader 구현체를 사용해도 동일한 효과를 얻을 수 있습니다. 여기서는 어떻게 ItemReader를 직접 구현하여 사용할 수 있는지 알아보겠습니다. QueueItemReader 객체를 별도로 생성해봅시다.

예제 7-20 큐를 사용한 Reader 객체 QueueItemReader
/com/community/batch/jobs/readers/QueueItemReader.java

```java
import org.springframework.batch.item.ItemReader;
import org.springframework.batch.item.NonTransientResourceException;
import org.springframework.batch.item.ParseException;
import org.springframework.batch.item.UnexpectedInputException;

import java.util.LinkedList;
import java.util.List;
import java.util.Queue;

public class QueueItemReader<T> implements ItemReader<T> {
    private Queue<T> queue;

    public QueueItemReader(List<T> data) {
```

```
        this.queue = new LinkedList<>(data);  ❶
    }

    @Override
    public T read() throws Exception, UnexpectedInputException, ParseException,
            NonTransientResourceException {
        return this.queue.poll();  ❷
    }
}
```

QueueItemReader는 이름 그대로 큐<sup>queue</sup>⁵를 사용해 저장하는 ItemReader 구현체입니다. ItemReader의 기본 반환 타입은 단수형인데 그에 따라 구현하면 User 객체 1개씩 DB에 select 쿼리를 요청하므로 매우 비효율적인 방식이 될 수 있습니다.

❶ QueueItemReader를 사용해 휴면회원으로 지정될 타깃 데이터를 한번에 불러와 큐에 담아놓습니다.

❷ read( ) 메서드를 사용할 때 큐의 poll( ) 메서드를 사용하여 큐에서 데이터를 하나씩 반환합니다.

데이터를 DB에서 읽어와 QueueItemReader에 저장하였으므로 이제 읽어온 타깃 데이터를 휴면회원으로 전환시키는 processor를 만들어보겠습니다.

**예제 7-21** 휴면회원으로 전환시키는 inactiveUserProcessor 생성 메서드 추가
**/com/community/batch/jobs/InactiveUserJobConfig.java**

```
...
import org.springframework.batch.item.ItemProcessor;

@AllArgsConstructor
@Configuration
public class InactiveUserJobConfig {

    ...

    public ItemProcessor<User, User> inactiveUserProcessor() {
      //return User::setInactive;
        return new ItemProcessor<User, User>() {

            @Override
            public User process(User user) throws Exception {
                return user.setInactive();
```

---

**5** FIFO(First In First Out) 구조로 저장하는 자료구조

```
                }

            };
        }

    }
```

[예제 7-21]은 reader에서 읽은 User를 휴면 상태로 전환하는 processor 메서드를 추가하는 예입니다. 주석 처리된 부분은 자바 8의 메서드 레퍼런스를 사용해서 간단하게 표현하는 로직입니다. 자바 8에 익숙하지 않은 분을 위해 직접 `ItemProcessor`를 구현하는 코드도 추가했습니다.

휴면회원 전환 처리를 담당하는 processor 구현을 마쳤으니 휴면회원을 DB에 저장하는 `inactiveUserWriter`를 구현합시다.

**예제 7-22** 휴면회원을 DB에 저장하는 inactiveUserWriter 생성 메서드 추가
**/com/community/batch/jobs/InactiveUserJobConfig.java**

```java
...
import org.springframework.batch.item.ItemWriter;

@AllArgsConstructor
@Configuration
public class InactiveUserJobConfig {

    ...

    public ItemWriter<User> inactiveUserWriter() {
        return ((List<? extends User> users) -> userRepository.saveAll(users));
    }

}
```

`ItemWriter`는 리스트 타입을 앞서 설정한 청크 단위로 받습니다. 청크 단위를 10으로 설정했으므로 users에는 휴면회원 10개가 주어지며 `saveAll()` 메서드를 사용해서 한번에 DB에 저장합니다.

드디어 휴면회원 배치 처리 로직이 완성되었습니다. 전체 `InactiveUserJobConfig` 클래스 코드는 다음과 같습니다.

```java
import com.community.batch.domain.User;
import com.community.batch.domain.enums.UserStatus;
import com.community.batch.jobs.readers.QueueItemReader;
import com.community.batch.repository.UserRepository;

import org.springframework.batch.core.Job;
import org.springframework.batch.core.Step;
import org.springframework.batch.core.configuration.annotation.JobBuilderFactory;
import org.springframework.batch.core.configuration.annotation.StepBuilderFactory;
import org.springframework.batch.core.configuration.annotation.StepScope;
import org.springframework.batch.item.ItemProcessor;
import org.springframework.batch.item.ItemWriter;
import org.springframework.beans.factory.annotation.Autowired;
import org.springframework.context.annotation.Bean;
import org.springframework.context.annotation.Configuration;

import java.time.LocalDateTime;
import java.util.List;
import lombok.AllArgsConstructor;

@AllArgsConstructor
@Configuration
public class InactiveUserJobConfig {

    private UserRepository userRepository;

    @Bean
    public Job inactiveUserJob(JobBuilderFactory jobBuilderFactory,
            Step inactiveJobStep) {
        return jobBuilderFactory.get("inactiveUserJob")
            .preventRestart()
            .start(inactiveJobStep)
            .build();
    }

    @Bean
    public Step inactiveJobStep(StepBuilderFactory stepBuilderFactory) {
        return stepBuilderFactory.get("inactiveUserStep")
            .<User, User> chunk(10)
            .reader(inactiveUserReader())
            .processor(inactiveUserProcessor())
```

```java
                .writer(inactiveUserWriter())
                .build();
    }

    @Bean
    @StepScope
    public QueueItemReader<User> inactiveUserReader() {
        List<User> oldUsers =
                userRepository.findByUpdatedDateBeforeAndStatusEquals(
                LocalDateTime.now().minusYears(1), UserStatus.ACTIVE);
        return new QueueItemReader<>(oldUsers);
    }

    public ItemProcessor<User, User> inactiveUserProcessor() {
        return User::setInactive;
     /* return new ItemProcessor<User, User>() {

            @Override
            public User process(User user) throws Exception {
                return user.setInactive();
            }

        }; */
    }

    public ItemWriter<User> inactiveUserWriter() {
        return ((List<? extends User> users) -> userRepository.saveAll(users));
    }
}
```

모든 구현을 마쳤지만 [예제 7-23]에서 배경이 음영으로 표시된 부분에 여전히 빨간색 에러 표시가 나타날 겁니다. 설정 클래스에서 JobBuilderFactory, StepBuilderFactory를 자동으로 주입받기 위해서는 애플리케이션을 구동하는 BatchApplication 클래스에 @EnableBatchProcessing 어노테이션을 설정해주어야 합니다. @EnableBatchProcessing 어노테이션은 배치 작업에 필요한 빈을 미리 등록하여 사용할 수 있도록 해줍니다.

예제 **7-24** BatchApplication 클래스에 @EnableBatchProcessing 어노테이션 추가
**/com/community/batch/BatchApplication.java**

```java
import org.springframework.batch.core.configuration.annotation.
        EnableBatchProcessing;
import org.springframework.boot.SpringApplication;
import org.springframework.boot.autoconfigure.SpringBootApplication;

@SpringBootApplication
@EnableBatchProcessing
public class BatchApplication {

    public static void main(String[] args) {
        SpringApplication.run(BatchApplication.class, args);
    }

}
```

## 7.5.3 SQL로 테스트 데이터 주입하기

지금까지 테스트 데이터 등록은 CommandLineRunner를 사용해서 애플리케이션이 시작될 때 생성하여 저장하는 방식이었습니다. 이번에는 스프링 부트에서 SQL 파일을 이용해 테스트 데이터를 생성하여 저장해봅시다.

다음과 같이 휴면회원의 대상에 대한 데이터 삽입 쿼리를 파일로 생성합니다.

예제 **7-25** import.sql 파일 생성
**/resources/import.sql**

```sql
insert into user (idx, email, name, password, social_type, status, grade, created_
date, updated_date) values (1001, 'test@test.com', 'test1', 'test1', 'FACEBOOK',
'ACTIVE', 'VIP', '2016-03-01T00:00:00', '2018-03-01T00:00:00');
insert into user (idx, email, name, password, social_type, status, grade, created_
date, updated_date) values (1002, 'test@test.com', 'test2', 'test2', 'FACEBOOK',
'ACTIVE', 'VIP', '2016-03-01T00:00:00', '2018-03-01T00:00:00');
insert into user (idx, email, name, password, social_type, status, grade, created_
date, updated_date) values (1003, 'test@test.com', 'test3', 'test3', 'FACEBOOK',
'ACTIVE', 'VIP', '2016-03-01T00:00:00', '2016-03-01T00:00:00');
insert into user (idx, email, name, password, social_type, status, grade, created_
date, updated_date) values (1004, 'test@test.com', 'test4', 'test4', 'FACEBOOK',
```

```
'ACTIVE', 'GOLD', '2016-03-01T00:00:00', '2016-03-01T00:00:00');
insert into user (idx, email, name, password, social_type, status, grade, created_
date, updated_date) values (1005, 'test@test.com', 'test5', 'test5', 'FACEBOOK',
'ACTIVE', 'GOLD', '2016-03-01T00:00:00', '2016-03-01T00:00:00');
insert into user (idx, email, name, password, social_type, status, grade, created_
date, updated_date) values (1006, 'test@test.com', 'test6', 'test6', 'FACEBOOK',
'ACTIVE', 'GOLD', '2016-03-01T00:00:00', '2016-03-01T00:00:00');
insert into user (idx, email, name, password, social_type, status, grade, created_
date, updated_date) values (1007, 'test@test.com', 'test7', 'test7', 'FACEBOOK',
'ACTIVE', 'FAMILY', '2016-03-01T00:00:00', '2016-03-01T00:00:00');
insert into user (idx, email, name, password, social_type, status, grade, created_
date, updated_date) values (1008, 'test@test.com', 'test8', 'test8', 'FACEBOOK',
'ACTIVE', 'FAMILY', '2016-03-01T00:00:00', '2016-03-01T00:00:00');
insert into user (idx, email, name, password, social_type, status, grade, created_
date, updated_date) values (1009, 'test@test.com', 'test9', 'test9', 'FACEBOOK',
'ACTIVE', 'FAMILY', '2016-03-01T00:00:00', '2016-03-01T00:00:00');
insert into user (idx, email, name, password, social_type, status, grade, created_
date, updated_date) values (1010, 'test@test.com', 'test10', 'test10', 'FACEBOOK',
'ACTIVE', 'FAMILY', '2016-03-01T00:00:00', '2016-03-01T00:00:00');
insert into user (idx, email, name, password, social_type, status, grade, created_
date, updated_date) values (1011, 'test@test.com', 'test11', 'test11', 'FACEBOOK',
'ACTIVE', 'FAMILY', '2016-03-01T00:00:00', '2016-03-01T00:00:00');
```

/resources 하위 경로에 import.sql 파일을 생성해놓으면 스프링 부트가 실행될 때 자동으로 해당 파일의 쿼리를 실행합니다. 더 정확히 구분해 말하자면 import.sql은 하이버네이트가, data.sql은 스프링 JDBC가 실행합니다(여기서는 data.sql을 사용하지 않습니다).

자, 이제 휴면회원 배치에 대한 모든 준비를 마쳤습니다. [예제 7-15]에서 작성한 테스트 코드를 실행해봅시다. 다음과 같이 테스트가 성공할 겁니다.

**그림 7-4** 휴면회원 전환 테스트 성공 화면

# 7.6 스프링 배치 심화학습

지금까지 만든 배치 처리 과정을 개선하여 더 능동적으로 테스트하는 환경으로 바꿔보겠습니다. 순서는 다음과 같습니다.

1 다양한 ItemReader 구현 클래스

2 다양한 ItemWriter 구현 클래스

3 JobParameter 사용하기

4 테스트 시에만 H2 DB를 사용하도록 설정하기

5 청크 지향 프로세싱

6 배치의 인터셉터 Listener 설정하기

7 어노테이션 기반으로 Listener 설정하기

8 Step의 흐름을 제어하는 Flow

> **NOTE_** 깃허브에서 자세한 코드를 확인할 수 있습니다. 해당 내용의 깃허브 주소는 아래와 같으며 브랜치명은 'step2'입니다.
>
> https://github.com/young891221/Spring-Boot-Community-Batch/tree/step2

## 7.6.1 다양한 ItemReader 구현 클래스

[예제 7-15]에 대한 테스트는 성공했지만 몇 가지 해결 과제가 남았습니다. 바로 배치에서 제공하는 구현 클래스의 기능을 확장하는 일입니다.

[예제 7-19]의 코드를 다른 방식으로 수정해봅시다. 스프링 배치 프로젝트에서는 각각의 상황에 맞는 다양한 ItemReader 구현체를 제공합니다. 그중 하나가 리스트 타입으로 Reader를 구현한 ListItemReader 객체입니다. [예제 7-20]에서 만들었던 QueueItemReader 객체와 동일한 역할을 수행합니다.

```
...
import org.springframework.batch.item.support.ListItemReader;

@AllArgsConstructor
@Configuration
public class InactiveUserJobConfig {

    ...

    @Bean
    @StepScope
    public ListItemReader<User> inactiveUserReader() {
        List<User> oldUsers =
                userRepository.findByUpdatedDateBeforeAndStatusEquals(
                LocalDateTime.now().minusYears(1), UserStatus.ACTIVE);
        return new ListItemReader <>(oldUsers);
    }

}
```

ListItemReader 객체를 사용하도록 구현했으니 QueueItemReader 객체는 삭제해도 됩니다.
ListItemReader 객체를 사용하면 모든 데이터를 한번에 가져와 메모리에 올려놓고 read()
메서드로 하나씩 배치 처리 작업을 수행할 수 있습니다.

그런데 수백, 수천을 넘어 수십만 개 이상의 데이터를 한번에 가져와 메모리에 올려놓아야 할
때는 어떻게 해야 할까요? 이때는 배치 프로젝트에서 제공하는 PagingItemReader 구현체를
사용할 수 있습니다. 구현체는 크게 JdbcPagingItemReader, JpaPagingItemReader, Hiberna
tePagingItemReader가 있습니다. 지금은 JPA를 사용하고 있으므로 JpaPagingItemReader
를 사용하겠습니다. JpaPagingItemReader에는 지정한 데이터 크기만큼 DB에서 읽어오는
setPageSize() 메서드라는 기능이 있습니다. 즉, 모든 데이터를 한번에 가져오는 것이 아니
라 지정한 단위로 가져와 배치 처리를 수행합니다. 다음 코드를 살펴봅시다.

> **NOTE_** 최근에 iBatisPagingItemReader가 삭제되었습니다. 만일 iBatis를 사용하고 있었다면
> JdbcPagingItemReader로 대체하기 바랍니다.

**예제 7-27** JpaPagingItemReader를 사용해 원하는 크기만큼 읽어오기
/com/community/batch/jobs/inactive/InactiveUserJobConfig.java

```java
...
import org.springframework.batch.item.database.JpaPagingItemReader;
import javax.persistence.EntityManagerFactory;

import java.util.HashMap;
import java.util.Map;

@AllArgsConstructor
@Configuration
public class InactiveUserJobConfig {

    private final static int CHUNK_SIZE = 15;
    private final EntityManagerFactory entityManagerFactory;
    ...

    @Bean
    public Step inactiveJobStep(StepBuilderFactory stepBuilderFactory,
            JpaPagingItemReader<User> inactiveUserJpaReader) {
        return stepBuilderFactory.get("inactiveUserStep")
            .<User, User> chunk(CHUNK_SIZE)
            .reader(inactiveUserJpaReader)
            .processor(inactiveUserProcessor())
            .writer(inactiveUserWriter())
            .build();
    }

    ...

    @Bean(destroyMethod="")   ❶
    @StepScope
    public JpaPagingItemReader<User> inactiveUserJpaReader() {
        JpaPagingItemReader<User> jpaPagingItemReader =
                new JpaPagingItemReader<>();
        jpaPagingItemReader.setQueryString("select u from User as u where
                u.updatedDate < :updatedDate and u.status = :status");   ❷

        Map<String, Object> map = new HashMap<>();
        LocalDateTime now = LocalDateTime.now();
        map.put("updatedDate", now.minusYears(1));
        map.put("status", UserStatus.ACTIVE);

        jpaPagingItemReader.setParameterValues(map);   ❸
```

```
        jpaPagingItemReader.setEntityManagerFactory(entityManagerFactory);  ❹
        jpaPagingItemReader.setPageSize(CHUNK_SIZE);  ❺
        return jpaPagingItemReader;
    }

}
```

❶ 스프링에서 destroyMethod를 사용해 삭제할 빈을 자동으로 추적합니다. destroyMethod=""와 같이 하여 기능을 사용하지 않도록 설정하면 실행 시 출력되는 다음과 같은 warning 메시지를 삭제할 수 있습니다.

```
Invocation of destroy method 'close' failed on bean with name 'scopedTarget.
inactiveUserJpaReader': org.springframework.batch.item.ItemStreamException: Error
while closing item reader
```

❷ JpaPagingItemReader를 사용하려면 안타깝게도 쿼리를 직접 짜서 실행하는 방법밖에는 없습니다. 마지막 정보 갱신 일자를 나타내는 updatedDate 파라미터와 상탯값을 나타내는 status 파라미터를 사용해 쿼리를 작성합니다.

❸ 쿼리에서 사용된 updatedDate, status 파라미터를 Map에 추가해 사용할 파라미터를 설정합니다.

❹ 트랜잭션을 관리해줄 entityManagerFactory를 설정합니다.

❺ 한번에 읽어올 크기를 15개로 설정합니다.

설정이 끝났습니다. 테스트 코드를 실행해 정상적으로 동작하는지 확인해봅시다.

JpaPagingItemReader를 사용할 경우 한 가지 주의사항이 있습니다. [예제 7-27]에서 설정한 CHUNK_SIZE입니다. JpaPagingItemReader는 내부에 entityManager를 할당받아 사용하는데 지정한 크기로 데이터를 읽어옵니다. 만약 inactiveJobStep( )에서 설정한 청크 단위(커밋 단위)가 5라고 가정하면 Item 5개를 writer까지 배치 처리를 진행하고 저장한다고 해봅시다. 저장된 데이터를 바탕으로 다음에 다시 지정한 크기로 새 인덱스를 할당해 읽어 와야 하는데 이전에 진행한 5라는 인덱스값을 그대로 사용해 데이터를 불러오도록 로직이 짜여 있어서 문제가 됩니다. 예를 들어 청크 단위로 Item 5개를 커밋하고 다음 청크 단위로 넘어가야 하는 경우를 가정하겠습니다. 하지만 entityManager에서 앞서 처리된 Item 5개 때문에 새로 불러올 Item의 인덱스 시작점이 5로 설정되어 있게 됩니다. 그러면 쿼리 요청 시 offset 5(인덱스값), limit 5(지정한 크기 단위)이므로 개념상 바로 다음 청크 단위(Item 5개)인 Item을 건너뛰는 상황이 발생합니다.

이러한 상황에서 가장 간단한 해결 방법은 조회용 인덱스값을 항상 0으로 반환하는 겁니다. 0으로 반환하면 Item 5개를 수정하고 다음 5개를 건너뛰지 않고 원하는 순서/청크 단위로 처리가 가능해집니다.

예제 **7-28** JpaPagingItemReader가 항상 인덱스 0을 반환하도록 수정
/com/community/batch/jobs/inactive/InactiveUserJobConfig.java

```java
@AllArgsConstructor
@Configuration
public class InactiveUserJobConfig {

    ...

    @Bean(destroyMethod="")
    @StepScope
    public JpaPagingItemReader<User> inactiveUserJpaReader() {

        JpaPagingItemReader<User> jpaPagingItemReader = new JpaPagingItemReader() {
            @Override
            public int getPage() {
                return 0;
            }
        };

        ...
    }
    ...
}
```

이외에도 JdbcPagingItemReader, HibernateItemReader 등 다양한 Reader 구현체가 있습니다. 상황에 맞게 알맞은 구현체를 선택해 사용해보기 바랍니다.


## 7.6.2 다양한 ItemWriter 구현 클래스

[예제 7-22]에서는 직접 ItemWriter를 구현해 사용했습니다. ItemWriter도 ItemReader와 마찬가지로 상황에 맞는 여러 구현 클래스를 제공합니다. 이 장에서 구현하는 프로젝트에서는 JPA를 사용하고 있으므로 JpaItemWriter를 적용합니다.

InactiveUserJobConfig 클래스에서 [예제 7-22] 코드를 삭제하고 다음 코드를 추가합니다.

예제 **7-29** JpaItemWriter 추가
**/com/community/batch/jobs/inactive/InactiveUserJobConfig.java**

```
...
import org.springframework.batch.item.database.JpaItemWriter;

@AllArgsConstructor
@Configuration
public class InactiveUserJobConfig {
    ...

    private JpaItemWriter<User> inactiveUserWriter() {
        JpaItemWriter<User> jpaItemWriter = new JpaItemWriter<>();
        jpaItemWriter.setEntityManagerFactory(entityManagerFactory);
        return jpaItemWriter;
    }
}
```

JpaItemWriter는 별도로 저장 설정을 할 필요 없이 제네릭에 저장할 타입을 명시하고 Entity
ManagerFactory만 설정하면 Processor에서 넘어온 데이터를 청크 단위로 저장합니다.

이밖에도 HibernateItemWriter, JdbcBatchItemWriter 등 여러 Writer 구현 클래스가 있습
니다. 역시 상황에 맞게 선택해 사용해보기 바랍니다.

### 7.6.3 JobParameter 사용하기

JobParameter를 사용해 Step을 실행시킬 때 동적으로 파라미터를 주입시킬 수 있습니다. 자
세한 내용은 7.2.1절 'Job'을 다시 한번 보면 도움이 될 겁니다. JobParameter를 어떻게 사용
하는지 알아봅시다. 휴면회원으로 전환하는 배치 로직에서 현재 시간 기준으로 1년 전의 날짜
를 값으로 사용해 휴면전환 User를 조회했습니다. 이 경우 청크 단위로 Reader가 실행될 때마
다 미세하게 현재 날짜값이 차이날 수 있습니다. JobParameter에 현재 시간을 주입해 Reader
가 실행될 때마다 모두 동일한 시간을 참조하게 설정해봅시다.

먼저 테스트 코드에 JobParameter를 생성해 JobLauncher에 전달하게끔 수정합니다.

```
...
import java.util.Date;
import org.springframework.batch.core.JobParametersBuilder;

@RunWith(SpringRunner.class)
@SpringBootTest
public class InactiveUserJobTest {

    @Autowired
    private JobLauncherTestUtils jobLauncherTestUtils;

    @Autowired
    private UserRepository userRepository;

    @Test
    public void 휴면_회원_전환_테스트() throws Exception {
        Date nowDate = new Date();   ❶
        JobExecution jobExecution = jobLauncherTestUtils.launchJob(
                new JobParametersBuilder().addDate("nowDate", nowDate).
                toJobParameters());   ❷

        assertEquals(BatchStatus.COMPLETED, jobExecution.getStatus());
        assertEquals(11, userRepository.findAll().size());
        assertEquals(0, userRepository.findByUpdatedDateBeforeAndStatusEquals(
                LocalDateTime.now().minusYears(1), ACTIVE).size());
    }
}
```

❶ 현재 날짜를 Date 타입으로 생성합니다. Date 타입은 JobParameter에서 허용하는 파라미터 중 하나입니다.

❷ JobParametersBuilder를 사용하면 간편하게 JobParameters를 생성할 수 있습니다. JobParameters는 여러 JobParameter를 받는 객체입니다. JobLauncher를 사용하려면 JobParameters가 필요합니다.

주입된 JobParameter를 실질적으로 사용하도록 코드를 수정합시다. inactiveUserReader( ) 메서드를 다음과 같이 수정합니다.

```java
@AllArgsConstructor
@Configuration
public class InactiveUserJobConfig {
    ...

    @Bean
    public Step inactiveJobStep(StepBuilderFactory stepBuilderFactory,
            ListItemReader<User> inactiveUserReader) {
        return stepBuilderFactory.get("inactiveUserStep")
            .<User, User> chunk(CHUNK_SIZE)
            .reader(inactiveUserReader)
            .processor(inactiveUserProcessor())
            .writer(inactiveUserWriter())
            .build();
    }

    @Bean
    @StepScope
    public ListItemReader<User> inactiveUserReader(@Value("#{jobParameters[
            nowDate]}") Date nowDate, UserRepository userRepository) {  ❶
        LocalDateTime now = LocalDateTime.ofInstant(nowDate.toInstant(), ZoneId.
            systemDefault());  ❷
        List<User> inactiveUsers =
                userRepository.findByUpdatedDateBeforeAndStatusEquals(now.
                minusYears(1), UserStatus.ACTIVE);
        return new ListItemReader<>(inactiveUsers);
    }

    ...
}
```

❶ SpEL을 사용해 JobParameters에서 nowDate 파라미터를 전달받습니다. Date 타입으로 주입해서 곧바로 Date 타입으로 전달받을 수 있습니다.

❷ 전달받은 현재 날짜값을 UserRepository에서 사용할 수 있는 타입인 LocalDateTime으로 전환합니다.

JobParameter를 사용할 수 있도록 코드 수정이 끝났습니다. 이제는 모든 배치 처리가 동일한 날짜값을 기준으로 동작합니다.

## 7.6.4 테스트 시에만 H2 데이터베이스를 사용하도록 설정하기

현재까지는 H2를 사용해 메모리에 데이터를 올려놓고 테스트했습니다. 하지만 MySQL을 사용하는 데 테스트에 H2를 사용하고 싶다면 어떻게 해야 할까요? 간단합니다.

우선 build.gradle 파일에 MySQL 런타임 의존성을 추가 설정합니다.

예제 **7-32** MySQL 의존성 추가
build.gradle

```
...

dependencies {
    compile('org.springframework.boot:spring-boot-starter-batch')
    compile('org.springframework.boot:spring-boot-starter-data-jpa')
    runtime('com.h2database:h2')
    runtime('mysql:mysql-connector-java')
    compileOnly('org.projectlombok:lombok')
    testCompile('org.springframework.boot:spring-boot-starter-test')
    testCompile('org.springframework.batch:spring-batch-test')
}
```

이와 같이 스프링 부트에서는 의존성, 프로퍼티 설정만 하면 간단하게 MySQL을 연동시킬 수 있습니다.

다음으로 application.yml에 `datasource` 프로퍼티를 추가해 배치 애플리케이션 실행 시 MySQL이 적용되어 실행되게 해봅시다.

예제 **7-33** application.yml에 MySQL을 사용하도록 설정
/resources/application.yml

```
spring:
  datasource:
    url: jdbc:mysql://127.0.0.1:3306/{DB명}
    username: {아이디}
    password: {패스워드}
    driver-class-name: com.mysql.jdbc.Driver
  jpa:
    show-sql: true
    hibernate:
      ddl-auto: create  # 테스트용 테이블 생성 설정
...
```

DB명, 아이디, 패스워드에 알맞은 정보를 넣습니다. 이제 배치 애플리케이션 실행에는 MySQL이 기본 데이터베이스로 할당되어 사용됩니다. 주의할 점은 만약 실제 서비스를 운영하는 프로젝트를 개발한다면 [예제 7-33]과 같이 jpa.hibernate.ddl-auto = create 설정을 그대로 사용하면 안 됩니다. 설정을 그대로 사용하면 애플리케이션을 재기동할 때마다 테이블이 삭제되고 새로 생성되는 악몽을 겪게 될 겁니다.

실제로는 MySQL을 사용하지만 @AutoConfigureTestDatabase 어노테이션을 사용하면 테스트 시에는 H2를 할당하게 처리할 수 있습니다.

**예제 7-34** @AutoConfigureTestDatabase를 사용해서 테스트 데이터베이스 설정
**/test/java/community/batch/InactiveUserJobTest.java**

```
...
import org.springframework.boot.jdbc.EmbeddedDatabaseConnection;
import org.springframework.boot.test.autoconfigure.jdbc.AutoConfigureTestDatabase;

@RunWith(SpringRunner.class)
@SpringBootTest
@AutoConfigureTestDatabase(connection = EmbeddedDatabaseConnection.H2)
public class InactiveUserJobTest {
    ...
}
```

@AutoConfigureTestDatabase 어노테이션은 datasource 프로퍼티를 기반으로 자동으로 설정된 데이터베이스를 무시하고 테스트용 클래스에서 사용할 데이터베이스가 적용되게끔 하는 어노테이션입니다. 예제에서와 같이 connection 설정에 H2, DERBY, HSQL 등의 테스트 데이터베이스를 설정할 수 있습니다.


## 7.6.5 청크 지향 프로세싱

청크 지향 프로세싱<sup>chunk oriented processing</sup>은 트랜잭션 경계 내에서 청크 단위로 데이터를 읽고 생성하는 프로그래밍 기법입니다. 청크란 아이템이 트랜잭션에서 커밋되는 수를 말합니다. read한 데이터 수가 지정한 청크 단위와 일치하면 write를 수행하고 트랜잭션을 커밋합니다. [예제 7-18]의 Step 설정에서 chunk( )로 커밋 단위를 지정했던 부분입니다. 즉, 예제에서 쭉 해왔던 방식이 청크 지향 프로세싱이었습니다.

그렇다면 청크 지향 프로세싱의 이점은 무엇일까요? 1000여 개의 데이터에 대해 배치 로직을 실행한다고 가정합시다. 청크로 나누지 않았을 때는 하나만 실패해도 다른 성공한 999개의 데이터가 롤백됩니다. 그런데 청크 단위를 10으로 해서 배치 처리를 하면 도중에 배치 처리에 실패하더라도 다른 청크는 영향을 받지 않습니다. 이러한 이유로 스프링 배치에서는 청크 단위의 프로그래밍을 지향합니다.

그림 7-5 청크 지향 프로세싱 프로세스

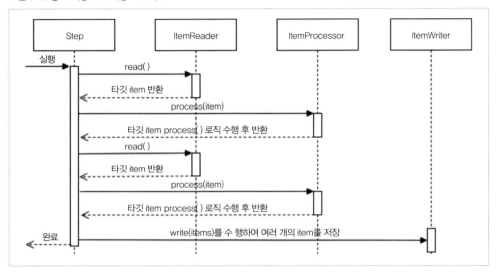

그렇다면 반대로 청크 지향 프로세싱이 아닌 방식은 무엇일까요? 여기에는 Tasklet을 사용한 방식이 있습니다. Tasklet은 임의의 Step을 실행할 때 하나의 작업으로 처리하는 방식입니다. 읽기, 처리, 쓰기로 나뉜 방식이 청크 지향 프로세싱이라면 이를 단일 작업으로 만드는 개념이 Tasklet이라 할 수 있습니다.

코드를 보면서 이해해봅시다. 먼저 Tasklet 인터페이스를 살펴보겠습니다.

예제 7-35 Tasklet 인터페이스
spring-batch-core-4.0.1.RELEASE.jar/org/springframework/batch/core/step/tasklet/Tasklet.java

```
public interface Tasklet {
    RepeatStatus execute(StepContribution contribution, ChunkContext chunkContext)
            throws Exception;
}
```

Tasklet 인터페이스는 execute( ) 메서드 하나만 제공합니다. 내부에 원하는 단일 작업을 구현하고 작업이 끝나면 RepeatStatus.FINISHED를 반환하고 작업이 계속된다면 RepeatStatus.CONTINUABLE을 반환합니다.

휴면회원 배치 처리를 Tasklet으로 구현하겠습니다.

**예제 7-36** 휴면회원 배치 처리를 Tasklet으로 전환
**/com/community/batch/jobs/inactive/InactiveItemTasklet.java**

```java
import com.community.batch.domain.User;
import com.community.batch.domain.enums.UserStatus;
import com.community.batch.repository.UserRepository;

import org.springframework.batch.core.StepContribution;
import org.springframework.batch.core.scope.context.ChunkContext;
import org.springframework.batch.core.step.tasklet.Tasklet;
import org.springframework.batch.repeat.RepeatStatus;
import org.springframework.stereotype.Component;

import java.time.LocalDateTime;
import java.time.ZoneId;
import java.util.Date;
import java.util.List;
import java.util.stream.Collectors;

import lombok.AllArgsConstructor;

@Component
@AllArgsConstructor
public class InactiveItemTasklet implements Tasklet {

    private UserRepository userRepository;

    @Override
    public RepeatStatus execute(StepContribution contribution, ChunkContext
            chunkContext) {
        // reader
        Date nowDate = (Date) chunkContext.getStepContext().getJobParameters().
                get("nowDate");
        LocalDateTime now = LocalDateTime.ofInstant(nowDate.toInstant(), ZoneId.
                systemDefault());
        List<User> inactiveUsers =
                userRepository.findByUpdatedDateBeforeAndStatusEquals(now.
                minusYears(1), UserStatus.ACTIVE);
```

```
        // processor
        inactiveUsers = inactiveUsers.stream()
            .map(User::setInactive)
            .collect(Collectors.toList());

        // writer
        userRepository.saveAll(inactiveUsers);

        return RepeatStatus.FINISHED;
    }
}
```

[예제 7-36]은 기존의 읽기 → 처리 → 쓰기로 진행되었던 청크 지향 프로세싱 방식의 구조를 하나로 합쳐놓은 겁니다.

## 7.6.6 배치의 인터셉터 Listener 설정하기

배치 흐름에서 전후 처리를 하는 Listener를 설정할 수 있습니다. 구체적으로 Job의 전후 처리, Step의 전후 처리, 각 청크 단위에서의 전후 처리 등 세세한 과정 실행 시 특정 로직을 할당해 제어할 수 있습니다. 이해를 돕기 위해 Job의 실행 전후에 Job을 실행한다는 메시지와 실행이 종료됐다는 간단한 메시지 로그를 추가해봅시다.

스프링 배치에서는 Job의 Listener로 JobExecutionListener 인터페이스를 제공합니다. 이 인터페이스를 활용해서 다음과 같이 작성해봅시다.

**예제 7-37** Job의 실행과 종료 메시지를 출력하는 InactiveJobListener 구현
**/com/community/batch/jobs/inactive/listener/InactiveIJobListener.java**

```
import lombok.extern.slf4j.Slf4j;
import org.springframework.batch.core.JobExecution;
import org.springframework.batch.core.JobExecutionListener;
import org.springframework.stereotype.Component;

@Slf4j  ❶
@Component  ❷
public class InactiveIJobListener implements JobExecutionListener {  ❸

    @Override
```

```
    public void beforeJob(JobExecution jobExecution) {   ❹
        log.info("Before Job");
    }

    @Override
    public void afterJob(JobExecution jobExecution) {   ❺
        log.info("After Job");
    }

}
```

❶ 필드에 로그 객체를 따로 생성할 필요 없이 로그 객체를 사용할 수 있도록 설정하는 롬복 어노테이션

❷ 외부에서 InactiveJobListener를 주입받아서 사용할 수 있게 스프링 빈으로 등록

❸ Job 실행 전후에 특정 로직을 담을 수 있도록 제공되는 인터페이스

❹ Job 실행 전에 수행될 로직을 구현하는 메서드

❺ Job 실행 후에 수행될 로직을 구현하는 메서드

**예제 7-38** Job 설정에 Listener 등록하기
/com/community/batch/jobs/inactive/InactiveUserJobConfig.java

```
...
import com.community.batch.jobs.inactive.listener.InactiveIJobListener;

@AllArgsConstructor
@Configuration
public class InactiveUserJobConfig {

    ...

    @Bean
    public Job inactiveUserJob(JobBuilderFactory jobBuilderFactory,
            InactiveIJobListener inactiveIJobListener, Step inactiveJobStep) {
        return jobBuilderFactory.get("inactiveUserJob")
            .preventRestart()
            .listener(inactiveIJobListener)
            .start(inactiveJobStep)
            .build();
    }
    ...

}
```

Job 정보를 설정하는 inactiveUserJob( ) 메서드에 [예제 7-35]에서 추가한 InactiveIJob
Listener를 추가했습니다. 이제 배치 테스트를 실행해봅시다. 출력되는 메시지는 다음과 같습
니다.

```
2018-04-26 14:13:42.282  INFO 6440 --- [main] o.s.b.c.l.support.SimpleJobLauncher
: Job: [SimpleJob: [name=inactiveUserJob]] launched with the following parameters:
[{nowDate=1524719622137}]
2018-04-26 14:13:42.305  INFO 6440 --- [main] c.c.b.j.i.listener.
InactiveIJobListener  : Before Job
...
2018-04-26 14:13:42.820  INFO 6440 --- [main] c.c.b.j.i.listener.
InactiveIJobListener  : After Job
2018-04-26 14:13:42.824  INFO 6440 --- [main] o.s.b.c.l.support.SimpleJobLauncher
: Job: [SimpleJob: [name=inactiveUserJob]] completed with the following
parameters: [{nowDate=1524719622137}] and the following status: [COMPLETED]
```

로그 메시지는 사용자 환경에 따라 다를 수 있지만 'Before Job', 'After Job' 로그가 찍힌다면
성공적으로 Listener가 등록된 겁니다.

JobExecutionListener 인터페이스 외에도 Listener로 제공되는 인터페이스는 다음과 같습
니다.

**표 7-1** 배치에서 제공되는 Listener 인터페이스와 어노테이션

| 인터페이스명 | 어노테이션 | 설명 |
| --- | --- | --- |
| JobExecutionListener | @BeforeJob<br>@AfterJob | Job 실행 전후 처리를 담당하는 Listener 설정 |
| ChunkListener | @BeforeChunk<br>@AfterChunk<br>@AfterChunkError | Chunk 실행 전후 처리 및 에러 발생 시 처리를 담당하는 Listener 설정 |
| ItemReadListener | @BeforeRead<br>@AfterRead<br>@OnReadError | Read 과정 전후 처리 및 에러 발생 시 처리를 담당하는 Listener 설정 |
| ItemProcessListener | @BeforeProcess<br>@AfterProcess<br>@OnProcessError | Process 과정 전후 처리 및 에러 발생 시 처리를 담당하는 Listener 설정 |
| ItemWriteListener | @BeforeWrite<br>@AfterWrite<br>@OnWriteError | Write 과정 전후 처리 및 에러 발생 시 처리를 담당하는 Listener 설정 |

| 인터페이스명 | 어노테이션 | 설명 |
|---|---|---|
| StepExecutionListener | @BeforeStep<br>@AfterStep | Step 실행 전후 처리를 담당하는 Listener 설정 |
| SkipListener | @OnSkipInRead<br>@OnSkipInWrite<br>@OnSkipInProcess | 배치 처리 중 Skip이 발생했을 때를 담당하는 Listener 설정 |

## 7.6.7 어노테이션 기반으로 Listener 설정하기

이번에는 인터페이스 대신 어노테이션을 사용해 Listener 설정을 해봅시다. [표 7-1]에서 살펴본 Step 실행 전후 처리 어노테이션인 @BeforeStep, @AfterStep을 사용해 Step 시작 전후에 로그 메시지를 출력해보겠습니다.

**예제 7-39** 어노테이션을 사용한 InactiveStepListener 생성
/com/community/batch/jobs/inactive/listener/InactiveStepListener.java

```java
import org.springframework.batch.core.StepExecution;
import org.springframework.batch.core.annotation.AfterStep;
import org.springframework.batch.core.annotation.BeforeStep;
import org.springframework.stereotype.Component;

import lombok.extern.slf4j.Slf4j;

@Slf4j
@Component
public class InativeStepListener {

    @BeforeStep
    public void beforeStep(StepExecution stepExecution) {
        log.info("Before Step");
    }

    @AfterStep
    public void afterStep(StepExecution stepExecution) {
        log.info("After Step");
    }
}
```

[예제 7-35]에서 사용했던 방식과 비슷합니다. 다만 StepExecutionListener 인터페이스를 구현하지 않고 @BeforeStep, @AfterStep 어노테이션을 사용해 동작하도록 만들었습니다.

다음은 InativeStepListener를 Step의 Listener로 설정하는 코드입니다.

**예제 7-40** Step 설정에 Listener 등록하기
/com/community/batch/jobs/inactive/InactiveUserJobConfig.java

```java
...
import com.community.batch.jobs.inactive.listener.InativeStepListener;

@AllArgsConstructor
@Configuration
public class InactiveUserJobConfig {

    ...

    @Bean
    public Step inactiveJobStep(StepBuilderFactory stepBuilderFactory,
            ListItemReader<User> inactiveUserReader,
            InativeStepListener inativeStepListener) {
        return stepBuilderFactory.get("inactiveUserStep")
                .<User, User> chunk(CHUNK_SIZE)
                .reader(inactiveUserReader)
                .processor(inactiveUserProcessor())
                .writer(inactiveUserWriter())
                .listener(inativeStepListener)
                .build();
    }
    ...

}
```

inactiveJobStep 빈의 설정에서 listener(InativeStepListener)를 추가해 InativeStep Listener 등록이 끝났습니다.

배치 테스트를 실행시켜 정상적으로 Listener가 등록되었는지 확인해봅시다. 다음과 같이 출력되면 정상 등록된 겁니다.

```
2018-04-26 14:13:42.319  INFO 6440 --- [main] o.s.batch.core.job.SimpleStepHandler
 : Executing step: [inactiveUserStep]
```

```
2018-04-26 14:13:42.323  INFO 6440 --- [main] c.c.b.j.i.listener.
InativeStepListener    : Before Step
...
2018-04-26 14:13:42.815  INFO 6440 --- [main] c.c.b.j.i.listener.
InativeStepListener    : After Step
```

## 7.6.8 Step의 흐름을 제어하는 Flow

지금까지 Step 과정의 가장 기본은 '읽기-처리-쓰기'였습니다. 하지만 더 세부적인 조건이 추가된다면 어떻게 해야 될까요? 특정 조건에 따라 Step의 실행 여부를 정할 수 있을까요?

이러한 상황에 대비해 스프링 배치에서는 흐름을 제어하는 Flow를 제공합니다. 그럼 랜덤하게 정수를 생성해 양수면 Step을 실행하고 음수면 아무런 행동도 취하지 않도록 Flow를 사용해 설정해봅시다. 그림으로 도식화하면 다음과 같습니다.

그림 7-6 Flow의 조건에 따른 흐름

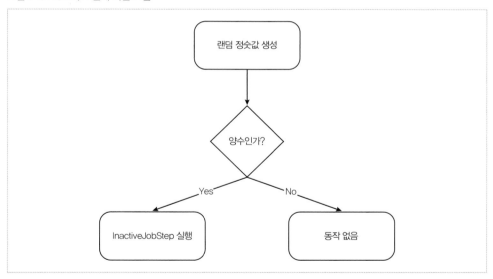

[그림 7-6]의 흐름에서 조건에 해당하는 부분을 JobExecutionDecider 인터페이스를 사용해 구현할 수 있습니다. JobExecutionDecider 인터페이스는 decide( ) 메서드 하나만 제공합니다.

```
public interface JobExecutionDecider {

    FlowExecutionStatus decide(JobExecution jobExecution, StepExecution
        stepExecution);

}
```

decide( ) 메서드의 반환값으로 FlowExecutionStatus 객체를 반환하도록 명시되어 있습니다. FlowExecutionStatus 객체는 상탯값 COMPLETED, STOPPED, FAILED, UNKNOWN 등을 제공합니다. 이 상탯값으로 Step 실행 여부를 판별하도록 설정합시다.

예제 **7-42** InactiveJobExecutionDecider 구현하기
/com/community/batch/jobs/inactive/InactiveJobExecutionDecider.java

```
import org.springframework.batch.core.JobExecution;
import org.springframework.batch.core.StepExecution;
import org.springframework.batch.core.job.flow.FlowExecutionStatus;
import org.springframework.batch.core.job.flow.JobExecutionDecider;

import java.util.Random;

import lombok.extern.slf4j.Slf4j;

@Slf4j
public class InactiveJobExecutionDecider implements JobExecutionDecider {

    @Override
    public FlowExecutionStatus decide(JobExecution jobExecution,
            StepExecution stepExecution) {
        if(new Random().nextInt() > 0) {  ❶
            log.info("FlowExecutionStatus.COMPLETED");
            return FlowExecutionStatus.COMPLETED;  ❷
        }
        log.info("FlowExecutionStatus.FAILED");
        return FlowExecutionStatus.FAILED;  ❸
    }
}
```

**❶** Random 객체를 사용해 랜덤한 정숫값을 생성하고 양수인지 확인합니다.

**❷** 양수면 FlowExecutionStatus.*COMPLETED*를 반환합니다.

**❸** 음수면 FlowExecutionStatus.*FAILED*를 반환합니다.

Flow의 조건으로 사용될 InactiveJobExecutionDecider 클래스를 구현했습니다. 이제 이를 사용할 Flow를 구현해봅시다. inactiveUserJob( ) 메서드에서는 Step이 아닌 Flow를 주입받고, 주입받을 Flow를 inactiveJobFlow( ) 메서드를 통해 빈으로 등록합니다.

**예제 7-43** 조건에 따라 Step의 실행 여부를 처리하는 inactiveJobFlow 설정하기
/com/community/batch/jobs/inactive/InactiveUserJobConfig.java

```
...
import org.springframework.batch.core.job.flow.Flow;
import org.springframework.batch.core.job.builder.FlowBuilder;
import org.springframework.batch.core.job.flow.FlowExecutionStatus;

@AllArgsConstructor
@Configuration
public class InactiveUserJobConfig {

    ...

    @Bean
    public Job inactiveUserJob(JobBuilderFactory jobBuilderFactory,
            InactiveIJobListener inactiveIJobListener, Flow inactiveJobFlow) {
        return jobBuilderFactory.get("inactiveUserJob")
            .preventRestart()
            .listener(inactiveIJobListener)
            .start(inactiveJobFlow)    ❺
            .end()
            .build();
    }

    @Bean
    public Flow inactiveJobFlow(Step inactiveJobStep) {
        FlowBuilder<Flow> flowBuilder = new FlowBuilder<>("inactiveJobFlow");    ❶
        return flowBuilder
            .start(new InactiveJobExecutionDecider())    ❷
            .on(FlowExecutionStatus.FAILED.getName()).end()    ❸
            .on(FlowExecutionStatus.COMPLETED.getName()).to(inactiveJobStep)    ❹
            .end();
    }
    ...

}
```

❶ FlowBuilder를 사용하면 Flow 생성을 한결 편하게 할 수 있습니다. FlowBuilder의 생성자에 원하는 Flow 이름을 넣어서 생성합니다. 여기서는 'inactiveJobFlow'로 설정했습니다.

❷ [예제 7-42]에서 생성한 조건을 처리하는 InactiveJobExecutionDecider 클래스를 start( )로 설정해 맨 처음 시작하도록 지정합니다.

❸ InactiveJobExecutionDecider 클래스의 decide( ) 메서드를 거쳐 반환값으로 FlowExecution Status.*FAILED*가 반환되면 end( )를 사용해 곧바로 끝나도록 설정합니다.

❹ InactiveJobExecutionDecider 클래스의 decide( ) 메서드를 거쳐 반환값으로 FlowExecution Status.*COMPLETED*가 반환되면 기존에 설정한 inactiveJobStep을 실행하도록 설정합니다.

❺ inactiveUserJob 시작 시 Flow를 거쳐 Step을 실행하도록 inactiveJobFlow를 start( )에 설정합니다.

테스트를 실행해보겠습니다. 만약 랜덤 정숫값이 양수가 나와 테스트가 정상적으로 실행된다면 다음과 같은 로그가 출력됩니다.

```
2018-04-26 17:16:58.363  INFO 1192 --- [main] o.s.b.c.l.support.SimpleJobLauncher
: Job: [FlowJob: [name=inactiveUserJob]] launched with the following parameters:
[{nowDate=1524730618236}]
2018-04-26 17:16:58.391  INFO 1192 --- [main] c.c.b.j.i.listener.
InactiveIJobListener  : Before Job
2018-04-26 17:16:58.393  INFO 1192 --- [main] c.c.b.j.i.InactiveJobExecutionDecid
er    : FlowExecutionStatus.COMPLETED
2018-04-26 17:16:58.413  INFO 1192 --- [main] o.s.batch.core.job.SimpleStepHandler
: Executing step: [inactiveUserStep]
...
```

만약 랜덤 정숫값이 음수가 나와 테스트가 정상적으로 실행되지 않는다면 다음과 같은 로그를 출력하며 테스트가 실패로 끝납니다.

```
2018-04-26 17:48:18.031  INFO 9056 --- [main] c.c.b.j.i.InactiveJobExecutionDecid
er    : FlowExecutionStatus.FAILED
...
java.lang.AssertionError:
Expected :0
Actual   :11
...
```

# 7.7 멀티 스레드로 여러 개의 Step 실행하기

보통은 배치 처리당 스레드 하나만 실행할 경우가 대부분이지만 상황에 따라 여러 Step을 동시에 실행하는 경우도 있습니다. 스프링 부트 배치는 멀티 스레드로 Step을 실행하는 여러 전략을 제공합니다. 지금부터 다음 세 가지 방법을 알아봅니다.

- TaskExecutor를 사용해 여러 Step 동작시키기
- 여러 개의 Flow 실행시키기
- 파티셔닝을 사용한 병렬 프로그래밍

## 7.7.1 TaskExecutor를 사용해 여러 Step 동작시키기

TaskExecutor 인터페이스는 멀티 스레드로 Step을 실행하는 가장 기본적인 방법입니다. Task는 Runnable 인터페이스를 구현해 각각의 스레드가 독립적으로 실행되도록 작업을 할당하는 객체입니다. 스프링에서는 이러한 Task를 실행하는 객체를 TaskExecutor 인터페이스를 통해 구현하도록 정의했습니다. TaskExecutor 인터페이스를 구현한 객체가 여럿 있지만 여기서는 스레드를 요청할 때마다 스레드를 새로 생성하는 SimpleAsyncTaskExecutor 객체를 사용합니다.

다음은 휴면회원 배치 처리에 TaskExecutor를 등록해 멀티 스레드로 실행하도록 설정한 코드입니다.

예제 7-44 Step 설정에 TaskExecutor 등록하기
/com/community/batch/jobs/inactive/InactiveUserJobConfig.java

```
...
import org.springframework.core.task.TaskExecutor;
import org.springframework.core.task.SimpleAsyncTaskExecutor;

@AllArgsConstructor
@Configuration
public class InactiveUserJobConfig {
    ...
```

```
@Bean
public Step inactiveJobStep(StepBuilderFactory stepBuilderFactory,
        ListItemReader<User> inactiveUserReader, InativeStepListener
        inativeStepListener, TaskExecutor taskExecutor) {
    return stepBuilderFactory.get("inactiveUserStep")
        .<User, User> chunk(CHUNK_SIZE)
        .reader(inactiveUserReader)
        .processor(inactiveUserProcessor())
        .writer(inactiveUserWriter())
        .listener(inativeStepListener)
        .taskExecutor(taskExecutor)   ❶
        .throttleLimit(2)   ❷
        .build();
}

...

@Bean
public TaskExecutor taskExecutor() {
    return new SimpleAsyncTaskExecutor("Batch_Task");   ❸
}

}
```

❶ 빈으로 생성한 TaskExecutor를 등록합니다.

❷ throttleLimit 설정은 '설정된 제한 횟수만큼만 스레드를 동시에 실행시키겠다'는 뜻입니다. 따라서 시스템에 할당된 스레드 풀의 크기보다 작은 값으로 설정되어야 합니다. 만약 1로 설정하면 기존의 동기화 방식과 동일한 방식으로 실행됩니다. 2로 설정하면 스레드를 2개씩 실행시킵니다.

❸ SimpleAsyncTaskExecutor를 생성해 빈으로 등록합니다. 생성자의 매개변수로 들어가는 값은 Task에 할당되는 이름이 됩니다. 기본적으로 첫 번째 Task는 'Batch_Task1'이라는 이름으로 할당되며 뒤에 붙는 숫자가 하나씩 증가하며 이름이 정해집니다.

실행한 결과 로그를 살펴보면 여러 스레드가 병렬로 실행되어 로그 실행 순서가 뒤죽박죽으로 표시됩니다. 스레드명이 'Batch_Task4'까지 표기되어 있으니 스레드가 총 4개 할당되었음을 확인할 수 있습니다.

```
2018-04-30 11:10:08.838  INFO 7908 --- [          main] c.c.b.j.i.listener.
InactiveIJobListener  : Before Job
2018-04-30 11:10:08.849  INFO 7908 --- [          main] o.s.batch.core.job.
SimpleStepHandler     : Executing step: [inactiveUserStep]
```

```
2018-04-30 11:10:08.852  INFO 7908 --- [           main] c.c.b.j.i.listener.
InativeStepListener    : Before Step
2018-04-30 11:10:08.873  INFO 7908 --- [    Batch_Task1] c.c.b.j.i.l.InactiveChunk
Listener       : Before Chunk
...
2018-04-30 11:10:09.291  INFO 7908 --- [    Batch_Task1] c.c.b.j.i.l.InactiveChunk
Listener       : After Chunk
2018-04-30 11:10:09.292  INFO 7908 --- [    Batch_Task2] c.c.b.j.i.l.InactiveChunk
Listener       : Before Chunk
...
2018-04-30 11:10:09.313  INFO 7908 --- [    Batch_Task2] c.c.b.j.i.l.InactiveChunk
Listener       : After Chunk
2018-04-30 11:10:09.314  INFO 7908 --- [    Batch_Task3] c.c.b.j.i.l.InactiveChunk
Listener       : Before Chunk
...
2018-04-30 11:10:09.327  INFO 7908 --- [    Batch_Task3] c.c.b.j.i.l.InactiveChunk
Listener       : After Chunk
2018-04-30 11:10:09.331  INFO 7908 --- [    Batch_Task4] c.c.b.j.i.l.InactiveChunk
Listener       : Before Chunk
2018-04-30 11:10:09.334  INFO 7908 --- [    Batch_Task4] c.c.b.j.i.l.InactiveChunk
Listener       : After Chunk
2018-04-30 11:10:09.335  INFO 7908 --- [           main] c.c.b.j.i.listener.
InativeStepListener    : After Step
2018-04-30 11:10:09.341  INFO 7908 --- [           main] c.c.b.j.i.listener.
InactiveIJobListener   : After Job
```

## 7.7.2 여러 개의 Flow 실행시키기

Flow를 멀티 스레드로 실행시키는 방법을 알아보겠습니다. 코드는 7.6.8절 'Step의 흐름을 제어하는 Flow'에서 다른 랜덤 정숫값을 사용해 Step을 실행하는 Flow 코드를 확장해서 작성합니다. 사실 앞서 설정한 Flow를 멀티 스레드로 동작시키는 방법은 그리 적절하지 않습니다. 휴면회원으로 전환될 회원 데이터를 기간별로 나눠서 각각 스레드별로 처리하는 방법이 더 적절합니다. 하지만 지금은 사용 방법을 익히기 위해 기존에 구현한 코드에 멀티 스레드 방식을 적용할 겁니다. 어떤 식으로 스레드가 할당되어 Flow가 실행되는지에 초점을 맞춰 공부하기 바랍니다.

기본적인 설정은 7.7.1절 'TaskExecutor를 사용해 여러 Step 동작시키기'에서 진행한 방법과 같습니다.

**예제 7-45** SimpleAsyncTaskExecutor 빈으로 등록

/com/community/batch/jobs/inactive/InactiveUserJobConfig.java

```java
@AllArgsConstructor
@Configuration
public class InactiveUserJobConfig {

    ...

    @Bean
    public TaskExecutor taskExecutor(){
        return new SimpleAsyncTaskExecutor("Batch_Task");
    }
}
```

여러 개의 Flow를 만들어 등록하고 사용해봅시다.

**예제 7-46** 멀티 Flow 설정하기

/com/community/batch/jobs/inactive/InactiveUserJobConfig.java

```java
...
import java.util.stream.IntStream;

@AllArgsConstructor
@Configuration
public class InactiveUserJobConfig {

    ...

    @Bean
    public Job inactiveUserJob(JobBuilderFactory jobBuilderFactory,
            InactiveIJobListener inactiveIJobListener, Flow multiFlow) {
        return jobBuilderFactory.get("inactiveUserJob")
            .preventRestart()
            .listener(inactiveIJobListener)
            .start(multiFlow)      ❶
            .end()
            .build();
    }

    @Bean
    public Flow multiFlow(Step inactiveJobStep) {
        Flow flows[] = new Flow[5];
        IntStream.range(0, flows.length).forEach(i -> flows[i] =
                new FlowBuilder<Flow>("MultiFlow"+i).from(inactiveJobFlow(
                inactiveJobStep)).end());      ❷
```

```
            FlowBuilder<Flow> flowBuilder = new FlowBuilder<>("MultiFlowTest");
            return flowBuilder
                .split(taskExecutor())   ❸
                .add(flows)   ❹
                .build();
        }

        @Bean
        private Flow inactiveJobFlow(Step inactiveJobStep) {   ❺
            FlowBuilder<Flow> flowBuilder = new FlowBuilder<>("inactiveJobFlow");
            return flowBuilder
                .start(new InactiveJobExecutionDecider())
                .on(FlowExecutionStatus.FAILED.getName()).end()
                .on(FlowExecutionStatus.COMPLETED.getName()).to(inactiveJobStep)
                .end();
        }
        ...

}
```

❶ 빈으로 등록한 muliFlow 설정으로 시작합니다.

❷ IntStream을 이용해 flows 배열의 크기(5개)만큼 반복문을 돌립니다. FlowBuilder 객체로
   Flow(inactiveJobFlow) 5개를 생성해서 flows 배열에 할당합니다.

❸ multiFlow에서 사용할 TaskExecutor를 등록합니다.

❹ inactiveJobFlow 5개가 할당된 flows 배열을 추가합니다.

❺ 기존의 inactiveJobFlow는 빈으로 등록되어 있습니다. 빈은 기본적으로 싱글턴으로 등록되기 때문에 여러
   inactiveJobFlow를 각각 생성하려면 @Bean 어노테이션을 제거하여 빈이 아닌 일반 객체를 생성해 반환
   하도록 설정해야 합니다.

테스트를 실행하면 다음과 같은 결과가 출력됩니다. 'Batch_Task5'까지 표기되었으며 스레드가
5개 할당되었습니다.

```
...
2018-04-30 11:26:25.432  INFO 16460 --- [    Batch_Task1] c.c.b.j.i.InactiveJobExe
cutionDecider    : FlowExecutionStatus.FAILED
2018-04-30 11:26:25.437  INFO 16460 --- [    Batch_Task5] c.c.b.j.i.InactiveJobExe
cutionDecider    : FlowExecutionStatus.FAILED
2018-04-30 11:26:25.437  INFO 16460 --- [    Batch_Task3] c.c.b.j.i.InactiveJobExe
cutionDecider    : FlowExecutionStatus.COMPLETED
```

```
2018-04-30 11:26:25.437  INFO 16460 --- [     Batch_Task4] c.c.b.j.i.InactiveJobExe
cutionDecider      : FlowExecutionStatus.FAILED
2018-04-30 11:26:25.438  INFO 16460 --- [     Batch_Task2] c.c.b.j.i.InactiveJobExe
cutionDecider      : FlowExecutionStatus.FAILED
...
```

### 7.7.3 파티셔닝을 사용한 병렬 프로그래밍

여기서는 Step 여러 개를 병렬로 실행시키는 파티셔닝<sup>partitioning</sup>에 대해 알아봅니다.

NOTE_ 깃허브에서 자세한 코드를 확인할 수 있습니다. 해당 내용의 깃허브 주소는 아래와 같으며 브랜치명은
'step3'입니다.

https://github.com/young891221/Spring-Boot-Community-Batch/tree/step3

파티셔닝의 원리는 간단합니다. 파티셔너<sup>partitioner</sup>로 구분된 각 Step에 스레드를 할당해 병렬적
으로 실행시키는 방법입니다. 다음 그림은 파티셔닝 작업 단계를 보여줍니다.

그림 7-7 파티셔닝 작업 단계

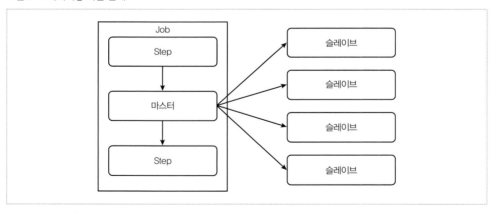

일련의 Step 절차 중 마스터가 있는데, 여기서 마스터를 여러 슬레이브로 나눕니다. 슬레이브
는 일반적으로 실행되는 스레드라고 생각할 수 있습니다. 슬레이브와 마스터는 모두 Step의 인
스턴스입니다. 모든 슬레이브의 작업이 완료되면 결과가 합쳐져서 마스터가 완료되고 Step이
마무리됩니다.

휴면회원으로 전환할 회원을 각 등급<sup>grade</sup>에 따라 병렬로 처리하게끔 파티셔닝을 구현해봅시다. 스프링 배치에서는 파티셔닝을 어떤 전략으로 생성할지 결정하는 Partitioner 전략 인터페이스를 제공합니다. Partitioner 인터페이스는 다음과 같습니다.

**예제 7-47** Partitioner 인터페이스
spring-batch-core-4.0.1.RELEASE.jar/org/springframework/batch/core/partition/support/Partitioner.java

```
public interface Partitioner {

    Map<String, ExecutionContext> partition(int gridSize);

}
```

Partitioner 인터페이스는 partition( ) 메서드만 제공합니다. partition( ) 메서드는 Step의 최대 분할 수를 지정하는 파라미터 gridSize를 갖습니다. 키는 스레드명, 값은 Execution Context를 갖는 Map 타입을 반환합니다.

이미 스프링 부트 배치에서는 Partitioner 인터페이스를 구현한 SimplePartitioner와 MultiResourcePartitioner를 제공합니다. 이미 구현된 클래스를 사용해도 상관없지만 Partitioner 인터페이스를 직접 구현하여 등급에 따라 Step을 할당하도록 만들어봅시다. 다음은 회원 등급에 따라 파티션을 분할하는 코드입니다.

**예제 7-48** 회원 등급에 따라 파티션을 분할하는 InactiveUserPartitioner
/com/community/batch/jobs/inactive/InactiveUserPartitioner.java

```
import com.community.batch.domain.enums.Grade;
import org.springframework.batch.core.partition.support.Partitioner;
import org.springframework.batch.item.ExecutionContext;
import java.util.HashMap;
import java.util.Map;

public class InactiveUserPartitioner implements Partitioner {

    private static final String GRADE = "grade";
    private static final String INACTIVE_USER_TASK = "InactiveUserTask";

    @Override
    public Map<String, ExecutionContext> partition(int gridSize) {
```

```
        Map<String, ExecutionContext> map = new HashMap<>(gridSize);  ❶
        Grade[] grades = Grade.values();  ❷
        for (int i = 0, length = grades.length; i < length; i++) {  ❸
            ExecutionContext context = new ExecutionContext();
            context.putString(GRADE, grades[i].name());  ❹
            map.put(INACTIVE_USER_TASK + i, context);  ❺
        }
        return map;
    }
}
```

❶ gridSize만큼 Map 크기를 할당합니다.

❷ Grade Enum에 정의된 모든 값을 grades 배열 변수로 할당합니다.

❸ grades 값만큼 파티션을 생성하는 루프문을 돌립니다.

❹ Step에서 파라미터로 Grade 값을 받아 사용합니다. 이때 ExecutionContext 키값은 'grade'입니다. Grade Enum의 이름값을 context에 추가합니다.

❺ 반환되는 map에 'InactiveUserTask1..2..3' 형식의 파티션 키값을 지정하고 ❹에서 추가한 ExecutionContext를 map에 추가합니다.

사용자의 등급에 따라 파티셔닝 전략을 InactiveUserPartitioner로 구현했습니다. 이제 Job 설정에 파티셔닝 전략을 추가합시다. 기존의 Job 설정에서 변경된 부분만 살펴보겠습니다.

**예제 7-49** Job 설정에 파티셔닝 전략 추가
/com/community/batch/jobs/inactive/InactiveUserJobConfig.java

```
...
import org.springframework.batch.core.configuration.annotation.JobScope;
import com.community.batch.domain.enums.Grade;
import lombok.extern.slf4j.Slf4j;

@Slf4j
@AllArgsConstructor
@Configuration
public class InactiveUserJobConfig {


    @Bean
    public Job inactiveUserJob(JobBuilderFactory jobBuilderFactory,
            InactiveIJobListener inactiveIJobListener, Step partitionerStep) {
        return jobBuilderFactory.get("inactiveUserJob")
            .preventRestart()
```

```
                .listener(inactiveIJobListener)
                .start(partitionerStep)
                .build();
    }

    @Bean
    @JobScope   ❶
    public Step partitionerStep(StepBuilderFactory stepBuilderFactory,
            Step inactiveJobStep) {
        return stepBuilderFactory
            .get("partitionerStep")
            .partitioner("partitionerStep", new InactiveUserPartitioner())   ❷
            .gridSize(5)   ❸
            .step(inactiveJobStep)
            .taskExecutor(taskExecutor())
            .build();
    }

    ...

    @Bean
    @StepScope
    public ListItemReader<User> inactiveUserReader(@Value("#{stepExecutionContext[
            grade]}") String grade, UserRepository userRepository) {   ❹
        log.info(Thread.currentThread().getName());
        List<User> inactiveUsers = userRepository.
                findByUpdatedDateBeforeAndStatusEqualsAndGradeEquals(
                LocalDateTime.now().minusYears(1), UserStatus.ACTIVE,
                Grade.valueOf(grade));   ❺
        return new ListItemReader<>(inactiveUsers);
    }
    ...

}
```

❶ Job 실행 때마다 빈을 새로 생성하는 @JobScope를 추가했습니다.

❷ 파티셔닝을 사용하는 partitioner 프로퍼티에 Step 이름과 [예제 4-47]에서 작성한 InactiveUserPar
titioner 객체를 생성해 등록합니다.

❸ [예제 4-47]에서 파라미터로 사용한 gridSize를 등록합니다. 현재 Grade Enum 값이 3이므로 3 이상으
로 지정하면 됩니다.

❹ [예제 4-47]에서 SpEL을 사용하여 ExecutionContext에 할당한 등급값을 불러옵니다.

❺ 휴면회원을 불러오는 쿼리에 등급을 추가해 해당 등급의 휴면회원만 불러오도록 설정합니다.

휴면회원 배치 테스트를 실행시켜봅시다. 현재 스레드의 이름을 로그로 찍어 어떤 스레드가 할당되었는지 파악할 수 있게 했습니다. Grade 수가 3이므로 파티션이 3개 할당되어야 합니다. Batch_Task1, Batch_Task2, Batch_Task3가 보이면 정상입니다.

```
...
2018-05-02 11:32:55.891  INFO 4732 --- [    Batch_Task2] c.c.b.j.inactive.
InactiveUserJobConfig    : Batch_Task2
2018-05-02 11:32:55.955  INFO 4732 --- [    Batch_Task2] o.h.h.i.QueryTranslatorFacto
ryInitiator     : HHH000397: Using ASTQueryTranslatorFactory
Hibernate: select user0_.idx as idx1_0_, user0_.created_date as created_2_0_, user0_.
email as email3_0_, user0_.grade as grade4_0_, user0_.name as name5_0_, user0_.
password as password6_0_, user0_.principal as principal7_0_, user0_.social_type as
social_t8_0_, user0_.status as status9_0_, user0_.updated_date as updated10_0_ from
user user0_ where user0_.created_date<? and user0_.status=? and user0_.grade=?
2018-05-02 11:32:56.300  INFO 4732 --- [    Batch_Task3] c.c.b.j.inactive.
InactiveUserJobConfig    : Batch_Task3
Hibernate: select user0_.idx as idx1_0_, user0_.created_date as created_2_0_, user0_.
email as email3_0_, user0_.grade as grade4_0_, user0_.name as name5_0_, user0_.
password as password6_0_, user0_.principal as principal7_0_, user0_.social_type as
social_t8_0_, user0_.status as status9_0_, user0_.updated_date as updated10_0_ from
user user0_ where user0_.created_date<? and user0_.status=? and user0_.grade=?
2018-05-02 11:32:56.310  INFO 4732 --- [    Batch_Task1] c.c.b.j.inactive.
InactiveUserJobConfig    : Batch_Task1
Hibernate: select user0_.idx as idx1_0_, user0_.created_date as created_2_0_, user0_.
email as email3_0_, user0_.grade as grade4_0_, user0_.name as name5_0_, user0_.
password as password6_0_, user0_.principal as principal7_0_, user0_.social_type as
social_t8_0_, user0_.status as status9_0_, user0_.updated_date as updated10_0_ from
user user0_ where user0_.created_date<? and user0_.status=? and user0_.grade=?
...
```

## 7.8 마치며

스프링 부트 배치의 입문부터 멀티 스레드 처리까지 살펴보았습니다. 배치 처리는 서비스 백엔드에서 특정 데이터를 읽어와 처리한 후 저장하는 구조입니다. 이런 구조를 이해하면 Job, Step 등의 배치에서 제공하는 개념을 바탕으로 원하는 배치 처리를 생성할 수 있습니다.

멀티 스레드로 Step을 실행하는 부분이 어려울 수 있습니다. 큰 데이터에 유용하므로 꼭 예제를 직접 코딩하여 실행해보기 바랍니다.

# 코드 다이어트를 위한 롬복 프로젝트

롬복은 자바 컴파일 시점에 특정 어노테이션에 해당하는 코드를 추가/변경하는 라이브러리입니다. 이제는 자바 기본 기능으로 채용되지 않을까 싶을 정도로 코드 경량화와 가독성 측면에서 훌륭한 역할을 하고 있습니다. 지금부터 롬복에 관해 알아보겠습니다.

## A.1 인텔리제이에서 롬복 설정하기

인텔리제이에서 롬복을 사용하려면 플러그인 설치와 몇 가지 설정 변경이 필요합니다.

먼저 롬복 플러그인을 설치합니다. 인텔리제이에서 플러그인 설치 경로는 다음과 같습니다.

```
Preferences → Plugins → Browse Repositories → lombok
```

**그림 A-1** 롬복 플러그인 설치

롬복의 어노테이션 기능을 활성화하는 설정을 합니다.

Preferences → Build, Execution, Deployment → Compiler → Annotation Processors
→ Enable annotation processing

**그림 A-2** 인텔리제이 어노테이션 기능 활성화

## A.2 그레이들에 롬복 의존성 설정하기

롬복 어노테이션을 사용하려면 의존성을 설정해야 합니다. 앞선 예제를 모두 그레이들 기준으로 설명했기 때문에 그레이들에 롬복 의존성을 설정하는 방법을 확인하겠습니다.

**예제 A-1** 롬복 의존성 설정하기
build.gradle

```
dependencies {
    ...
    compileOnly('org.projectlombok:lombok')
}
```

롬복 어노테이션은 컴파일 시 필요한 코드를 추가할 때만 사용되기 때문에 런타임에서는 의존성이 필요하지 않습니다. 따라서 컴파일 시에만 의존성을 확인하도록 compileOnly로 설정합니다.

## A.3 @Getter와 @Setter

자바 객체를 생성할 때 보통은 IDE의 도움을 받아 게터getter와 세터setter를 생성합니다. 이렇게 생성한 메서드는 기본적인 역할만 수행하고 보통은 코드를 따로 수정하지 않습니다. 그래서 필드값이 늘어날수록 불필요한 코드양이 많아집니다. 다음은 일반적인 게터와 세터 예제입니다.

**예제 A-2** name과 age 값을 갖는 Human 객체의 게터와 세터

```
public class Human {
    private String name;
    private int age = 0;

    public String getName() {
        return name;
    }

    public void setName(String name) {
        this.name = name;
    }
```

```
    public int getAge() {
        return age;
    }

    public void setAge(int age) {
        this.age = age;
    }
}
```

[예제 A-2]를 롬복을 사용하여 경량화해봅시다.

**예제 A-3** @Getter와 @Setter를 이용한 코드 경량화

```
import lombok.*;

@Getter
@Setter
public class Human {
    private String name;
    private int age = 0;
}
```

롬복의 @Getter와 @Setter 어노테이션을 사용하여 [예제 A-2]와 같은 기능을 수행하는 코드를 탄생시켰습니다. 롬복은 이와 같은 기능을 하는 다양한 어노테이션을 지원합니다. 이 책에서 자주 사용하는 어노테이션 위주로 살펴보겠습니다.


# A.4 @EqualsAndHashCode

@EqualsAndHashCode는 자바의 equals() 메서드와 Hashcode() 메서드를 구현합니다.

Human 객체에 equals()와 Hashcode() 메서드를 직접 구현해보겠습니다. 인텔리제이를 사용한다면 Ctrl+Ins(맥은 Control+Enter) 키로 생성할 수 있습니다.

**예제 A-4** Human 객체에 equals()와 Hashcode() 메서드 직접 구현

```
import lombok.*;

@Getter
@Setter
public class Human {
    private String name;
    private int age = 0;

    @Override
    public boolean equals(Object o) {
        if (this == o) return true;
        if (o == null || getClass() != o.getClass()) return false;
        Human human = (Human) o;
        return age == human.age && Objects.equals(name, human.name);
    }

    @Override
    public int hashCode() {
        return Objects.hash(name, age);
    }
}
```

@EqualsAndHashCode를 적용하면 다음과 같이 변경할 수 있습니다.

**예제 A-5** @EqualsAndHashCode를 적용한 코드

```
import lombok.*;

@Getter
@Setter
@EqualsAndHashCode
public class Human {
    private String name;
    private int age = 0;
}
```

특정 필드값만 적용하고 싶다면 어노테이션의 파라미터에 추가하여 적용할 수 있습니다.

**예제 A-6** of 파라미터를 사용하여 적용하고 싶은 필드만 지정

```java
import lombok.*;

@Getter
@Setter
@EqualsAndHashCode(of = {"name"})
public class Human {
    private String name;
    private int age = 0;
}
```

## A.5 @AllArgsConstructor, @NoArgsConstructor, @RequiredArgsConstructor

생성자를 만드는 롬복의 어노테이션을 알아보겠습니다. @AllArgsConstructor는 객체의 모든 필드값을 인자로 받는 생성자입니다. 다음은 Human의 모든 필드값을 인자로 받는 생성자를 구현한 코드입니다.

**예제 A-7** 모든 필드값을 인자로 받는 생성자를 구현한 코드

```java
import lombok.*;

@Getter
@Setter
@EqualsAndHashCode(of = {"name"})
public class Human {
    private String name;
    private int age = 0;

    public Human(String name, int age) {
        this.name = name;
        this.age = age;
    }
}
```

@AllArgsConstructor를 사용하면 다음과 같이 생략 가능합니다.

**예제 A-8** @AllArgsConstructor 적용

```
import lombok.*;

@Getter
@Setter
@EqualsAndHashCode(of = {"name"})
@AllArgsConstructor
public class Human {
    private String name;
    private int age = 0;
}
```

자바에서 객체에 생성자를 임의로 구현하지 않았다면 아무런 인잣값이 없는 기본 생성자를 자동으로 추가해줍니다. 만약 인잣값이 존재하는 생성자를 한 개라도 추가하였다면 기본 생성자를 수동으로 추가해주어야 합니다. 롬복으로는 이러한 기본 생성자를 @NoArgsConstructor 어노테이션을 사용해 간편하게 추가할 수 있습니다.

**예제 A-9** 기본 생성자를 생성하는 @NoArgsConstructor 추가

```
import lombok.*;

@Getter
@Setter
@EqualsAndHashCode(of = {"name"})
@AllArgsConstructor
@NoArgsConstructor
public class Human {
    private String name;
    private int age = 0;
}
```

@RequiredArgsConstructor는 @NonNull이 적용된 필드값만 인자로 받는 생성자를 만드는 어노테이션입니다.

**예제 A-10** @NonNull이 추가된 name 필드만 인자로 받는 코드

```
@Getter
@Setter
@EqualsAndHashCode(of = {"name"})
@AllArgsConstructor
@NoArgsConstructor
@RequiredArgsConstructor
public class Human {
    @NonNull private String name;
    private int age = 0;
}
```

예제의 코드처럼 생성하면 new Human("Test")와 같이 생성자가 추가되어 이를 사용할 수 있습니다.


# A.6 @Data

@Data는 @ToString, @EqualsAndHashCode, @Getter, @Setter, @RequiredArgsConstructor 어노테이션을 합쳐놓은 편리한 어노테이션입니다. 다음은 [예제 A-10]을 @Data 어노테이션을 사용해서 변경한 예입니다.

**예제 A-11** @Data 어노테이션을 추가한 Human 객체

```
@Data
@AllArgsConstructor
@NoArgsConstructor
public class Human {
    @NonNull private String name;
    private int age = 0;
}
```

# A.7 @Builder

롬복의 @Builder도 가장 핵심적이며 환상적인 어노테이션입니다. 기존에는 빌더 패턴을 구현하기 위해 많은 코드를 손수 짜야했다면 @Builder 하나만 추가함으로써 완벽하게 코드양을 줄일 수 있습니다. 다음은 Human 객체에 빌더 패턴을 직접 코딩한 예제입니다.

**예제 A-12** Human 객체에 빌더 패턴 적용

```java
import lombok.*;

@Data
@AllArgsConstructor
@NoArgsConstructor
public class Human {
    @NonNull
    private String name;
    private int age = 0;

    public static HumanBuilder builder() {
        return new HumanBuilder();
    }

    public static class HumanBuilder {
        private String name;
        private int age;

        private HumanBuilder() {
        }

        public HumanBuilder name(String name) {
            this.name = name;
            return this;
        }

        public HumanBuilder age(int age) {
            this.age = age;
            return this;
        }

        @Override
        public String toString() {
            return "HumanBuilder(name = " + name + ", age = " + age + ")";
        }
```

```
        public Human build() {
            return new Human(name, age);
        }
    }
}
```

다음은 롬복의 @Builder 어노테이션을 사용한 예제입니다. 어노테이션 하나로 [예제 A-12]의 작성하기 번거로운 코드를 짧게 줄일 수 있습니다.

예제 **A-13** @Builder 어노테이션 적용

```
import lombok.*;

@Data
@Builder
@AllArgsConstructor
@NoArgsConstructor
public class Human {
    @NonNull
    private String name;
    private int age = 0;
}
```

# 자동으로 LiveReload하는 devtools

스프링 부트에서는 서버가 구동되어 있는 상태에서 코드를 변경하면 변경된 코드에 대한 기능을 자동으로 적용하는 devtools를 지원합니다. 기존 스프링에도 비슷한 도구로 Spring Loaded 가 있습니다.

devtools는 LiveReload라는 특별한 기능도 제공합니다. LiveReload는 임베디드 서버를 별도로 구동시켜 프론트 코드가 변경되면 브라우저를 자동으로 새로고침해 변경 내역을 실시간으로 반영합니다.

그렇다면 스프링 부트에서 개발의 편리함을 제공하는 devtools를 적용하는 방법을 알아봅시다. devtools를 사용하려면 먼저 의존성 설정이 필요합니다. 본인이 사용하는 프로젝트의 build.gradle 파일에 다음 코드를 추가합니다.

**예제 B-1** devtools 의존성 추가
build.gradle

```
dependencies {
    ...
    compileOnly("org.springframework.boot:spring-boot-devtools")
}
```

[예제 B-1]의 코드만 추가해도 스프링 부트 프로젝트에 devtools 적용이 끝납니다. 다만 인텔리제이에서 devtools를 사용하려면 몇 가지 추가 설정이 필요합니다. 인텔리제이에서 액션을 찾는 단축키 Ctrl+Shift+A로 'registry...' 액션을 검색합니다.

**그림 B-1** registry 실행

실행된 registry 창에서 'compiler.automake.allow.when.app.running'이라는 키값을 찾아 체크합니다. 이 키값을 사용하면 애플리케이션이 실행 중에 컴파일을 자동 수행합니다.

**그림 B-2** compiler.automake.allow.when.app.running 키값 체크

마지막으로 Settings → Build → Compiler 설정에서 Build project automatically 키값을 체크합니다.

**그림 B-3** Build project automatically 체크

이제 인텔리제이에서 해당 프로젝트를 작동시키면 다음과 같은 콘솔 로그가 추가로 출력됩니다. LiveReload 서버가 잘 구동되었다는 로그입니다.

```
      .   ____          _            __ _ _
     /\\ / ___'_ __ _ _(_)_ __  __ _ \ \ \ \
    ( ( )\___ | '_ | '_| | '_ \/ _` | \ \ \ \
     \\/  ___)| |_)| | | | | || (_| |  ) ) ) )
      '  |____| .__|_| |_|_| |_\__, | / / / /
     =========|_|==============|___/=/_/_/_/
     :: Spring Boot ::        (v2.0.3.RELEASE)

...
2018-06-09 13:55:35.448  INFO 11798 --- [  restartedMain] o.s.b.d.a.OptionalLiveRe
loadServer          : LiveReload server is running on port 35729
2018-06-09 13:55:35.522  INFO 11798 --- [  restartedMain] o.s.j.e.a.AnnotationMBea
nExporter           : Registering beans for JMX exposure on startup
2018-06-09 13:55:35.588  INFO 11798 --- [  restartedMain] s.b.c.e.t.TomcatEmbedded
ServletContainer : Tomcat started on port(s): 8080 (http)
```

devtools 설정을 변경하는 두 가지 방법이 있습니다. 하나는 application.yml에서 프로퍼티의 키값을 변경하는 것이고, 다른 하나는 메인 함수 소스 내에서 프로퍼티의 설정을 변경하는 것입니다.

**예제 B-2** application.yml 파일에서 프로퍼티를 변경하여 LiveReload 기능 켜기
/resources/application.yml

```
spring:
    devtools:
        livereload:
            enabled: true
```

**예제 B-3** 메인 함수에서 프로퍼티를 변경하여 LiveReload 기능 켜기

```
public static void main(String[] args) {
    System.setProperty("Spring.devtools.livereload.enabled", "true");
    SpringApplication.run(Application.class, args);
}
```

마지막으로 LiveReload 기능을 사용하려면 지금까지의 설정뿐만 아니라 해당 플러그인을 제공하는 브라우저를 같이 사용해야 합니다. 현재는 크롬, 파이어폭스, 사파리에서 해당 플러그인을 제공하고 있습니다.

다음은 크롬에서 플러그인을 추가하여 LiveReload를 사용하는 예입니다.

**그림 B-4** Chrome에서 LiveReload 플러그인 추가

# 스프링 부트 빌드와 배포

스프링 부트에서는 빌드를 편리하게 도와주는 도구로 그레이들과 메이븐이 있습니다. 이 책에서는 그레이들 위주로 프로젝트를 진행했으므로 그레이들을 사용한 빌드 방법에 대해 알아보겠습니다.

빌드 방법은 크게 두 가지입니다. 인텔리제이를 사용하거나 커맨드라인을 사용하여 빌드하는 겁니다.

## C.1 인텔리제이를 사용하여 빌드하기

인텔리제이 내부에 있는 그레이들 플러그인 기능을 사용하면 그레이들에서 제공하는 여러 명령어를 GUI 환경에서 실행할 수 있습니다. 인텔리제이 오른쪽 탭에서 Gradle 버튼을 누르고 Tasks → build → build를 선택해 빌드 기능을 실행합니다.

**그림 C-1** 인텔리제이의 그레이들 플러그인을 사용하여 빌드하기

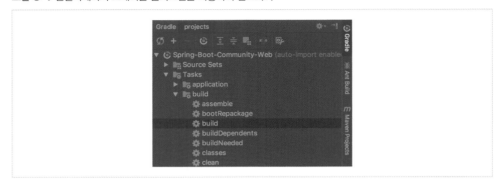

build를 선택하면 해당 프로젝트의 빌드가 바로 실행됩니다. 또는 Edit Configurations...에 서 Gradle을 추가시켜 빌드를 실행할 수 있습니다. 이때는 Tasks 항목에 몇 가지 명령어를 한 번에 입력할 수 있어서 더 편리합니다. 기존에 빌드된 파일을 지우는 clean 명령과 build 명령 을 한번에 진행하게끔 설정하겠습니다.

**그림 C-2** Edit Configurations...에서 그레이들 빌드 설정 추가하기

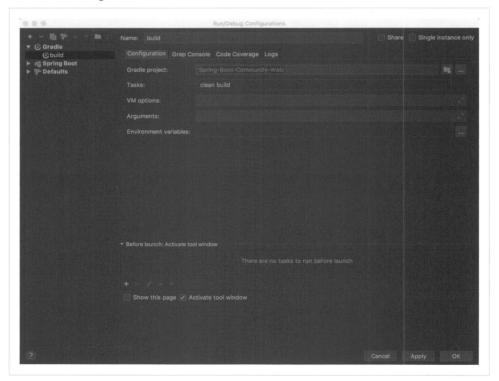

## C.2 커맨드라인을 사용하여 빌드하기

커맨드라인으로 빌드하려면 그레이들 CLI를 사용할 수 있도록 전역으로 그레이들 CLI를 설치해야 합니다. 먼저 그레이들 CLI를 설치합니다. 맥OS에서 homebrew로 설치하는 명령은 다음과 같습니다. 기타 다른 설치 방법은 그레이들 설치 문서[1]를 참고하기 바랍니다.

```
$ brew install gradle
```

설치 완료 후 'gradle -v'를 입력해 정상적으로 설치되었는지 확인합니다. 버전 정보가 나오면 정상적으로 설치된 겁니다.

빌드할 프로젝트 루트 경로로 이동합니다. 해당 프로젝트의 루트 경로에서 다음 명령을 사용하여 프로젝트를 빌드합니다.

```
$ gradle build
```

빌드가 완료되면 프로젝트의 JAR 파일이 생성됩니다. 생성되는 경로는 '/build/libs/{프로젝트명}.jar'입니다.

## C.3 스프링 부트 커맨드라인으로 실행하기(배포하기)

스프링 부트 애플리케이션의 구동은 정말 편합니다. 자바 실행 명령과 동일하게 애플리케이션 구동이 가능합니다.

```
$ java [ options ] -jar {jar 파일명}.jar [ arguments ]
```

만약 스프링 부트의 실행 환경값을 적용한다면 다음과 같이 옵션을 추가하세요. 두 방식 모두 동일하게 동작합니다.

---

**1** https://gradle.org/install/

```
$ java -Dspring.profiles.active=dev -jar {jar 파일명}.jar
```

또는

```
$ java -jar {jar 파일명}.jar --spring.profiles.active=dev
```

리눅스에서 셸 파일을 데몬 형태로 실행하는 프로그램을 nohup이라고 합니다. nohup으로 실행하면 터미널상에서 세션이 끊기더라도 실행은 끊기지 않고 동작합니다.

기존에 외장 톰캣을 따로 구성해서 스프링 애플리케이션을 구동시켰던 분들은 상대적으로 스프링 부트 구동의 편리함을 느낄 겁니다.

APPENDIX D

# 커스텀 배너 설정하기

스프링 부트 배너를 바꿀 수 있습니다. 스프링 부트 프로젝트를 만들면 기본으로 다음과 같은 배너를 사용합니다.

**그림 D-1** 스프링 부트의 기본 배너

```
  .   ____          _            __ _ _
 /\\ / ___'_ __ _ _(_)_ __  __ _ \ \ \ \
( ( )\___ | '_ | '_| | '_ \/ _` | \ \ \ \
 \\/  ___)| |_)| | | | | || (_| |  ) ) ) )
  '  |____| .__|_| |_|_| |_\__, | / / / /
 =========|_|==============|___/=/_/_/_/
 :: Spring Boot ::        (v2.0.3.RELEASE)
```

자신만의 배너를 만들어봅시다. 스프링 부트에서는 루트 클래스 경로(src/main/resources)에 존재하는 banner.txt 파일을 읽어서 배너를 적용합니다. 이 파일이 없으면 기본 배너인 [그림 D-1]이 출력됩니다.

루트 클래스 경로에 banner.txt 파일을 생성하고 원하는 배너 형태를 넣습니다. 배너 생성은 여러 사이트에서 가능하지만 필자는 http://patorjk.com/software/taag 사이트에서 생성해 banner.txt에 붙여 넣었습니다. 배너는 다음과 같습니다.

**그림 D-2** 커스터마이징 배너가 적용된 버전

# 페이스북, 구글, 카카오
# 개발자센터 연동

소셜 미디어와 연동하여 로그인 및 기타 소셜 미디어에서 제공하는 기능을 사용하기 위해서는 각 소셜 미디어 개발자센터에서 클라이언트 ID와 클라이언트 시크릿 키(클라이언트 보안 비밀)를 발급받아야 합니다. 이 책에서 사용하는 OAuth2 로그인 인증을 위해 페이스북, 구글, 카카오의 개발자센터 연동 방법을 알아보겠습니다(스프링 부트 2.0.3 버전의 OAuth2 스타터 기준으로 설명합니다).

## E.1 페이스북 연동

아래 주소로 접속합니다.

```
https://developers.facebook.com/apps
```

새 앱을 추가하는 버튼을 누르고 앱 ID와 자신의 이메일을 입력하여 앱 ID를 생성합니다.

**그림 E-1** 앱 ID 생성하기

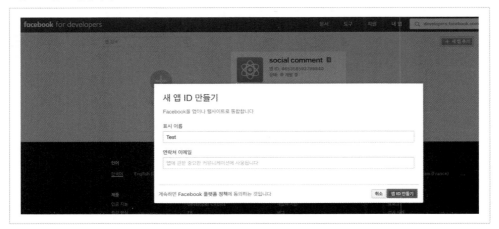

생성된 앱 ID로 들어가면 화면에 페이스북에서 제공하는 기능들이 보입니다. 그중 'Facebook 로그인'을 선택합니다.

**그림 E-2** Facebook 로그인 연동 설정하기

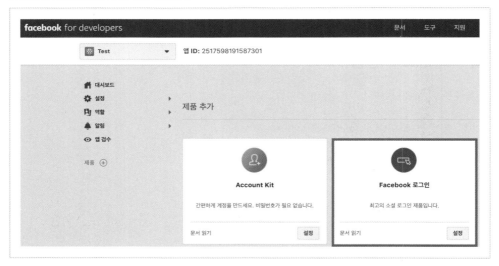

왼쪽 카테고리에서 'Facebook 로그인'의 '설정'을 클릭하여 설정 페이지로 들어갑니다.

**그림 E-3** Facebook 로그인 설정 카테고리 선택

'유효한 OAuth 리다이렉션 URI'를 다음과 같이 설정합니다.

**그림 E-4** Facebook OAuth 설정 화면

왼쪽의 'http://localhost:8080/login/oauth2/client/facebook'은 스프링 부트 1.5 버전용으로 오른쪽의 'http://localhost:8080/login/oauth2/code/facebook'은 스프링 부트 2.0 버전용으로 적용됩니다.

연동 시작을 위해 앱 ID와 앱 시크릿 코드를 볼 수 있는 기본 설정 화면으로 이동합니다. 왼쪽 메뉴에서 '설정' → '기본 설정'을 클릭하면 아래와 같은 화면으로 이동할 수 있습니다.

**그림 E-5** Facebook 앱 기본 설정 화면

## E.2 구글 연동

아래 주소로 접속합니다.

```
https://console.cloud.google.com/
```

다음과 같이 새 프로젝트 생성 페이지에서 원하는 이름으로 프로젝트를 생성합니다.

**그림 E-6** 구글 프로젝트 생성 화면

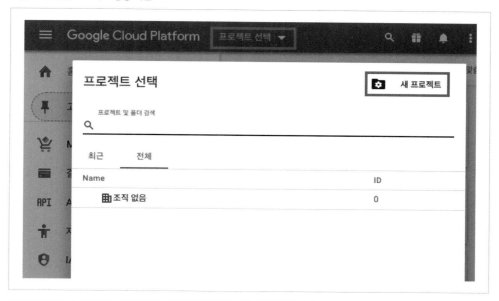

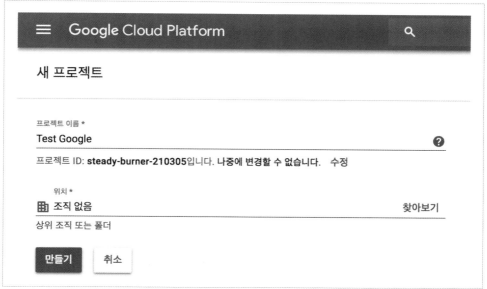

프로젝트를 생성하면 [그림 E-7]과 같이 해당 프로젝트 정보가 표시되는 대시보드로 리다이렉트됩니다. 리다이렉트되지 않으면 프로젝트 목록에서 생성한 프로젝트를 클릭해주세요. 왼쪽 카테고리에서 'API 및 서비스' 탭의 '사용자 인증 항목'으로 들어가겠습니다.

**그림 E-7** 프로젝트 생성 후 대시보드 화면

처음 프로젝트를 생성하면 아무런 정보가 없기 때문에 OAuth 로그인을 위한 인증 정보를 생성해야 합니다. [그림 E-8]과 같이 '사용자 인증 정보 만들기'에서 'OAuth 클라이언트 ID'를 선택합니다.

**그림 E-8** OAuth 클라이언트 ID로 사용자 인증 정보 만들기 화면

'OAuth 동의 화면'에 제목을 입력하라는 경고 문구가 뜨는데, 다음과 같이 제품 이름에 원하는 문구를 입력합니다.

**그림 E-9** 사용자 인증 정보 생성 화면

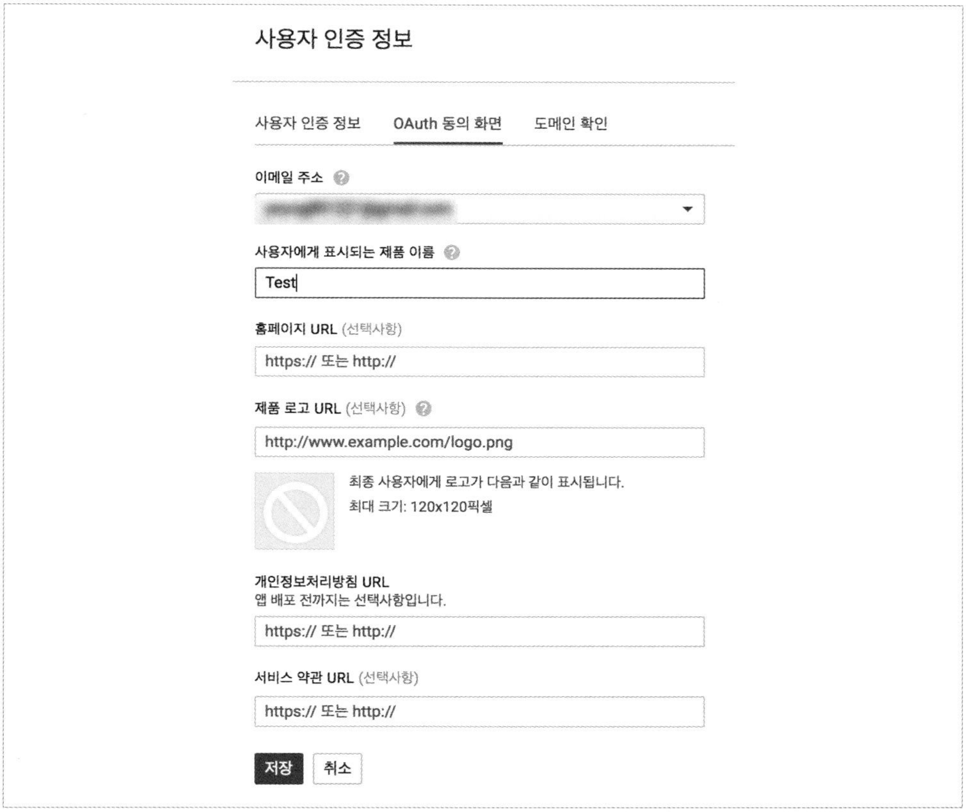

## 사용자 인증 정보

사용자 인증 정보    OAuth 동의 화면    도메인 확인

이메일 주소 ❓

사용자에게 표시되는 제품 이름 ❓

Test

홈페이지 URL (선택사항)

https:// 또는 http://

제품 로고 URL (선택사항) ❓

http://www.example.com/logo.png

최종 사용자에게 로고가 다음과 같이 표시됩니다.
최대 크기: 120x120픽셀

개인정보처리방침 URL
앱 배포 전까지는 선택사항입니다.

https:// 또는 http://

서비스 약관 URL (선택사항)

https:// 또는 http://

저장    취소

구글의 OAuth 클라이언트를 만들기 위해서는 애플리케이션의 유형과 리다이렉션 URI만 입력해주면 됩니다. [그림 E-10]과 같이 입력하고 생성 버튼을 누릅니다.

그림 E-10 웹용 OAuth 클라이언트 만들기 화면

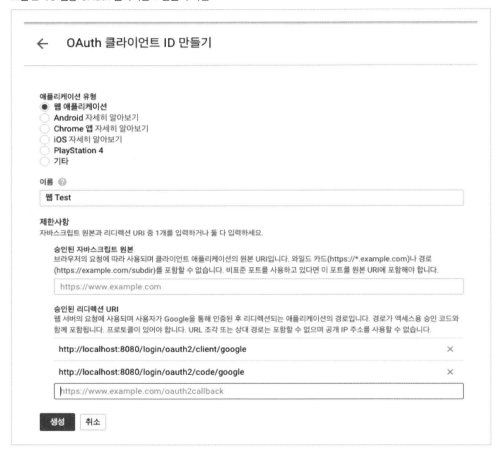

완료되면 사용자 인증 정보 페이지([그림 E-11] 위)로 이동합니다. 생성한 앱을 클릭하면 보안키 값을 얻을 수 있는 상세 화면([그림 E-11] 아래)에서 '클라이언트 ID'와 '클라이언트 보안비밀'을 사용하여 애플리케이션에서 연동을 시작합니다. 리다이렉션 URI는 이 페이지에서 언제든지 추가/삭제 가능합니다.

**그림 E-11** 생성 완료된 클라이언트 정보 화면

클라이언트 ID      166330288823-dt1v82e2t8e6d5psdfptneu3jotfhbnk.apps.googleusercontent.com

클라이언트 보안 비밀

생성일      2018. 8. 9. 오후 5:16:38

이름

웹 Test

**제한사항**

자바스크립트 원본과 리디렉션 URI 중 1개를 입력하거나 둘 다 입력하세요.

**승인된 자바스크립트 원본**

브라우저의 요청에 따라 사용되며 클라이언트 애플리케이션의 원본 URI입니다. 와일드 카드(https://*.example.com)나 경로
(https://example.com/subdir)를 포함할 수 없습니다. 비표준 포트를 사용하고 있다면 이 포트를 원본 URI에 포함해야 합니다.

> https://www.example.com

**승인된 리디렉션 URI**

웹 서버의 요청에 사용되며 사용자가 Google을 통해 인증된 후 리디렉션되는 애플리케이션의 경로입니다. 경로가 액세스용 승인 코드와
함께 포함됩니다. 프로토콜이 있어야 합니다. URL 조각 또는 상대 경로는 포함할 수 없으며 공개 IP 주소를 사용할 수 없습니다.

| http://localhost:8080/login/oauth2/client/google | × |
| http://localhost:8080/login/oauth2/code/google | × |

> https://www.example.com/oauth2callback

**저장**   취소

# E.3 카카오 연동

아래 주소로 접속합니다.

```
https://developers.kakao.com/apps
```

'앱 만들기' 버튼을 눌러 앱을 만들어보겠습니다.

**그림 E-12** 카카오 앱 만들기 화면

원하는 아이콘과 이름으로 앱을 만듭니다.

**그림 E-13** 앱 아이콘, 이름 선택 화면

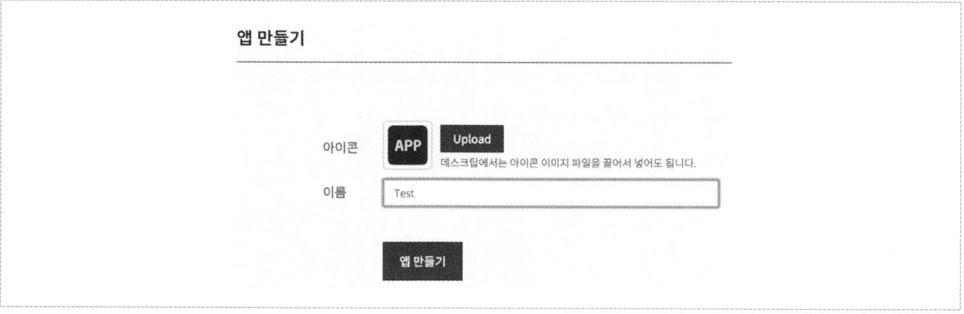

앱이 만들어지면 완료 화면([그림 E-14] 위)에서 '설정'을 누릅니다. 그러면 기본 정보 화면([그림 E-14] 아래)이 출력됩니다.

그림 E-14 Test 앱 기본 정보 화면

플랫폼을 추가하겠습니다. [그림 E-15]와 같이 '웹'을 선택하고 사이트의 도메인명을 입력합니다. 우리는 로컬에서 테스트하기 때문에 'http://localhost:8080'으로 입력합니다.

**그림 E-15** 플랫폼 추가 화면

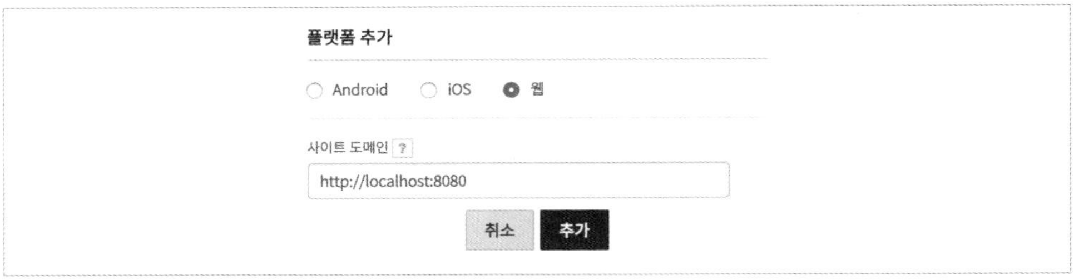

플랫폼 추가

○ Android  ○ iOS  ● 웹

사이트 도메인 ?

http://localhost:8080

취소  추가

역시 리다이렉션 URI를 추가해주어야 합니다. 스프링 부트 2.0에서 OAuth2 연동을 위한 '/login/oauth2/code/kakao'를 입력하겠습니다.

**그림 E-16** 리다이렉션 URI 입력 화면

모든 설정이 완료되었습니다. 카카오는 따로 클라이언트 시크릿 키를 제공하지 않습니다. 이 책에서 애플리케이션 개발 시 REST API 키를 사용하겠습니다.

**그림 E-17** 제공되는 키값 리스트 화면

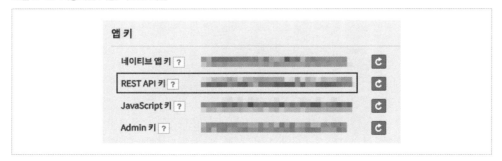

# INDEX

# INDEX

# INDEX

# INDEX